·广西高等教育本科教学改革工程项目重点项目"'乡村振兴+科教融汇'视域下旅游专业创新创业人才培养模式研究与实践"(编号:2023JGZ148)成果

·广西高校人文社会科学重点研究基地"广西教育现代化与质量监测研究中心"基金支持项目

·南宁师范大学旅游管理国家一流专业建设点建设成果

·南宁师范大学教育学广西一流学科建设成果

高等院校应用型人才培养"十四五"规划旅游管理类系列教材

研学旅行基（营）地管理与服务

主　编◎方世巧

副主编◎马泓宇　段文军　杨春玲　钟学进

Management and Services of Study Travel Bases and Camps

华中科技大学出版社
http://press.hust.edu.cn
中国·武汉

内容简介

本书立足党的二十大精神,面向新时代职业院校和本科院校学生,围绕研学旅行基(营)地管理与服务从"0"到"1"的过程进行阐述,内容涵盖研学旅行基(营)地开发与建设、配套服务管理、辅助服务管理、教育服务管理和内部管理,以及市场运营和接待管理。本书不仅可作为研学旅行相关专业学生教材,亦可作为研学旅行行业从业人员参考用书。

图书在版编目(CIP)数据

研学旅行基(营)地管理与服务 / 方世巧主编 . —武汉:华中科技大学出版社,2024.4
ISBN 978-7-5772-0680-6

Ⅰ.①研… Ⅱ.①方… Ⅲ.①教育旅游-旅游地-经营管理 ②教育旅游-旅游地-旅游服务 Ⅳ.①F590.75

中国国家版本馆 CIP 数据核字(2024)第 069054 号

研学旅行基(营)地管理与服务　　　　　　　　　　　　　　方世巧　主编
Yanxue Lüxing Ji (Ying) di Guanli yu Fuwu

策划编辑:王　乾
责任编辑:贺翠翠
封面设计:原色设计
责任校对:李　琴
责任监印:周治超

出版发行:华中科技大学出版社(中国•武汉)　　电话:(027)81321913
　　　　　武汉市东湖新技术开发区华工科技园　　邮编:430223
录　　排:孙雅丽
印　　刷:武汉科源印刷设计有限公司
开　　本:787mm×1092mm　1/16
印　　张:13.5
字　　数:283千字
版　　次:2024年4月第1版第1次印刷
定　　价:59.80元

本书若有印装质量问题,请向出版社营销中心调换
全国免费服务热线:400-6679-118　竭诚为您服务
版权所有　侵权必究

出版说明

党的十九届五中全会确立了到2035年建成文化强国的远景目标,明确提出发展文化事业和文化产业。"十四五"期间,我国将继续推进文旅融合,实施创新发展,不断推动文化和旅游发展迈上新台阶。2019年和2021年先后颁布的《国家职业教育改革实施方案》《关于深化本科教育教学改革 全面提高人才培养质量的意见》《本科层次职业教育专业设置管理办法(试行)》,强调进一步推动高等教育应用型人才培养模式改革,对接产业需求,服务经济社会发展。

基于此,建设高水平的旅游管理专业应用型人才培养教材,将助力旅游高等教育结构优化,促进旅游专业应用型人才的能力培养与素质提升,进而为中国旅游业在"十四五"期间深化文旅融合、持续迈向高质量发展提供有力支撑。

华中科技大学出版社一向以服务高校教学、科研为己任,重视高品质专业教材出版。"十三五"期间,在教育部高等学校旅游管理类专业教学指导委员会和全国高校应用型本科旅游院校联盟的大力支持和指导下,出版社在全国范围内特邀中组部国家"万人计划"教学名师、近百所应用型院校旅游管理专业学科带头人、一线骨干"双师双能型"教师,以及旅游业界精英等担任顾问和编者,组织编纂出版"高等院校应用型人才培养'十三五'规划旅游管理类系列教材"。该系列教材自出版发行以来,被全国近百所开设旅游管理类专业的院校选用,并多次再版。

为积极响应"十四五"期间我国文旅行业发展及旅游高等教育发展的新趋势,"高等院校应用型人才培养'十四五'规划旅游管理类系列教材"应运而生。本套教材依据文旅行业最新发展和学术研究最新进展,立足旅游管理应用型人才培养特征进行整体规划,对高水平的"十三五"规划教材进行修订、丰富、再版，同时开发出一批教学紧缺、业界急需的教材。本套教材在以下三个方面做出了创新：

一是紧扣旅游学科特色，创新教材编写理念。本套教材基于旅游高等教育发展新形势，结合新版旅游管理专业人才培养方案，遵循应用型人才培养的内在逻辑，在编写团队、编写内容与编写体例上充分彰显旅游管理应用型专业的学科优势，有利于全面提升旅游管理专业学生的实践能力与创新能力。

二是遵循理实并重原则，构建多元化知识结构。在产教融合思想的指导下，坚持以案例为引领，同步案例与知识链接贯穿全书，增设学习目标、实训项目、本章小结、关键概念、案例解析、实训操练和相关链接等个性化模块。

三是依托资源服务平台，打造新形态立体教材。华中科技大学出版社紧抓"互联网+"时代教育需求，自主研发并上线华中出版资源服务平台，可为本套教材作立体化教学配套服务，既为教师教学提供便捷，提供教学计划书、教学课件、习题库、案例库、参考答案、教学视频等系列配套教学资源，又为教学管理提供便捷，构建课程开发、习题管理、学生评论、班级管理等于一体的教学生态链，真正打造了线上线下、课内课外的新形态立体化互动教材。

本编委会力求通过出版一套兼具理论与实践、传承与创新、基础与前沿的精品教材，为我国加快实现旅游高等教育内涵式发展、建成世界旅游强国贡献一份力量，并诚挚邀请更多致力于中国旅游高等教育的专家学者加入我们！

华中科技大学出版社

前言
Preface

在新的时代背景下,研学旅行得到迅速发展,受到教育界和旅游业的高度关注。研学旅行基(营)地作为研学实践教育活动的场所,能够给学生提供独特的学习体验与真实的学习环境,让学生的学习与旅行游玩达成平衡。本教材立足党的二十大精神,面向新时代职业院校和本科院校学生,围绕研学旅行基(营)地管理与服务从"0"到"1"的过程进行阐述,以期让学生能够对研学旅行基(营)地有清晰的认识,并能够站在管理层角度科学地管理研学旅行基(营)地。总体来说,本教材有三大特色。

一、结合时代特征,立足时政背景,思想性强

2022年,党的二十大报告指出,要"加强教材建设和管理"。教材对大学生教育具有重要意义。它不仅可以深化理论与实践的结合,培养学生的综合素质和拓展学习视野,还可以增强学生的社会责任感。加强教材建设和管理事关我国教育大局。教材建设应紧跟时代要求,为了更好地贯彻落实党的二十大精神,本教材与党的二十大精神紧密结合,提高了教材的规范性、权威性、丰富性,有助于构建具有更高育人价值的"教材话语体系",使教材更好地发挥铸魂育人的功能。

二、从科学管理角度来设计教材结构,科学性强

本教材践行可实施原则,在职业院校和本科院校学生基本学情分析的基础上,按照研学旅行基(营)地开发建设的基本逻辑来设计教材结构。本教材分为八章。第一章介绍研学旅行基(营)地的概念、特性及功能、发展历程、类型以及当下对研学旅行及研学旅行基(营)地的误解等知识,让学生对研学旅行基(营)地有一个整体的认识和把握。第二章对研学旅行基(营)地开发与建设进行了整体的阐述。第三章到第六章重点介绍了研学旅行基(营)地的服务管理,包括配套服务管理、辅助服务管理、教育服务管理和内部管理。第七章从品牌建设、市场营销两大方面阐述研学旅行基(营)地的市场运营。第八章围绕研学旅行基(营)地活动的开展对接待前期管理、接待过程管理、接待质量管理进行重点阐述。

三、依据业界真实需求来选择教学内容,实用性强

本教材以研学旅行基(营)地的行业标准为指导,在编写过程中对多家研学旅行基(营)地进行了调研,收集了第一手资料,并对第一手资料进行了加工整理,转化为教材内容。在实际编写过程中编者严格按照研学旅行基(营)地实际运作情况来组织每章的教学环节,确保每章的教学内容对标行业标准,实用性较强。

本教材在编写过程中,参阅了诸多书籍、报刊及网络资料,同时也得到了业界许多的指导与支持,在此特别感谢! 由于水平所限,书中难免有一些不足之处,恳请广大读者不吝赐教。

目录
Contents

第一章　研学旅行基(营)地概述　/001

第一节　研学旅行的概念解读　/002

第二节　研学旅行基地与营地的概念、特性及功能　/010

第三节　研学旅行基(营)地发展历程　/014

第四节　研学旅行基(营)地类型　/019

第五节　当下对研学旅行及研学旅行基(营)地的误解　/021

第二章　研学旅行基(营)地开发与建设　/026

第一节　研学旅行基(营)地开发概述　/028

第二节　研学旅行基(营)地开发与建设的核心要素及
　　　　常见模式　/032

第三节　研学旅行基(营)地资源调查　/036

第四节　研学旅行基(营)地开发与建设分析　/040

第五节　研学旅行基(营)地开发与建设的基本程序　/042

第六节　研学旅行基(营)地的专项设计　/047

第三章 研学旅行基(营)地配套服务管理 /057

第一节　餐饮服务管理　/058
第二节　交通服务管理　/063
第三节　住宿服务管理　/071
第四节　标识服务系统建设与管理　/077

第四章 研学旅行基(营)地辅助服务管理 /085

第一节　安全服务管理　/086
第二节　卫生服务管理　/093
第三节　信息化系统建设与管理　/098

第五章 研学旅行基(营)地教育服务管理 /106

第一节　研学旅行基(营)地教育服务基本要求　/107
第二节　研学旅行基(营)地教育指导思想　/109
第三节　研学旅行基(营)地课程开发　/111
第四节　研学旅行基(营)地课程实施　/125
第五节　研学旅行基(营)地教务管理　/131

第六章 研学旅行基(营)地内部管理 /142

第一节　研学旅行基(营)地组织架构　/143
第二节　研学旅行基(营)地日常维护与运营　/148
第三节　研学旅行基(营)地人力资源管理　/149

第七章　研学旅行基（营）地市场运营　　/159

第一节　研学旅行基（营）地品牌建设　　/160

第二节　研学旅行基（营）地市场营销　　/170

第八章　研学旅行基（营）地接待管理　　/177

第一节　研学旅行基（营）地接待前期管理　　/178

第二节　研学旅行基（营）地接待过程管理　　/184

第三节　研学旅行基（营）地接待质量管理　　/195

参考文献　　/199

第一章
研学旅行基(营)地概述

本章概要

研学旅行基(营)地是研学旅行开展的基石。本章解读了研学旅行、研学旅行基地与营地的概念及性质,分析了国内外研学旅行基地与营地的发展历程,系统论述了现阶段对研学旅行及研学旅行基(营)地的误解,通过把握以上内容,明确研学旅行基(营)地开发的价值与意义,了解我国研学旅行基(营)地的发展历程,感受其中的家国情怀。

学习目标

知识目标

1. 了解当下对研学旅行及研学旅行基(营)地的误解。
2. 了解研学旅行基(营)地的发展历程。
3. 熟悉研学旅行的价值与意义。
4. 掌握研学旅行的概念、性质,以及研学旅行基(营)地的概念、特征。

能力目标

1. 能分析研学旅行的要素。
2. 能把握国内外研学旅行基(营)地的发展现状及问题。

素养目标

1. 形成关于研学旅行的正确认识,培养从事研学旅行的兴趣。
2. 了解我国研学旅行基(营)地的发展历程,感受其中的家国情怀。

思维导图

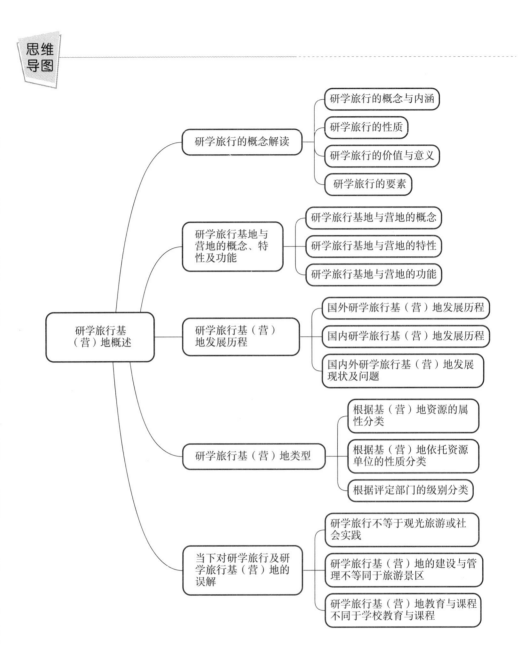

第一节 研学旅行的概念解读

研学旅行作为我国一门中小学综合实践活动必修课程,是校内教育与校外教育的有机结合,是集研学、旅行于一体的教育形式。研学旅行教育具有不同于校内教学的特殊价值,是我国基础教育从知识传授向素质教育转型的创新之举。因此,准确把握研学旅行的概念与内涵尤为重要。

一、研学旅行的概念与内涵

研学旅行,也叫修学旅行、修学旅游、研学旅游,它是教育旅游的一种形式,是旅游者出于文化求知的需要,暂时离开惯常居住地到其他地方开展的文化考察活动。党的二十大报告指出,要"实施科教兴国战略,强化现代化建设人才支撑"。其中,研学旅行承载着基础教育阶段素质教育的重任,成为中小学基础教育课程体系中综合实践活动课程的重要组成部分。那到底什么是研学旅行呢?一直以来众说纷纭,不同的学者有不同的见解。基于各学者对研学旅行的论述,本书认为研学旅行有广义和狭义之分。

广义的研学旅行是指以学为主、以游为辅,以寓教于游的外出旅游为主要形式和手段,具有特定研学主题和目的的旅游项目。研学旅行的历史悠久,古今中外研学旅行的例子不胜枚举,如《庄子·刻意》中所记载的"教诲之人,游居学者之所好也",将学习方式分为"游学"和"居学"两种;《史记·春申君列传》中也有"游学博闻"的记载;我国著名教育家陶行知也提出了"生活即教育""社会即学校""教学做合一"的重要教育论述;英国哲学家弗朗西斯·培根(Francis Bacon)在《论旅行》中提到"旅行是年轻人教育的一部分"。

狭义的研学旅行是指中小学生群体参与的研学旅行,是由教育部门和学校有计划地组织安排,通过集体旅行、集中食宿方式展开的研究性学习和旅行体验相结合的校外教育活动。研学旅行是课堂教育的补充及延伸,是提升青少年综合素养的重要途径,更是顺应教育发展的大趋势。开展研学旅行,有利于促进学生培育和践行社会主义核心价值观,激发学生对党、对国家、对人民的热爱之情;有利于推动全面实施素质教育,促进书本知识和生活经验的深度融合;有利于满足学生日益增长的旅游需求,从小培养学生文明旅游意识。

2016年11月,教育部等11部门印发的《关于推进中小学生研学旅行的意见》提出要将研学旅行纳入中小学教育教学计划。2016年12月,国家旅游局发布的《研学旅行服务规范》(LB/T 054—2016)指出,研学旅行是以中小学生为主体对象,以集体旅行生活为载体,以提升学生素质为教学目的,依托旅游吸引物等社会资源,进行体验式教育和研究性学习的一种教育旅游活动。近年来,随着人们对研学旅行的认知不断加深,研学旅行的定义也不断地演变和发展。在此基础上,中国旅游研究院于2023年发布了《中国研学旅行发展报告(2022—2023)》。该报告指出,人们对研学旅行的认知不断深化,研学旅行的参与者从狭义的中小学生扩展到学龄前儿童、大学生,以及成年人、老年人等群体,呈现出更加广阔的发展空间,研学旅行相关政策红利仍在持续释放。

在一系列政策文件的背后,理解研学旅行的内涵要注意以下关键点:研学旅行的参与者不应局限在中小学生;研学旅行强调认知学习和实践体验,即研究性学习和旅行体验的紧密结合;研学旅行注重三个方面的培养,即价值观教育、素质教育、文明旅游意识的培养;研学旅行必须围绕特色鲜明的主题来开发课程和组织研学旅行线路;

研学旅行最好在专业化程度高的基地、营地进行，做到集体体验式学习。

二、研学旅行的性质

研学旅行作为中小学阶段学校教育和校外教育相结合的重要组成部分，是对学校课程教育的着力补充。研学旅行是"学习＋旅游"的重要结合，相较于传统课堂教学和一般的"旅游"，研学旅行的概念有其自身的特殊性。因此，需要对研学旅行的性质加以描述。

（一）课程性

研学旅行与一般的"旅游"最大的区别在于，研学旅行是学校的一门课程，是国家规定必须纳入入学教学计划的必修课程，本质上属于综合实践活动课程的范畴。研学旅行作为一门课程，学校要根据学生年龄段特点、不同学段素质教育的需求，制订具体的研学旅行课程大纲，根据研学目的地选取相关的研学课程内容和课程设计，做到课程教学的标准化、科学性、系统性。与学校传统学科课程形态相比，研学旅行课程有其独特的课程形态，它与传统学科课程形成互补，是学校基础教育课程体系中的重要组成部分。

（二）价值性

研学旅行的价值性特征主要体现在内在和外在两个方面。就内在而言，在自然、地理、科学等专业性实践教育活动中融入价值观教育，在人文、历史、社会等专业性实践教育活动中体现价值观教育。开展研学旅行活动有利于对参与者进行爱国主义、集体主义、社会主义教育，可以在实践与活动中融入社会主义核心价值观元素，持续深化党的领导，以及中华优秀传统文化、革命文化和社会主义先进文化等各类主题教育。就外在而言，研学旅行能让参与者在实践中观览祖国大好河山，浸染中华优秀文化，学习革命光荣历史，感受改革开放伟大成就，增强对坚定"四个自信"的理解与认同；对广大学生而言，研学旅行能让他们走出课堂，在专门的环境中亲身实践，学习课堂外的知识，学会动手动脑、学会生存生活、学会做人做事，促进身心健康、体魄强健、意志坚强，促进形成正确的世界观、人生观、价值观，成为德智体美劳全面发展的社会主义建设者和接班人。

（三）综合性

研学旅行是中小学学校教学计划中的综合实践必修课程。与学校常规开设的语文、数学、政治、历史、物理等专业课程相比，研学旅行课程是一门多学科交叉的综合实践活动课程，是跨学科、多学科知识的融合。它强调学生团队合作学习意识的培养及学生自我发展技能的提升，让学生在知识与现实的碰撞中建立起自然联系，在实践积累中进行自我认识、自我建构、自我发展,在真实情境的体验中获取有温度的知识。

(四)体验性

"纸上得来终觉浅,绝知此事要躬行",研学旅行是一种基于学生体验的课程模式,它将学生在研学过程中的感知内化为认知,并通过学生的实践将其外化为行动。研学旅行有助于学生实现认知过程和情感体验过程的有机结合,从形象的感知达到抽象的理性思考。因此,研学旅行课程应注重营造良好的体验氛围,设定多主体场景组成的研学体验场,并可贯穿整个研学旅行过程,努力提高学生的体验感,从而提高整个研学旅行课程的品质。

(五)研究性

研究性学习是综合实践课程的一项基本内容,也是研学旅行活动开展的基本要求。研学旅行的研究性学习是一种深层次学习形式,要求老师研究性"教"与学生研究性"学"相结合,具体指学生在研学旅行导师指导下,根据研学课程要求确定研究主题,在研学活动中通过主动学习和创造性学习来获取知识和实践经验,培养发现问题、分析问题和解决问题的能力。研学旅行的研究性学习的重点是通过实践活动来体悟、搜寻和探究,其本质在于让学生亲身经历知识的产生与形成的过程,真正实现知行合一,培养创新精神和实践能力,这也是研究性学习所要达到和追求的教育目标。

(六)公益性

研学旅行是全面推进中小学素质教育的重要途径,《关于推进中小学生研学旅行的意见》明确指出,研学旅行要遵循公益性原则,不得开展以营利为目的的经营性创收,对贫困家庭学生要减免费用;各地可采取多种形式、多种渠道筹措中小学生研学旅行经费,探索建立政府、学校、社会、家庭共同承担的多元化经费筹措机制;各旅游景区、旅游交通、文博等相关部门拟定措施为研学旅行保驾护航、予以方便;文化、旅游等部门对中小学生的研学旅行实施减免场馆、景区、景点门票;鼓励通过社会捐赠、公益性活动等形式支持开展研学旅行活动。

三、研学旅行的价值与意义

研学旅行是校内教育与校外教育的有机结合,是中小学教育的有机组成部分,开展研学旅行在许多方面有着重要的价值与意义。开展研学旅行,促进学生对知识学习的理解和实践能力的培养,有利于学生主体性的发展和学习兴趣的培养,达到塑造学生个性的目的;有利于巩固学生的文化基础,促进学生的自主发展和社会参与;有助于学生开阔文化视野,从而形成集体观念和责任感,激发学生的学习兴趣;有利于师生之间的情感交流,有助于学生亲近自然,更好地融入社会;同时作为一种新型的人才培养模式,研学旅行在培养学生践行社会主义核心价值观、促进素质教育全面实施方面发挥着重要作用。

(一)研学旅行是践行社会主义核心价值观的重要体现

研学旅行是一门重要的综合实践活动课程,是培育社会主义核心价值观的新载体。习近平总书记在党的二十大报告中指出,"社会主义核心价值观是凝聚人心、汇聚民力的强大力量",新时代的教育要强化教育引导和实践养成,以培养担当民族复兴大任的时代新人为着眼点。研学旅行是探究性学习和旅行体验相结合的教学活动,同时也是践行"知行合一"教育理念的新载体。它注重学生的亲身体验和积极实践,引导学生走出校园,走向社会,既能提高学生处理人际关系的能力,使学生学会团队合作,又能间接培养学生与自然、社会和谐共处的能力,践行社会主义核心价值观。

研学旅行结合学生的身心发展特点,以立德树人为根本任务,根据中小学生不同学段的教育目标,有针对性地开发多种类型的活动课程。这既有利于加强学科的知识与技能、过程与方法、情感态度与价值观这三个维度价值目标的实施,又发展了学生的核心素养,落实立德树人目标,深化教育改革,因而研学旅行是践行社会主义核心价值观的新载体。

(二)研学旅行是我国人才培养模式的重大创新

随着信息化时代的到来,大数据技术已逐渐被运用到学校管理与教学的各个领域,学校教育的组织形式、内外环境也正在发生巨大的变化。"教育"正在被重新定义,世界教育生态也正在发生新的转型和重构。过去往往把教育理解为有计划、有意识、有目的和有组织的学习,正规教育和非正规教育都是制度化的,但是人的许多学习是非正式的,这种非正式学习是所有社会化经验的必然体验。当今学生的知识获取渠道变得更加宽阔,学习方式也更加多样化,既有书本学习,也有实践学习;既有课堂学习,也有校外学习;既有制度化学习,也有非常规状态的学习。目前教育的发展趋势是从传统教育方式转向混合、多样化的学习方式,让学校教育、正规教育机构教育与其他非常规教育开展更加密切的互动。

研学旅行正是顺应教育发展的这种大趋势,超越学校和课堂的局限,让中小学生从学校课堂走向更广阔、丰富多彩的外部世界。这不仅是我国学校教育和校外教育相互衔接的创新形式,更是我国基础教育领域人才培养模式的重大创新。《关于推进中小学生研学旅行的意见》特别强调:"中小学研学旅行是由教育部门和学校有计划地组织安排,通过集体旅行、集中食宿方式开展的研究性学习和旅行体验相结合的校外教育活动,是学校教育和校外教育衔接的创新形式。"

研学旅行改变了我国学生的学习情境和学习方式,是对现有教育形态的一次革新。在学习情境上,研学旅行使课堂从固定封闭变为动态开放,从校内搬到校外,从乡情、县情、市(区)情、省(市、区)情、国情的真实生活情境和学生的发展需要出发,引导学生从个体生活、社会生活或与大自然的接触中获得真实的感受、丰富的体验,形成并逐步提升对自然、社会和自我之内在联系的整体认知,同时培养他们对中华民族的情感认同、思想认同、政治认同。在学习方式上,研学旅行将知识、能力、情感、态度、价值观等领域的目标维度整合,从以静态的课堂记忆学习为主转变为以动态的体验学习为主,从以个体学习为主变成以小组合作学习为主,让学生从被动倾听变为主动践行,在全身心地"体验""体悟"和"体认"过程中,通过亲身经历、主动实践、积极探究、理性反思等方式,培养、提升综合素质,特别是社会责任感、创新精神和实践能力。

(三)研学旅行是素质教育的重要载体

长期以来,我国的学校教育中普遍存在认知与实践脱离、知与行分离的倾向,在人才培养方式上,重知识传授、轻实践养成,忽视基于实际情境、运用知识解决问题的实践性学习。实践教育环节薄弱甚至缺失,已成为制约我国中小学发展素质教育的主要因素。要切实促进人才培养方式的创新,实现育人方式的重点突破,必须切实发挥实践教育的重要价值,强化实践教育对学生的引领作用。

党的二十大报告中明确指出,在新一轮科技革命和人才竞争的时代背景下,"加快建设教育强国",我们要"坚持教育优先发展、科技自立自强、人才引领驱动""建设高质量教育体系"。"加快建设高质量教育体系"是党的二十大报告的新提法,也是教育强国的重要特征。高质量教育体系的建设离不开各类教育协调发展,离不开素质教育的大力实施。

研学旅行彰显的实践育人功能,是发展素质教育的重要载体,是校外素质拓展的有效形式。在教育理念上,研学旅行强调认知学习和实践体验(研究性学习和旅行体验)的紧密结合,使体验得以系统化和理性化,从而促进人的全面发展。在教学方式上,研学旅行倡导课堂讲授和现场实践的紧密结合,强调要超越教材、课堂和学校的局限。在活动时空上,研学旅行向自然环境、社会活动领域和学生的生活领域延伸,充分利用校外的自然资源、红色资源、文化资源、科技资源、国防资源,以及博物馆、工矿企业、知名院校等企事业资源的育人功能。研学旅行的课程设计特别注重实践性原则,在"行走的课堂"中引导学生亲近自然,关注社会,反思自我,体验发现问题、分析问题、解决问题的过程和方法,让学生在做中学、学中做,学以致用,充分促进学生知与行、动手与动脑、书本知识和生活经验的有机结合与统一。

(四)研学旅行能增强集体观念,培育学生团队合作精神

集体主义教育是社会主义道德的基本原则,也是思想道德建设的重要部分。学校与研学旅行基(营)地要把集体观念和团队合作教育作为培养社会主义事业接班人的重要内容。集体观念是指集体成员按照集体规范要求自己,个人利益服从集体利益,并有一种责任感、荣誉感和自豪感。团队观念是大局意识、协作精神和服务精神的集

中体现,核心是成员间协同合作,通过协作意愿和协作方式产生内心动力来共同完成任务目标。研学旅行作为集体出行的综合实践活动,以集体食宿和统一活动的形式进行,往往以大集体集中结合小团队分散的方式实施研学项目。根据研学课程目标和任务,各团队成员内部合理分工,以承担不同的角色和责任;团队间则可以安排适当的竞赛等竞争机制,以激发团队活力,共同协作完成团队任务。通过参与团队活动,学生需思考团队如何有效实现目标,自己如何完成团队任务,甚至协助其他成员完成任务,这样既能培养学生对自己负责、对集体负责的意识,又可以让他们体验到集体带来的强大力量,从而促使学生集体观念的形成与提高,促进学生集体责任感和荣誉感的形成。

四、研学旅行的要素

研学旅行活动的构成包括九大要素:教育行政管理部门、中小学校、中小学生、研学旅行导师、研学课程、研学旅行基(营)地、服务机构、研学线路、安全保障。

(一)教育行政管理部门

教育行政管理部门既是研学旅行的保障方,又是研学旅行的决策者和指导者。教育行政管理部门和学校必须为学生的研学旅行活动保驾护航,提供各类保障措施,要建立工作领导机构,制定有关制度,不断总结推动,为学校开展研学旅行活动提供政策支持。因此,学校要制定具体工作方案,建立研学旅行长效管理体系。

(二)中小学校

学校是研学旅行的主要组织者。学校在组织研学旅行活动前要制定科学严密的研学旅行工作手册及研学旅行行动计划,同时根据学生数量和活动需要成立专门的工作小组,明确分工,细化方案和责任,周密做好有关准备工作;在研学旅行过程中要严格执行行动计划,做好应急处理,对各类可能出现的问题科学研判,未雨绸缪,防患于未然;研学旅行结束后要加强后续管理,及时做好研学旅行的总结工作,转化研学成果,同时总结交流经验,不断完善学校研学旅行课程设计和方案制定,提升研学旅行的品质。

(三)中小学生

虽然随着研学旅行市场的发展,研学旅行的参与者从狭义的中小学生不断扩展到学龄前儿童、大学生,以及成年人、老年人等全生命周期群体,呈现出更加广阔的发展空间,但中小学生仍是参加研学旅行的主要人群。据统计,2022年全国义务教育阶段在校生1.58亿人,高中阶段在校学生2713.87万人,各种形式的高等教育在学规模4655万人。中小学生仍是我国最大的研学旅行潜在游客群体。中小学生通过集体旅行、集中食宿方式开展的研究性学习和旅行体验相结合的校外教育活动,以达到学校教育与校外教育创新和综合实践育人相结合的目标。因此，本书仍以《研学旅行服务规范》中的定义为指导，将研学旅行的主体定为中小学生。

（四）研学旅行导师

不管研学旅行的组织实施形式如何，研学旅行导师始终是教学质量好坏的直接影响因素。《研学旅行服务规范》中规定，应至少为每个研学旅行团队配置一名研学旅行导师，研学旅行导师负责制订研学旅行教育工作计划。研学旅行导师不仅需要创新的教育思维、广博的旅游知识和强大的掌控能力，还要有深厚的教学素养和能力，要在研学过程中结合活动内容设置教学内容，在内容上超越教材、课堂和学校的局限，设计出具有探究性、实践性的综合实践活动课程。

（五）研学课程

研学课程（study travel course）是专门为研学旅行设计的课程体系。课程体系设计包含课程目标、课程内容、课程安排、课程评价四大要素。

不同类型的课程对应着不同的资源需求，围绕研学旅行的核心主题，要设计线路、行程。每一个流程的学习目标与计划，都应该归属于综合实践活动课程的大分类里，综合实践活动课程可以看成一个系列主题的基（营）地课程。

（六）研学旅行基（营）地

研学旅行基（营）地是为中小学生研学旅行提供研学实践教育活动的场所。优质的基地和营地能够提供给学生独特的学习体验与真实的学习环境，能让学习与旅行游玩达成平衡。

（七）服务机构

研学服务机构是联系参加研学旅行的学校学生与研学目的地基地或营地教学资源的中介。因为研学旅行的服务对象是中小学生，必须强调研学服务机构的专业性和安全性。根据专业性要求，研学服务机构可由专业旅行社和专业教育机构组成，同时要有专门服务于研学旅行的部门和专职的研学旅行导游队伍。基于安全性要求，研学服务机构要在近三年内无重大质量投诉记录及安全责任事故发生，旅行社要对旅行车辆、驾驶员、行车线路、住宿、餐饮严格把关，杜绝安全隐患。

（八）研学线路

研学线路包括计划的活动地点、交通、住宿等。从教学设计上看，研学线路要围绕主题，设计合适的活动地点，可以是景点、博物馆等。所选地点要在格调上与主题具有一致性，不能偏离主题太远。从合理性及安全性上看，研学线路的设计要距离合适，旅程连贯、紧凑，从而保证学生的安全和良好的学习体验。一条好的研学线路可以看出设计者的用心与对教学的理解,如何通过旅行的深入来循序渐进地达成教学目的是线路设计者要考虑的。

(九) 安全保障

教育行政管理部门、中小学校、服务机构、基地营地等组织主体要制定详细的安全应急预案,力求做到防患于未然。

(1) 制定研学旅行活动安全预警机制和应急预案,建立科学有效的安全保障体系,落实安全主体责任。

(2) 有针对性地对参与研学旅行的师生进行安全教育与培训,帮助其了解有关安全规章制度,掌握自护、自救和互救方面的知识和技能。

(3) 设立安全责任机制,与参与研学旅行的学生的家长和开展研学旅行的相关企业或机构签订安全责任书,明确各方安全责任。

(4) 设置安全管理机构,建立安全管理制度和安全事故上报机制,配备安全管理人员和巡查人员,有常态化安全检查机制和安全知识辅导培训。

(5) 为研学旅行学生购买在基(营)地活动的公共责任险,并可根据特色活动需求建议或者协助学生购买相应特色保险。

(6) 建立健全服务质量监督保障体系,明确服务质量标准和岗位责任制度。

(7) 建立健全投诉与处理制度,保证投诉处理及时、公开、妥善,档案记录完整。

(8) 对基础设施进行定期管理,建立检查、维护、保养、修缮、更换等制度。

(9) 建立结构合理的专职、兼职、志愿者等相结合的基(营)地安全管理队伍。

(10) 培养高素质、爱岗敬业的研学旅行医疗救护人员,特别是青少年医疗人员,加强医疗人员的业务能力培训。

第二节 研学旅行基地与营地的概念、特性及功能

研学旅行基地与营地是为学生提供研学旅行和体验活动的重要场所。把握其概念、特性和功能,对于提高研学旅行的效果和实现教育目标具有重要意义。

一、研学旅行基地与营地的概念

研学旅行基(营)地是研学旅行的载体和基石,也是教育行政主管部门重点推动的建设项目。

（一）研学旅行基地的概念

研学旅行基地（study base）是为中小学生研学旅行提供研学实践教育活动的场所。它主要指各地各行业现有的，适合中小学生前往开展研究性学习和实践活动的优质资源单位。这些单位须结合自身的资源特点，具备承接中小学生开展研学实践教育的能力，能够结合单位资源的特点，设计开发出适合小学、初中、高中不同学段学生的课程与线路。同时，这些单位所设计的课程与线路应该学习目标明确、主题特色鲜明、富有教育功能，并配有适合中小学生需要的专业讲解人员及研学旅行导师。

（二）研学旅行营地的概念

研学旅行营地（study camp）是为中小学生研学旅行提供研学实践教育活动和集中食宿的场所，具有集中接待、协调服务的功能。研学旅行营地应可供学生教学、活动、体验、休整、食宿，布局合理科学、功用齐全，同时还应配备与研学实践活动相匹配的教学设施与器材，且各项教学用具、器材性能完好，能满足开展研学实践活动的需求。在此基础上，研学旅行营地也应承担一定的课程开发与线路设计的任务。优质的研学旅行营地能够提供给学生独特的学习体验与真实的学习环境，达到学习与旅行的平衡。

（三）研学旅行基地与营地的区别

作为开展研学旅行活动的场所，研学旅行基地与营地的概念阐释区别不大，没有本质上的区别，结合全国各地对研学旅行基地与营地的标准规范以及审批条件，二者主要有以下两处区别。

1. 课程设置及丰富程度

研学旅行基地的课程主要来源于对自身资源的挖掘与设计，课程内容与自身资源高度吻合，强调突显自身资源的特色，课程的数量一般不多。例如，河南林州红旗渠精神培训基地，依托红旗渠精神资源及丰富的自然人文资源设计了集现场参观、现场教学、实践体验先辈劳作于一体的综合性课程，特色鲜明，通过场景还原、参与体验等寓教于乐的方式，让学生在体验中感受到先辈吃苦耐劳的开拓精神，从而培养学生的社会责任意识和勇于创新的精神。

研学旅行营地的课程可以根据自身的资源设计而成，但更多强调与周边教育资源结合而形成研学线路，并且对课程数量的要求更多，课程涉及的方面更广，以满足长时间研学旅行的要求。

2. 功能设置

研学旅行基地通常具备承接中小学生开展研学实践教育的能力，拥有足够数量的室内或半封闭教学场所，以及必要的教学用具和仪器。它们通常与学校教育内容相衔接，设计开发适合不同学段学生的研学实践课程和线路。基地的主题性和体验性较强，通过设计旅游线路和亲子互动活动，丰富研学旅行内容。此外，研学旅行基地还具备接待、教育、娱乐、观光等综合性功能。

研学旅行营地主要是指能供学生生活起居和学习的地方，提供完整的课程、师资配比和食宿配比。它们通常配备有齐全的基础设施，如房建、水、电、通信等，且环境整洁、卫生良好。营地能够同时接待1000名学生集中食宿，并提供专业的研学实践教育课程和线路。此外，研学旅行营地通常还有专门的机构负责中小学生研学实践教育工作，日常运转经费来源相对稳定。

然而，随着市场需求特征的变化，由于基地与营地功能与用途的交融、建设与运营的融合以及缺乏统一的标准与规范等原因，基地与营地的概念逐渐模糊。

二、研学旅行基地与营地的特性

教育部等11部门《关于推进中小学生研学旅行的意见》明确要求，研学旅行要坚持教育性原则、实践性原则、安全性原则和公益性原则。

作为研学实践活动的载体，研学旅行基地与营地必然有着和研学旅行一致的教育性、实践性、安全性、公益性等特性，同时具有自身的地域性和开放性。

（一）教育性

基地与营地的课程及线路设计需要结合学生的身心特点、接受能力和实际需要，注重价值性、系统性、知识性、科学性和趣味性，为学生全面发展提供良好的成长空间。因此，教育性是研学旅行基地与营地的本质特性。基地与营地的硬件、软件建设都要从教育出发，突显教育功能，这样有利于实现教育目标。这里的教育不仅指知识文化上的教育，更是学生价值观的教育。研学旅行基地与营地的教育内容要坚持走中国特色价值观教育发展之路，以中华优秀传统文化厚植价值观教育的文化底蕴，以培育和践行社会主义核心价值观为根本内容，以实现中华民族伟大复兴为根本主题，通过多样的活动与课程，不断增强价值观教育的民族性和时代性，在实践中将学生培养为既有中国情怀又有世界眼光的优秀人才，从而确保民族复兴大业薪火相传、后继有人。

（二）实践性

基地与营地的实践性表现为其课程和设施要满足学生动手实践、亲身体验的需要，尤其是课程设计与实施应尊重学生的主体地位，以主题实践及教育活动为主，以培养创新精神和实践能力为目标，变知识性的课堂教学为实践性的体验教学。这就要求研学旅行基地与营地因地制宜，呈现地域特色，提供与学生日常生活不同的环境，以实现研学活动开阔视野、丰富知识、了解社会、亲近自然、参与体验的目的。

（三）安全性

基地与营地的安全性是由其服务的主要对象——学生，尤其是中小学生这一特殊群体决定的,这要求基地与营地坚持安全第一的原则,选址要远离地质灾害频发和其他危险区域,配备安全保障设施,建立安全保障机制,明确安全保障责任,落实安全保障措施,设立安全应急预案,确保学生的生命安全。

(四)公益性

《关于推进中小学生研学旅行的意见》指出,研学旅行"不得开展以营利为目的的经营性创收",因此基地与营地应把社会效益放在首位,对贫困家庭学生要减免费用。

(五)地域性

基地与营地要体现地域特色,其课程资源一般是该地自然、人文或社会资源的典型代表,需要彰显当地地域文化的魅力,课程开发及设计也需要结合当地特色,让学生在体验与实践中感受不同地域的独特文化。

(六)开放性

基地与营地的开放性表现在以下两个方面。一是教学环境的开放性。基地与营地的一切活动课程和设施配套要区别于学生惯常的校园课程学习环境,应有利于引导学生到自然和社会环境中开阔视野、丰富知识、了解社会、亲近自然和参与体验。二是服务对象的广泛性。基地与营地对所有学生开放,欢迎、接纳任何地方、任何适龄段的中小学生入驻开展研学活动,一般不受地域或其他方面的限制。

三、研学旅行基地与营地的功能

学生在研学旅行基地与营地开展实践活动,实质上是一个接受体验式、情景式教育的过程,也是一种休闲教育。理想的基地与营地应满足学生教育、体验、审美的多重需要,为学生提供学、游、行、吃、住等多项服务,具备教育与游览、校园与景区的多种功能。因此,基地与营地应具备如下三个基本功能。

(一)校外教育功能

基地与营地应开发设计各种主题的研学课程、研学线路,建设满足各种主题活动的场馆,如满足交流讨论的活动教室、会议厅、多功能厅、展示厅,有条件的基地、营地还可以配建运动场、素质拓展营等设施。

(二)集体生活功能

基地要满足接待服务,营地则需要提供能一次性集中接待一定规模学生的餐饮、住宿服务,满足中小学生集体生活的需要,让学生在集体生活中锻炼生活技能,养成良好生活习惯。

(三)休闲旅游功能

大部分基地与营地本身依托风景优美的景区而建(见图1-1),既有景区优美的环境、方便的休憩设施,又有校园的文化氛围;既能很好地满足学生研学过程中的审美、身心愉悦需要,又能让学生在研学过程中得到休闲娱乐,获得休闲教育,享受美好的时光。实际情况中有些基地、营地往往会根据特殊情况与需求设定其他的服务功能。

图1-1 依托自然资源而建的研学基地(杜远鹏团队拍摄)

第三节 研学旅行基(营)地发展历程

了解研学旅行基(营)地的发展历程,不仅可以深入理解其背后的教育理念和演变过程,帮助我们理解研学旅行的本质和目标,以及它在教育体系中的定位和作用,还可以让我们发现其在不同阶段面临的挑战和机遇,有助于我们预测未来的发展趋势,并制定相应的策略和计划。

一、国外研学旅行基(营)地发展历程

(一)国外研学旅行基(营)地起源于欧美地区,早期以各类夏令营为主

放眼国际,欧美地区较早开展研学旅行基(营)地建设,在研学旅行基(营)地发展初期,以各类夏令营为主。

1860年,美国组织青少年开展简易停宿的野外宿营活动;1910年美国露营地管理者协会成立,标志着露营行业的正式形成,各类夏令营开始遍地生花。

各类夏令营按照营地主题可划分为三类：第一类是户外营，它以房车露营为主要代表，多是以体验运动、野外生存为主题的户外营；第二类是游学营，它主要强调营地的主题性和青少年活动对象的素质教育，是研学旅行的雏形；第三类是学习营，其主要目的是营造学习氛围，激发学生学习潜能，让学生掌握科学的学习方法的同时提高学习效率，以英语等语言夏令营较为普遍。

（二）现代发展出许多专业化程度高的基（营）地

进入信息技术高速发展、教育方式不断革新的现代社会，研学旅行基（营）地呈现出前所未有的专业化飞速发展趋势，基（营）地建设和管理走向专业化和规模化。不少国家，如美国、日本等，已建立研学旅行基（营）地专业化阵地，形成了政府严格把关、公益组织监督管理、社会各界大力支持的运营氛围，同时标准化的认证和监督管理系统已得到广泛应用。例如，2017年日本开成学园高二年级举行的以九州地区为目的地历时5天的研学旅行，关于此次研学旅行，基（营）地在餐饮服务、安全服务等方面均有严格的专业化要求，覆盖的研学旅行主题内容丰富，相关规范有教育部委层面的顶层设计，相关专业机构与学校社会紧密衔接。

（三）大多数国家将基（营）地教育纳入教育体系

随着经济的发展和教育方式的转变，大多数国家越来越重视基（营）地教育。在研学旅行与基（营）教育行业相对成熟的国家和地区，多已建立较为成熟的研学旅行与基（营）地教育行业规范体系，并把研学旅行与基（营）地教育作为青少年教育的重要环节纳入正统教育体系。其中，较为著名的是日本修学旅行和澳大利亚营地活动。自1946年起，日本正式发展修学旅行；到1960年，修学旅行已成为日本中小学校的常规教育活动。相关资料显示，截至2022年，日本修学旅行覆盖率已高达98%，修学旅行成为日本国民教育的"必修课"，是日本国民教育体系和学校教学计划中的重要组成部分。在澳大利亚的研学旅行中，营地教育已被纳入国家教育体系，并规定学生每年要参加不少于7天的营地学习，同时强调营地教育要满足人的成就、知识获取等基础需要及体验新的挑战的需要，要重视挑战、冒险意识对个人成长的作用，以及处理冒险和安全关系方面的技能。

二、国内研学旅行基（营）地发展历程

相较于国外，我国研学旅行基（营）地建设虽仍处于起步阶段，但自2016年1月国家旅游局公布首批"中国研学旅游目的地"和"全国研学旅游示范基地"以来，国内研学旅行基（营）地数量与规模已有很大突破。

我国的研学旅行基（营）地发展历程主要经历了发展萌芽期、发展起步期和发展黄金期。

知识链接

"行万里路"的文化意蕴

(一)发展历程

1. 发展萌芽期

我国最早的研学旅行基(营)地教育以夏令营形式出现在中华人民共和国成立初期,是由国家出资的公益性活动,研学旅行对象只面对极少数优秀的学生。

2. 发展起步期

自1978年党的十一届三中全会提出对外开放的基本国策以来,人们更多地追求体验式、开放式的教育,一些旅行社利用假期向学生和家长提供增值业务服务,将一些食宿资源、特色活动、素质拓展游戏临时拼凑,带领少数学生或家庭利用几天时间到指定地点开展带有教育性质的课外活动。2000年后,随着教育理念的不断进步与更新,民营商业性质的夏(冬)令营开始出现,教育行业与旅行社首次紧密结合。

3. 发展黄金期

自2013年,国务院办公厅印发《国民旅游休闲纲要(2013—2020年)》,首次提出了研学旅行的概念和设想以来,我国政府一直关注并颁发相关政策支持其发展。研学旅行开始飞速发展,2019年为规范和提升研学旅行基(营)地服务质量,颁布了《研学旅行基地(营地)设施与服务规范》(T/CATS 002—2019),进一步促进了研学旅行基(营)地的发展,自此我国的研学旅行基(营)地迎来发展的黄金时期。

其中,对现今研学旅行基(营)地发展影响较大的是综合实践基地与教育营地,二者是我国研学旅行基(营)地建设的重要基石。

(二)综合实践基地与教育营地

1. 综合实践基地

1999年6月,中共中央、国务院发布《关于深化教育改革全面推进素质教育的决定》,提出全面推进素质教育,把德育、智育、体育、美育等有机地统一在教育活动的各个环节。此后国家出台一系列政策大力推动素质教育,其中连续多年组织实施中央专项彩票公益金支持示范性综合实践基地项目建设,并出台管理办法加强对项目资金的管理和监督检查,取得明显成效。2015年起,教育部实施的"蒲公英行动计划",支持建设了150个示范性综合实践基地和12000个乡村学校少年宫。综合实践基地的活动项目主要有生存体验、素质拓展、科学实践、专题教育四大类。

生存体验类项目主要包括生活技能训练、野外生存体验、紧急救护训练、防灾减灾演练、手工技艺体验、农业劳动实践、工业劳动实践、职业生活体验、社区服务实践等活动。其旨在通过这类活动的体验与实践,让学生了解自身成长特点,树立正确的生命安全和健康意识,养成良好的学习和生活习惯,掌握基本的生活和生存技能以及自我保护和应对突发事件的基本技能;学会使用一些基本工具,培养学生初步的技术素养;培养学生热爱劳动的习惯和参与社会实践的能力,增强学生的社会责任感。

素质拓展类项目主要包括军事训练、体能拓展、竞技比赛、趣味游戏、文化娱乐等活动。其旨在通过实践活动锻炼学生的体力、毅力,增强学生体质,培养学生挑战自我的勇气和信心,以及相互合作的团队精神;张扬个性,激发潜能;展示学生的艺术才能,丰富学生的文化生活;提高学生的身体素质、心理素质、文化素质,为学生的终身发展奠定宽厚扎实的基础。

科学实践类项目主要包括科学探究、技术与设计、科学与艺术、科普教育等活动。其旨在指导学生通过实践活动了解、认识科学,探索生命科学、物质科学等对人类生活的影响;走近自然,增进对自然的了解与认识,理解人与自然的内在联系;认识和了解科学与技术的应用,激发学生的学习兴趣和探究欲望,提高学生应用学科知识解决实际问题的能力。

专题教育类项目主要包括国情省情教育、革命传统教育、传统美德教育、民主与法治教育、心理健康教育、国防教育、环境保护教育、毒品预防教育、民族民俗文化教育等。其旨在通过开展各种内容的专题教育让学生了解国家的政治、经济、国防、民族、文化等方面的基本情况和特点,培养学生的爱国意识、道德意识、责任意识,强化爱国主义、集体主义观念;培养学生遵纪守法的法律意识,珍爱生命,远离毒品;培养学生乐观向上的心理品质;了解、感受自然环境变化给人们生活带来的影响,以能源、低碳、环保为主题开展探索活动,理解环境保护、可持续发展的重要意义;学习欣赏当地民间艺术,学会简单特色手工艺品的制作,增强学生对民族文化的认同与了解,树立正确的民族观。

2. 教育营地

我国营地教育起步较晚,早期形态主要是青少年夏令营活动,中华人民共和国成立后最早出现的夏令营是1954年团中央在山东青岛举办的中国国际少年儿童夏令营。国家对营地教育发展的政策和资金支持主要集中在国家体育总局对青少年户外体育活动营地的支持,国家体育总局于2004年开始试点进行国家级青少年户外体育活动营地的创建,至2018年在全国范围已支持建立国家级青少年户外体育活动营地150多个①。总体来看,我国青少年营地教育可分为三个阶段,即萌芽和准备阶段(中华人民共和国成立至20世纪80年代初)、成长阶段(20世纪80年代初至21世纪初)和快速发展阶段(21世纪初至今)。其中,萌芽和准备阶段的青少年营地教育主要以集体活动、课外活动、冬夏令营的形式开展;成长阶段以游学、冬夏令营、春秋游等形态呈现;快速发展阶段我国青少年营地建设制度和规范逐步完善,如今随着研学旅行的发展,营地教育备受社会各界关注,步入快速发展时期。

3. 综合实践基地和教育营地的区别

综合实践基地和教育营地都属于校外教育场所范畴,但总体来看还是存在区别。一是从规模上来看,教育营地规模更大,接待能力更高,一般可以提供食宿。二是从课程类型来看,综合实践基地教育以人文社科类主题教育为主,各基地依托资源特色,开发主题鲜明的课程;营地教育以生存体验、户外拓展课程及自然课程为主,特色更突

---

① 数据来源:《2023年中国青少年户外营地行业报告》。

出,涵盖课程类型更丰富。实际上,由于我国营地教育起步晚,对基地和营地并未明确界定,有不少综合实践基地也具备了营地教育特征。

三、国内外研学旅行基(营)地发展现状及问题

2016年,教育部等11部门联合发布的《关于推进中小学生研学旅行的意见》提出,要遴选建设一批安全适宜的中小学生研学旅行基地,拉开了国内研学旅行基(营)地建设的序幕。截至2019年,教育部共批准581个"全国中小学生研学实践教育基地"和40个"全国中小学生研学实践教育营地"。目前全国范围内研学旅行基地、营地数量不断增加,研学旅行发展十分迅速,但许多基(营)地建设与发展问题也随之产生,本书总结归纳为以下三点。

(一)课程开发模式仍在摸索阶段

目前,许多研学旅行基(营)地仍以旅游景区的运营模式进行运作,忽略了研学旅行基(营)地的教育属性,这在课程开发上体现得较为明显。研学旅行承办方大多采用较浅层次的研学课程设计,课程开发模式较为单一,多采用旅行社或景区景点惯用的线路拼凑法来设计课程,如"参观—讲座—拓展"一日游。这种灌输性、单线性的思维方式已不能激发中小学生的学习兴趣,对提高学生的自主学习能力作用有限,导致学生研究性思维能力得不到提高,违背了研学旅行开展的初心与意义。

因此,未来在课程开发和设计上,学校应有针对性地开发、整合多种活动课程,与当下的课程改革密切联系;应采用"知行合一、边悟边创"的课程思路,除了将其与中小学基础学科嫁接,还应在充分利用地域特色、文化资源的基础上,多维度地结合历史、地理、文化、逻辑等多元信息,将研学旅行当作校本课程去开发;同时要将研究性学习与体验观察完美结合,形成更为科学、合理的课程框架,使其既能包含基础认知,又能激发研学思维,甚至促成研学旅行研究成果的产生。

(二)专业研学旅行导师数量较少,专业能力培训需求较大

研学旅行导师的"导"有双层含义:一是指指导学生的思想、学习和生活;二是指导游。研学旅行导师是教育和旅游行业融合所形成的产物。研学旅行政策出台以来,整个社会对研学旅行导师的需求大大增加,同时研学旅行行业对人才的综合素质要求十分严格,但市场上研学旅行导师的质量大多参差不齐。这就要求各大研学旅行机构加强各类研学旅行导师的培养,将研学旅行导师进行细分,使研学旅行导师能够各司其职、互相配合。在研学旅行这一特殊旅行方式的实施推进过程中,逐渐形成教师把控、导游引导以及专职研学旅行导师指引的管理体系,通过多维度的管理模式,提供高质量、高标准的研学旅行服务,激发学生自主学习、主动参与的积极性,引导学生高质量地完成"旅行+研学"活动。

（三）以非营利性单位为主，经费来源主要为财政拨款

我国的研学旅行基（营）地以非营利性单位为主，它们的经费来源主要是政府的财政拨款，其次是学费和自筹部分。研学旅行基（营）地本身具有教育服务功能和公益性属性，就要求"不得开展以营利为目的的经营性创收"，因此基（营）地应把谋求社会效应放在首位，对贫困家庭学生有实施减免费用的义务。同时，政府也鼓励各地研学旅行基（营）地通过多种形式、多种渠道筹措研学旅行经费，探索建立政府、学校、社会、家庭共同承担的多元化经费筹措机制。

第四节 研学旅行基（营）地类型

目前研学旅行基（营）地的分类方式较多。常见的分类方式有根据基（营）地资源的属性分类，根据基（营）地依托资源单位的性质分类，根据评定部门的级别分类，等等。

一、根据基（营）地资源的属性分类

1. 自然风景区

自然风景区主要指国家公园、自然公园等供游览欣赏的天然风景区，如山岳、湖泊、河川、海滨、森林、石林、溶洞、瀑布、历史名胜古迹等。例如"全国中小学生研学实践教育基地"黄山风景区、临汾市黄河壶口瀑布风景名胜区等。

2. 文化遗产

这里指不可移动的物质文化遗产，包括古遗址、古墓葬、古建筑、石窟寺、石刻、壁画、近现代重要史迹及代表性建筑等不可移动文物，以及在建筑式样或与环境景色结合方面具有突出普遍价值的历史文化名城（街区、村镇），如"全国中小学生研学实践教育基地"故宫博物院、平遥古城等。

3. 综合实践基地

这里主要指我国一些省（市、区），为中小学生开展校外综合实践培训修建的青少年校外实践基地。如"全国中小学生研学实践教育营地"上海市青少年校外活动营地（东方绿舟）、河北省石家庄市青少年社会综合实践学校、湖北省宜昌市青少年实践教育基地（宜昌市青少年综合实践学校）等。

4. 农业基地

农业基地指可用于中小学生素质教育和农业实践的区域性农产品基地。2022年全国共推荐了60个农耕文化实践营地，包括北京的全国农业展览馆（中国农业博

馆)、山西省大同市忘忧农场、吉林省长春市长春农业博览园、江苏省无锡市尚田六次产业园、浙江省湖州市桑基鱼塘农耕文化实践基地等。

5. 工业园区

工业园区主要指工业生产要素集聚、工业化集约程度高、产业特色突出、功能布局优化、市场竞争力强的现代化产业分工协作的特定生产区域,如国家级经济技术开发区、高新技术产业开发区、保税区、出口加工区等。例如,"全国中小学生研学实践教育基地"上海无线电科普教育基地等,能够为中小学生提供丰富、便捷的工业研学课程资源。

6. 高等院校和科研院所

充分挖掘高校和科研院所的科技资源开展研学旅行活动,让中小学生走进高校和科研院所感受浓厚的科研氛围。中小学生走进高等院校和科研院所,参观学习,听听讲座,能体会到浓厚的学习气氛和科研氛围,了解校园历史文化底蕴,这不但对其以后的学习有一定激励作用,而且对促进其形成正确的世界观、人生观、价值观,培养他们成为德智体美劳全面发展的社会主义建设者和接班人也具有重要意义。如"全国中小学生研学实践教育基地"北京航空航天大学(航空航天博物馆、"月宫一号"综合实验装置)、大连海事大学、中国科学院青海盐湖研究所等。

7. 重大工程基地

如"全国中小学生研学实践教育基地"中国长江三峡集团公司、南水北调中线干线北京市房山区大石窝镇惠南庄泵站、水利部丹江口水利枢纽管理局丹江口工程展览馆等。较具代表性的是东庄水利枢纽工程教育研学基地,其充分利用优质的施工资源,结合现场实际开展认知实习、生产实习、施工实习等活动,为广大学子提供多样的授课内容,同时开设不同主题的教育课程,让学生全方位感受东庄水利枢纽工程的特色研学模式。

二、根据基(营)地依托资源单位的性质分类

1. 优秀传统文化型

这类基(营)地包括文物保护单位、博物馆、非遗场所等。

2. 红色传承型

这类基(营)地包括爱国主义教育基地、革命历史类纪念设施遗址等。

3. 国情教育型

这类基(营)地包括体现基本国情和改革开放成就的美丽乡村、特色小镇、知名企业、大型公共设施等。

4. 自然生态型

这类基(营)地包括自然景区、农业基地、自然保护区、野生动物保护基地等。

5.国防科技型

这类基(营)地包括国防教育基地、科普教育基地、科技创新基地、高等学校、科研院所等。

6.综合实践教育型

这类基(营)地包括各类青少年校外活动场所、综合实践基地等。

三、根据评定部门的级别分类

根据评定部门的级别,研学旅行基(营)地分为国家级、省级、市级和县(区)级。

第五节　当下对研学旅行及研学旅行基(营)地的误解

目前,研学旅行处于黄金发展阶段,正确把握当下对研学旅行及研学旅行基(营)地的误解,有助于更深入地理解研学旅行的真正含义、目的和价值,从而更好地参与其中,获得更多的收获。

一、研学旅行不等于观光旅游或社会实践

（一）研学旅行不等于观光旅游

大众理解的观光旅游是旅游者游览当地的自然风光和民俗风情,从而得到审美享受并获得愉快体验的旅游形式。观光旅游注重原始性的旅游内容,停留时间较短,提供大众化的内容讲解,因而常常给人以"走马观花"和松散无序之感。

与观光旅游相比,研学旅行坚持融合的发展理念,坚持经济效益、社会效益、生态效益和教育效益相统一的原则,推动旅游业发展与教育现代化相结合。具体来说,研学旅行突出教育教学功能,能充分挖掘旅游资源,组织更加生动且富有人文底蕴的实践活动,帮助学生理解真实的社会生活和培养生态意识,树立正确的人生观、价值观,在研学旅行的过程中接受精神洗礼,筑牢社会主义核心价值观的根基,最终实现"旅游育人"和"旅游发展"的目的。

（二）研学旅行不等于夏(冬)令营

夏(冬)令营是在暑(寒)假期间,教育机构向学生提供的一套受监管的主题性游玩体验活动。通过基(营)地安排与组织的实践活动(如体能训练、素质拓展、英语、艺术、科技等活动),参加者或磨炼精神意志,或训练野外生存技能,或锻炼人际交往能力等。夏(冬)令营通常偏重于活动体验,其游玩的程度大于学习。从某种意义上说,春秋游

知识链接

国家级研学旅行示范基地——中国人民革命军事博物馆

可看作夏(冬)令营的换季简化版,通常是学校组织学生或班级参加的郊区游玩活动,其主题和目的相对简单,即让学生亲近和感受大自然,增强生态意识和环保意识,连带陶冶情操和强身健体。

与夏(冬)令营相比,研学旅行具有明显的知、情、意、行性质和融通性。在研学旅行基(营)地,研学旅行导师需要结合学生的发展诉求开发课程内容,组织和鼓励学生以集体生活的方式参与实践活动,引导学生积极提升价值观念、思维能力和精神品质。相应地,学生在接触自然和社会时,要用谈话、观察、阅读、行动和思考的方式进行探究,将知识、技能、情感和情境融会贯通,促进自然、社会、他人和自我的融合,积极助力个人发展核心优势。

(三)研学旅行不等于拓展训练与社会实践

拓展训练是一种以运动为依托,以培训为方式,以感悟和成长为目的,兼具体能训练和社会实践的综合素质教育。这种教育活动通常根据参与者的发展需求,选择或设计具有挑战性的任务活动,要求学生进行分组活动和集体合作,努力完成活动既定的目标要求(如健康素养、责任心和实践创新)。学生克服了困难或顺利完成了任务,就会产生胜利感和自豪感。

相比而言,研学旅行是在真实环境中展开的教育活动,是一种知行合一的实践活动。学生需要在旅行游览的过程中,遵循解决问题的逻辑,观察、调查和研讨真实的生活情境或工作任务,综合运用多方面或多领域的知识技能,化解在旅行过程中遇到的问题。与拓展训练相比,研学旅行要求动身和动脑并行,偏重人文底蕴、科学精神、健康生活等素养的培养,表现出开放性、自主性和研究性等特点。

社会实践是学校德育教育的重要组成部分,是指学校有目的和有计划地组织学生走出校门,深入参与社会生活,广泛接触社会成员,深入了解国情民情,从而使学生养成为人民服务的品德。这种活动以体验教育为基本途径,更多地看重学生价值观念的发展,注重学生思想认识的改造。

与社会实践相比,研学旅行倡导知、情、意、行并进,倡导反思性实践。研学旅行是以探究和体验为主要学习方式的教育活动,强调以实践学习和问题解决为导向,引导学生通过经验反思获得新的能力,通过社会学习产生新的行为,通过现场体验发展新的情感,从而实现知、情、意、行的协同并进。这样,学习者不断地积累知识与行动经验,不断地与真实情境和行动主体进行对话,最终成为真正的反思性实践者。

二、研学旅行基(营)地的建设与管理不等同于旅游景区

(一)研学旅行基(营)地的开发建设需要注重教育设施建设

旅游景区在开发与建设时的重点是旅游吸引物的建设,旅游景区依靠特色的旅游

吸引物吸引游客前来参观与游玩,因此开发的重点任务是建设保障游客能够便利地进入的基础设施,以及发挥旅游特色资源的属性。

研学旅行基(营)地在开发与建设时的重点是教育设施的建设,在保障学生的安全、衣食住行的情况下,要结合基(营)地自身的特色资源,开展各式各样的研学活动以及研学课程。因此,在开发建设阶段首先要保障各类教育资源与教育设施的建设,同时基(营)地的其他基础设施都需要围绕教育资源与设施进行建设,以促进学生独特的学习体验与营造真实的学习环境,实现研学旅行提高学生综合素质的目标。

(二)研学旅行基(营)地的管理不同于旅游景区的管理

旅游景区的管理是为了保障景区的基本运行,主要的管理对象是旅游景区内的资源或设施,旅游景区需要保障景区内设施的正常运转,以达到接待游客的标准。景区工作人员的日常工作以接待与维护为主,以满足游客在景区内衣食住行的需要。同时旅游景区的管理是需要市场化运作的,需要自行开展营销活动、促销活动,以此吸引游客前往。旅游景区的管理偏向于接待服务上的管理。

研学旅行基(营)地在旅游景区的管理内容基础上,要增加教务管理。研学旅行基(营)地在作为旅游目的地,提供给游客相应的接待服务的同时,还兼具教育属性,需要给来基(营)地的学生开展各式各样的研学旅行课程与活动。因此,研学旅行基(营)地主要的日常工作还需要增加保障课程开展的各项工作,如课程开发、教务管理等。研学旅行基(营)地内的设施除了满足游客休闲娱乐需求,还需要满足学生参加研学旅行活动及课程的需求,研学旅行基(营)地的管理在旅游景区管理的基础上,更偏向于对教育活动的管理。

(三)研学旅行基(营)地对工作人员的要求不同于旅游景区

旅游景区工作人员的主要职责是完成旅游景区的接待业务,在游客衣食住行各方面给予相关的服务,保障旅游景区的正常运作以及市场化运营。旅游景区的工作人员需要具备旅游从业者相关的技能知识,同时兼具服务意识,能够满足游客各方面的需求,提供高质量的服务。此外,旅游景区对讲解人员有着较高的要求,一个合格的讲解员能够最大程度地让游客了解景区的特色,带领游客获得极佳的旅行体验。旅游景区主要选用拥有综合旅游技能的旅游服务人员。

研学旅行基(营)地除了要选用与旅游景区相同的旅游服务人员,以满足游客休闲娱乐需求,保障基(营)地的基本运转,还需要配备能保障研学旅行基(营)地教学工作开展的研学旅行导师以及教学队伍。研学旅行导师具体是指设计与实施研学旅行课程,指导学生开展研学旅行的专业人员,是兼具导游服务技能与教育能力的复合型人才。同时配套的教学队伍也需要是具备教育教学能力的工作人员。因此,研学旅行基

(营)地的工作人员除了负责基(营)地管理的人员,还需要负责教学活动的教育者。

三、研学旅行基(营)地教育与课程不同于学校教育与课程

(一)研学旅行基(营)地课程不同于学校课程

研学旅行基(营)地课程不同于学校教育的课程,具体体现在以下几个方面。第一,学校教育的课程是基于不同学科的内容以及需要掌握的知识开发的学科课程;研学旅行基(营)地课程则是依托基(营)地的特色资源以及学生掌握知识技能的需求开发的活动课程。第二,学校教育的课程是在课堂上教师通过讲授、实验等方法向学生进行知识的传授;研学旅行基(营)地课程是在开放的环境中,在专业程度高的研学旅行基(营)地,依托专业的教育设施以及打造的环境进行实践活动来获取知识。第三,学校教育的课程往往是单一的课程;研学旅行基(营)地课程往往不是单一的课程,而是将多种课程与活动组织起来的综合性课程,同时研学旅行基(营)地课程的实施有着较强的活动性与流动性,能根据学校教师的要求以及不同学生、家长的需求,更新课程内容,有针对性地开展不同的活动,以获得个性化的体验。

(二)研学旅行基(营)地教育是学校教育的补充

《关于推进中小学生研学旅行的意见》指出,中小学生研学旅行是学校教育和校外教育衔接的创新形式。研学旅行是学校教育的补充,有助于提高学生的素质。研学旅行的内容是经过科学地组织与编排的,通过各种各样的活动让学生在实践中学习,提高学生的实践能力,培养创新精神、开拓精神,有利于学生的价值观教育、素质教育以及文明旅游意识的培养。然而现在有些研学旅行组织者与研学旅行基(营)地走入了一个误区,将研学旅行的内容变成了学校教育的内容,学生在研学旅行活动中接触的仍然是课堂上的知识,让学生感觉只是换了一个场地上课,甚至有的机构打着研学旅行的幌子开展课外补课。因此,在研学旅行基(营)地管理与服务中,切记要把握好研学旅行的地位与作用。

(三)研学旅行基(营)地教育者不同于学校教师

学校教师是指在各级学校中的教育者,其主要职责是向学生传授知识与技能并管理学生,教学场所主要是教室。学校教师更注重知识传授以及在思想道德上的模范作用。

研学旅行基(营)地的教育者除了负责基本的知识传授,还需要利用好研学旅行基(营)地中各式各样的教育设施,营造轻松愉快的氛围,将知识以通俗易懂的方式进行传授。研学旅行基(营)地的教育者另一项有别于学校教师的主要工作,便是前者需要组织好研学旅行活动的开展,在教学过程中更注重引导学生开展各种实践活动,引导

学生思考,鼓励学生将平常在学校学习到的知识与实践活动相结合;同时引导学生探究问题,让学生在探究与实践过程中逐渐掌握解决问题所需要的方法、技巧与才能。总而言之,研学旅行基(营)地的教育者不仅仅是知识的传授者,更是学生开展活动的引导者。

 本章小结

（1）研学旅行的概念有广义和狭义之分。广义的研学旅行是指以学为主、以游为辅,以寓教于游的外出旅游为主要形式和手段,具有特定研学主题和目的的旅游项目;狭义的研学旅行是指中小学生群体参与的研学旅行,是由教育部门和学校有计划地组织安排,通过集体旅行、集中食宿方式展开的研究性学习和旅行体验相结合的校外教育活动。

（2）国内研学旅行基(营)地大致经历了发展萌芽期、发展起步期和发展黄金期。

（3）正确把握研学旅行及研学旅行基(营)地要注意:第一,研学旅行不等于观光旅游或社会实践;第二,研学旅行基(营)地的建设与管理不等同于旅游景区;第三,研学旅行基(营)地教育与课程不同于学校教育与课程。

 本章训练

简答题
1. 解释研学旅行、研学旅行基地、研学旅行营地的概念。
2. 简述研学旅行的性质。
3. 简述研学旅行基地与营地的特性。

在线答题

第二章
研学旅行基(营)地开发与建设

本章概要

研学旅行基(营)地是开展研学旅行的关键场所。在基(营)地开发与建设中,要选址合适,考虑规模和布局,完善设施和装备,以满足学生的需求;还要结合地域资源和文化特色进行规划设计,提供多样化的活动项目,保证学生的身心健康和安全。建设完善的研学旅行基(营)地,有助于实现研学旅行的教育目标,提高学生的综合素质。

学习目标

知识目标
1. 了解研学旅行基(营)地开发与建设的核心要素及常见模式。
2. 了解研学旅行基(营)地资源调查的内容。
3. 熟悉研学旅行基(营)地开发与建设的基本程序。
4. 掌握研学旅行基(营)地设计的原则。

能力目标
1. 能分析影响研学旅行基(营)地开发与建设的因素。
2. 能简要设计研学旅行基(营)地开发与建设方案。

素养目标
1. 形成关于研学旅行基(营)地可持续开发的理念。
2. 理解开发过程中要因地制宜,避免盲目开发。

思维导图

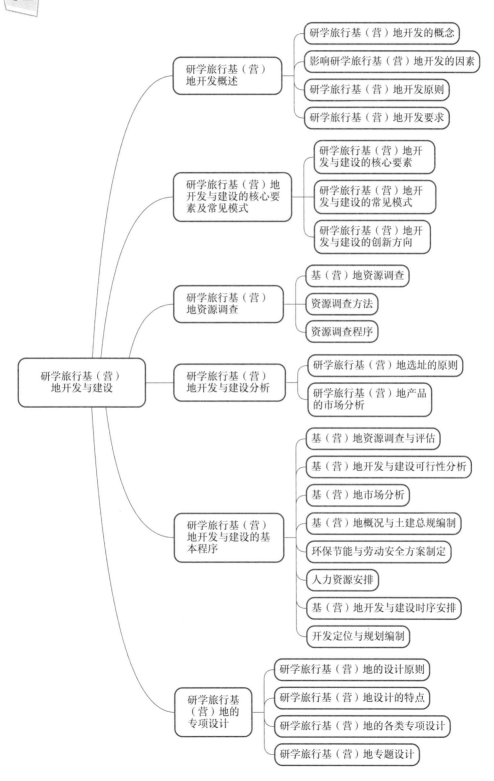

第一节　研学旅行基(营)地开发概述

研学旅行基(营)地是开展研学旅行的关键场所,通过学习研学旅行基(营)地的开发,把握研学旅行基(营)地开发的影响因素以及开发原则,有利于在规划开发研学旅行基(营)地过程中因地制宜,合理开发。

一、研学旅行基(营)地开发的概念

研学旅行基(营)地的开发是指对研学旅行活动发生的场所与场地进行规划、设计和建设等。其具体包含基(营)地规划、设计和建设等活动,包括直接对基(营)地进行布局分区、空间规划、流线设计、装修设计、设施配置等,形成整套的系统性方案,以及通过各种整体与细节上的规划设计,间接安排、塑造、影响或提升基(营)地场所中的各种活动行为与感知体验,最终满足研学旅行活动参与者的各类需求,使其获得良好的体验与感知效益。

二、影响研学旅行基(营)地开发的因素

(一)政策扶持

我国研学旅行活动及研学旅行基(营)地的开发建设受到当地相关政策的显著影响。在研学旅行的发展初期,政策制度对研学旅行基(营)地的成长有主导与扶持作用。教育部于2017年公布第一批全国中小学生研学实践教育基地、营地名单,各地管理部门也出台了符合当地情况的研学旅行基(营)地管理文件,加强基(营)地的规划与建设。截至2019年全国共拥有581个"全国中小学生研学实践教育基地"和40个"全国中小学生研学实践教育营地",各地也纷纷出台了研学旅行基(营)地相关政策文件,这在一定程度上表明基(营)地集聚分布受各地政策的显著影响。

(二)社会经济基础

当下研学旅行的主要参与者为中小学生,出于对未成年人的照顾与保护,一般要求研学旅行基(营)地拥有较好的基础设施、便利快捷的交通条件以及完备的安全与卫生设施等。因此,研学旅行基(营)地所在的位置多为经济发展较为发达的地区,地区经济实力强劲、服务业发达,能够为研学旅行基(营)地建设提供坚实的物质基础。

（三）区位交通与基础设施

区位交通与基础设施是与当地社会经济基础密切相关的一个因素,经济发达地区的交通与基础设施条件、资源条件、产业基础和市场化程度都较为优越。研学旅行基(营)地在主要省会城市以及铁路沿线城市高度集聚,这种分布特征说明研学旅行基(营)地的空间分布具有"廊道效应"。

（四）旅游资源基础

旅游资源是旅游活动的基础与先置条件,是旅游目的地建设的物质依托。旅游资源对研学旅行基(营)地的开发有根本性的直接影响。大部分研学旅行基(营)地会依托已有的各种特色旅游资源和旅游目的地,将其作为主要的旅游吸引物来优化开发。也有的旅游目的地利用自身资源与优势,发掘与教育相关的结合点并进行转型升级,向研学旅行方向发展。

（五）研学参与者需求

旅游活动的需求发端于参与者主动或被动的活动参与动机与目标效益需求。研学旅行是教育实践与旅游活动的有机结合,通过寓教于乐的方式来提高参与者的学习兴趣与综合人文素养。作为一种兼具教育学习与休闲娱乐双重性质的活动,研学旅行应当根据潜在参与者的需求来进行设计,要能够满足参与者教育学习与休闲娱乐的双重需求。因此,研学旅行基(营)地的规划与设计要以目标客户群体的需要和研学活动的特性为基础与前提。

三、研学旅行基(营)地开发原则

（一）共性原则

关于国内研学旅行基(营)地开发,《研学旅行服务规范》与《关于推进中小学生研学旅行的意见》要求符合以下原则。

1. 教育性原则

研学旅行基(营)地在开发时,要考虑其规划与设计符合课程设置要求。要在研学主题与本地特色基础上编制教学大纲,通过观赏、阅读、探究、服务、制作、体验等各种丰富的方式表达研学活动的核心主题,形成复合多元的实践性课程,培养学生形成正确的价值观,提高其综合素质和文明旅游意识,实现学生的多元能力发展。

研学旅行基(营)地要根据自身具体的活动方式,设计满足活动需要的场所功能与布局。基(营)地应该明确研学活动场所的设计目标,其主题应当特色鲜明且易于辨识,场所与设施的设计应当突出教育功能。空间设计应科学、完整、丰富,符合相关规范要求。由于目前大部分研学旅行基(营)地主要面向中小学生,研学旅行基(营)地往往会根据不同的教育主题及不同年龄段的学生,配备符合实际使用需要的场地和设施,或者对不同类型的课程提供相应的演示、体验和实践设施。

2. 实践性原则

研学旅行不是一般性的旅游活动,而是一种综合了"研""学""旅""行"的复合多元的新型实践课程形态,是课堂教学之外的实践性教学模式,强调让学生走出课堂,在广阔天地中亲身实践,其对于提高学生的实践能力和综合素养有积极的促进作用。作为课堂上知识教育的必要补充,研学旅行是实践教育的一种具体形式,连接实践体验与自然、社会环境。研学课程设计的重点在于引导学生体验自然与社会,在真实的自然、社会情境中体验仿真学习,开展理论联系实际的实践活动。

3. 规范性与安全性原则

国内研学旅行的参与者以中小学生为主,其自主能力与抗风险能力较低,需要周全的照顾与服务。因此,研学旅行基(营)地提供的设施与场所对安全的要求较高;相关设施与布局要能够保障学生的人身安全,并有利于教师及管理者进行规范性管理。

研学旅行基(营)地的安全性包括学生的人身财产安全与身心健康安全等各个方面。基(营)地及其各类合作供应单位均应根据相应规范提供符合标准要求的产品与服务。

(二) 个性原则

1. 开放性原则

首先,在空间上,研学旅行活动强调实践性,研学旅行基(营)地需要为学生提供有别于一般室内课堂的开放或半开放空间(室外空间、自然环境等)。实践课程在开阔的自然、文化与社会环境中开展,能够为学生提供拓宽视野、亲身体验、丰富经验、了解社会与自然环境的机会。

其次,在活动主体上,研学旅行的活动主体是学生,教师作为辅助引导角色,其主要工作是引导学生在实践中自行体悟。

2. 共享性原则

基于资源使用效率、收支控制等各方面的综合原因,研学旅行基(营)地应当具有共享性,对所有希望通过研学活动来实现自我提升的学生开放。虽然目前研学旅行活动主要是作为中小学教育中的课外实践一环来进行探讨、开展与管理,但在大学教育、成人教育乃至老年教育阶段的成年学生也需要传统课堂外的实践体验与发展空间。因此,研学旅行基(营)地应该考虑不同年龄段的学生及相应课程活动的各种需求,在开发与使用上贯彻共享性的原则。

3. 当地性原则

研学旅行基(营)地是在已有文化、教育、旅游等资源与基础设施的基础上开发建设的,研学旅行基(营)地的建设、相关产品与服务设计等方面必然带有当地社会文化、历史传统、自然环境等方面的烙印。因此,在基(营)地的建设过程中,应充分联动当地政府、学校、旅行社、媒体等各方力量,立足本地资源与特色,打造系列研学旅行线路,实现区域联动发展,推动研学旅行基(营)地建设与思政教育、本地文旅融合、乡村振兴战略等协同发展。总而言之,研学旅行基(营)地应当在现有基础上,将本地特色融入研学主题,根据当地性原则进行建设开发。

四、研学旅行基(营)地开发要求

(一)明确基(营)地特色主题

研学旅行基(营)地开发,要在分析本地文化资源的基础上,形成有本地特色与本地生命力的特色元素,然后提炼、整合、塑造形成相应的特色文化主题。主题既要有积极意义,也要植根于本地文化与基地的基础基因,还要符合文旅融合与素质教育的主旨。后期还需要提炼形成品牌标识,培养品牌效益。基(营)地的主题可以有多个或者是复合的,但需有主次;也可以对相邻地区不同基(营)地间的主题进行有机的组合,形成一个可以互动的系列主题。服务和产品还可以联合一些广受欢迎的IP来推广。

研学旅行基(营)地可以为学生提供丰富的旅游吸引物,是供学生开展研究性学习和集体旅行生活的场所,整体应有一定的观赏价值、历史价值,或者文学、科学教化价值。因此,文化教育资源的挖掘与塑造是基(营)地建设的关键。

(二)突出基(营)地的教育功能

研学旅行目的地应当与一般旅游目的地有所区别。研学旅行基(营)地在观光游览和休闲度假方面应有较高开发利用价值,并且具备适合宣传教育的基础资源。其应围绕主要的研学教育功能与主题(如团队协作、动手实践、生活自理能力提升,传统文化、科技、生态等的普及教育,爱国教育、思政教育、纪律教育、体能训练等)来进行规划与设计。

(三)了解参与者需求

要通过扎实的市场调研与分析,在研学旅行基(营)地已有资源基础上,归纳总结能够符合潜在参与者核心需求的研学主题,并设计相应的具体旅行活动方案。在明确的主题和课程基础上,设计符合各类活动需要并能提升参与者体验的空间场所与设施。要求基(营)地场所规模适当,满足活动需求,布局与路线合理方便;有相应的接待与配套设施以满足生活需要,整体布局应当合理,环境设施应当整洁且安全卫生达标;景点类游览路线设计应与研学主题相关;确保活动的安全性、营运秩序良好、管理人员到位,具备健全的安全设施与管理制度;具备一定的医疗保障条件。

（四）符合相关标准、规定要求

研学旅行基（营）地开发需要符合国家与当地各级管理部门的各类规范、标准与管理要求。研学旅行基（营）地规划与设计相关的标准与要求主要涉及环境空气质量、声环境质量、污水综合排放、生活饮用水卫生、食品安全与餐饮卫生、洗浴卫生、消防安全、游乐设施安全、垃圾分类、旅游厕所质量、导游服务规范、饭店星级评定、休闲露营地建设与服务、道路及游憩服务设施等方面。

（五）提供具有系统性的产品

研学旅行基（营）地应该提供有教育价值的、复合多样的研学旅行产品，包括有吸引力与趣味性的观赏、体验或互动项目体系；要在横向上（同一地区的同类产品之间相互支持的有机系统）和纵向上（全产业链上相互联系的不同产品与服务也要加强合作，形成共赢）都形成有机产品系统。

（六）与时俱进，进行可持续化开发

信息时代的市场变化总是迅速的，学生随时能接收到潮流信息。研学旅行产品有教育属性，需要与时俱进，以便能够为学生提供最新和最先进的学习体验，因为落后于时代的研学活动会失去教育意义。

第二节 研学旅行基（营）地开发与建设的核心要素及常见模式

学习研学旅行基（营）地开发与建设的核心要素及常见模式，有助于了解研学旅行基（营）地开发与建设的重要指导要素，了解基（营）地开发与建设的各个环节和步骤，包括选址、规划、设计、建设等，从而更好地理解研学旅行的实施过程和效果。

一、研学旅行基（营）地开发与建设的核心要素

（一）教育发展要素

研学旅行的"学"强调学生接受教育、追求发展的目标，因此研学旅行基（营）地的开发与建设必须具备鲜明的教育发展要素。研学课程是研学旅行的核心部分，旅行中必须包含课程教育的部分，课程教育中必须渗透旅行实践。研学课程必须经过精心设计，具有良好的课程结构与教育效果，体现出寓教于乐、寓教于游的研学特征。

(二)价值观要素

研学旅行不仅仅是为了让学生学习知识与技能,更是要在实践过程中培养学生正确的价值观,因此要以社会主义核心价值观为指导进行整体布局。研学旅行基(营)地开发与建设过程中,要考虑价值观教育的要素,在设施设备的建设中渗透价值观教育的内容,把社会主义核心价值观整合融入研学旅行,实现立德树人功能的最大化。

(三)专业要素

与一般的旅游不同,研学旅行强调教学特质,因此其服务提供者必须具备较高的专业知识水平与素养。一般来说,研学旅行基(营)地的服务提供者是专业的教学者,需要具备教育技能与专业技能以及良好的师风师德。

(四)生活要素

研学旅行一般要求参与者以集体的形式共同生活、学习一段连续的时间,在这段时间内,参与者需要在基(营)地内集中食宿。良好的生活体验是参与者愿意持续、重复到同一基(营)地进行研学旅行活动的基础。因此,基(营)地的开发与建设要包含丰富的生活要素。

(五)安全要素

由于研学旅行参与者需要在基(营)地中共同生活、学习与工作一段时间,且大部分参与者为未成年人,基(营)地开发与建设过程中必须把安全视为重中之重。基(营)地安全包括消防疏散、防疫卫生、预防暴力等方面。基(营)地开发与建设中要建立相应的安全机制与安全管理体系。

二、研学旅行基(营)地开发与建设的常见模式

(一)旅游资源主导模式

旅游资源主导模式是指基于基(营)地所拥有的旅游资源及其吸引力来进行规划、设计与开发建设。基(营)地的开发与建设主要基于资源的实际情况开展,核心目的是对旅游业态进行转型升级。例如,借助自然资源的北京古北水镇研学旅行基地,让学生在学习中体验自然,在体验自然中学习。

(二)教育需求主导模式

教育需求主导模式是指当地主管部门与教育部门、各级学校等教育机构,根据实际教育需要与所拥有的教育资源,来主导基(营)地的规划、设计与开发建设。基(营)

地开发基本是围绕建设方(或项目主导方)的教育需求进行的。例如,各地政府希望利用红色文化资源进行思想政治教育,便会基于当地红色旅游资源打造研学旅行基(营)地,主要是挖掘红色人文资源与绿色生态资源,开展爱国主义教育、青少年教育、国防教育、廉政建设教育、人文社会科学普及等研学活动。

(三)产业发展主导模式

产业发展主导模式是指将某种较为完整的产业链上的产业基地直接作为研学活动开展的基(营)地,在产业基地开展研学活动的模式。这种模式常见于已有的工业园区、农业基地等。工业园区、农业基地等通过建设科普研学基(营)地,介绍工业生产流水线、农业生产作业等。这种模式既能开展知识科普活动,也能顺势推广工业园区、农业基地的产品与品牌,是一种产业、教育与旅游三方共赢的发展模式。例如,在娃哈哈智能工厂园区,学生可参观学习,将理论与实践相结合,进一步了解娃哈哈的设施布局、智能化生产线、设施选址等生产运营情况。

(四)基(营)地先行模式

这种模式一般是指先进行基(营)地建设,建好之后进行课程设计。该模式前期省略了课程设计的步骤,建设周期较短,能较快投入使用,相对成本较低;而且一般会按照研学课程的普遍要求来设计,适应性较强。但在前期未进行详尽的课程设计,容易导致基(营)地设计与课程设计不能较好地匹配,或者课程设计受限;同时缺乏个性与特色,不利于品牌建设。因此,该模式的未来发展受限,不是常被推荐的模式。

(五)课程先行模式

该模式要求先做好较为详尽的课程设计,再根据课程要求进行基(营)地规划与空间设计。这种模式由于前期课程设计阶段的投入较多,建设周期长;而且因为基(营)地是根据已有课程的特色定制设计的,其不一定有广泛的适用性。但由于在前期进行了详尽的课程设计,基(营)地与课程的匹配度较高,个性突出,从而有利于品牌的推广与发展,因此该模式在同一领域的未来发展中有可持续性。

(六)智慧开发模式

这种模式是指在基(营)地建设最初的构思调研阶段,直到基(营)地建设完成以及后期的运营管理中,全链条引入大数据、人工智能、智能化设备、交互设计等新科技成果,持续应用智慧开发与智慧管理,根据基(营)地实际情况,做出最佳决策。但受限于技术发展,该开发模式仍处于探索阶段。

知识链接

融合发展研学游:数游峨眉体验中心—农夫山泉峨眉山工业旅游区—山月溪自然学校

三、研学旅行基(营)地开发与建设的创新方向

(一)研学旅行基(营)地主题策划的要求

1. 挖掘资源,有机整合

研学旅行基(营)地的主题要基于其本身的资源环境来策划,所以挖掘、提炼与整合资源是主题策划的第一步。在完成详尽的资源调查之后,要甄别出符合市场需要、能够提炼加工、有独特性以及有可持续生命力的资源,并在此基础上进行资源整合。

2. 提炼融合,塑造主题

进行资源整合之后,要提炼出植根于本地文化的特色元素,由此塑造形成相应的主题。主题要有积极正面的意义,应属于文化旅游与素质教育的范畴,并且要符合基(营)地类型,如爱国教育基地的细化主题,要在当地的相关爱国故事中提炼。

确定了基本主题之后,需要提炼形成简单且有寓意、能代表项目整体的品牌标识,如基地招牌名字、形象、吉祥物等。品牌IP应该容易被理解与记忆,适合普遍推广,有助于提高品牌知名度。

3. 市场推广,系统网络,品质控制

形成主题之后,就需要尽快把产品与服务推向市场,大力推广。推广的同时,要与本地区或相邻地区其他基(营)地形成横向上的良好互动与有机组合,并且在供应链上与各类产品与服务的供应商形成纵向上的合力。要在横向与纵向上形成系统性的网络,并且做好品质管控,不能因为经营规模扩大而允许质量水平下降。

(二)研学旅行基(营)地开发的创新思维

1. 优化品牌(IP),强强联合

基(营)地可以有一个核心主题和数个辅助主题;或在同一主题下,有区分主次的多个IP。相邻地区不同基(营)地的主题也可以有机组合形成一个相辅相成的大主题。这意味着基(营)地拥有丰富的复合元素,能形成强强联合的网络。

另外,属性不同,但是相互有联系的产品与服务,可以相互支持形成复合IP。产品与服务之间还可以通过跨界联合形成合力。

2. 可持续发展的思考

研学旅行基(营)地的主题要植根于本地文化,以保有蓬勃的可持续生命力。没有本地文化滋养的产品与服务是无根之萍、无源之水,很快就会失去生命力与竞争力。只有抓住本地文化与本地社区生活的特色,才能把产品与服务深深植根于本地文化,才能让产品与服务持续不断地从文化根脉中汲取营养。

同时,研学旅行基(营)地的产品与服务还需要根据市场与客户群体的发展变化,结合新鲜事物,与时俱进地进步升级,以确保主题与基(营)地具有可持续的发展能力。

3. 智能化发展方向

党的二十大报告明确指出"教育、科技、人才是全面建设社会主义现代化国家的基础性、战略性支撑",这体现了党和国家对新时代实施科教兴国战略的高度重视。在科技发展迅速的今天,将智能化设备应用到教育领域是科教兴国战略的切实体现,也是教育发展的必然趋势。加强信息化、数字化和智能化建设,以教育信息化提高教育教学质量和办学效益,有利于促进教育现代化,实现优质教育资源的广泛共享,促进教育公平和对社会的开放。

研学课程旨在让学生获得综合发展的机会。在人工智能蓬勃发展的今天,要把智能化设备与理念整体地应用到研学旅行基(营)地的开发规划、课程设计与项目运营的全过程之中,让学生接触到最新的科技潮流与成果,这也是研学旅行的一部分。而且智能化设备,尤其是各种新奇的机器人,作为一种新型设备,非常受学生的欢迎。

对研学旅行基(营)地的设施设备而言,应用智能化设备也有助于后续的智能化运营和设备升级,提高管理运营效率,降低人力资源成本,让项目具有更强大的生命力、竞争力与发展潜力。

4. 多年龄段发展

从各类成果与相关管理文件来看,目前我国的研学旅行主要面向中小学生。但随着人口老龄化,以及人们终身学习理念的形成,研学旅行基(营)地开始有了更多年龄段的潜在消费人群。针对多年龄段进行课程开发以及基(营)地建设是市场发展的趋势。

第三节 研学旅行基(营)地资源调查

研学旅行基(营)地资源调查指的是对基(营)地所在区域的旅游资源及旅游资源所处地的环境状况进行调查;同时,要根据研学旅行目的地的特性,从旅游资源的禀赋状况、属性和类型出发进行针对性的调查。一般的资源调查有两种不同的类型:一是对资源本身或所在地的自然资源及环境进行调查,二是对资源所在地和周边的人文资源及社会环境进行调查。此外,还需针对基(营)地周边的状况进行调查。

一、基(营)地资源调查

(一)自然资源

1. 地质要素

调查记载当地岩石、地层、地质构造及地形地貌等的分布特征、发育规律和活动强度,对调查范围的总体地质地貌特征有一个全面的概括了解。

2.水体要素

调查地表水与地下水的类型和分布,季节性水量变化规律和特征,可供开采的水资源,以及已发生和可能发生的水灾害及其对旅游资源的不利影响等。

3.气象气候要素

气象气候要素包括当地的年降雨量及其分布,气温、光照、湿度及其变化,大气成分及其污染情况,以及气候类型、特色及变化规律等。

4.动植物要素

动植物要素包括目的地动物和植物的特征与分布,具有观赏价值的动物和植物的类型和数量,以及特定生存环境下存在的珍稀动物和植物的分布、数量、生长特性和活动规律等。

(二)人文资源

1.当地风土人情

当地风土人情具体包括社会文化环境,如人口、民族构成、宗教信仰、风俗习惯等,还应涵盖历史沿革、社会变迁等。

2.人文景观类资源

人文景观类资源包括当地的历史遗留建筑、宗教场所、文化遗产等。如果当地为革命遗址地,还需特别注意调查当地的红色文化资源。红色文化资源包括物质文化资源与非物质文化资源。物质文化资源包括当地的爱国主义教育基地、革命旧址、烈士陵园、革命纪念馆等;非物质文化资源包括当地的红色故事、红色精神以及革命文化。

3.当地社会环境

当地社会环境主要指当地的经济环境,如地区经济政策的连续性与稳定性、社会经济发展规划等。

(三)基(营)地资源开发状况

旅游资源的开发状况主要有已开发态、待开发态和潜在态三种形态。基(营)地资源开发状况的调查包括以下几个方面。

1.旅游资源的开发现状

旅游资源开发现状的调查包括已开发项目的类型、开发时间、淡旺季、旅游人次、旅游收入、消费水平,以及周边地区同类旅游资源的开发比较、开发计划等。

2.当地的旅游交通

旅游交通的调查包括公路、铁路、水路、航空交通状况,旅游汽车、出租车、景点缆车、高架索道、观光游船等设施,车站、码头、港口的数量和质量,以及出发地与景区的距离、行程时间、路面质量、运输承受能力等。

3.当地住宿设施

住宿设施的调查包括常规酒店、汽车旅馆、供膳寄宿旅馆、别墅、农舍式小屋、度假村、野营帐篷、游船旅馆等住宿设施的规模、数量、档次、功能、分布情况、接待能力、床位数、房间数、客房出租率、营业收入、固定资产、利润总额等。

4. 当地的餐饮设施

餐饮设施的调查包括餐馆的规模、数量、档次、分布情况、名特小吃、特色菜品、卫生状况和服务质量等。

5. 其他服务设施调查

除调查以上设施外,还可以对其他服务设施进行调查。例如,会议设施,包括会议室、报告厅等,用于举办研讨会、讲座、团队会议等;医疗设施,包括医务室、急救站等,用于提供基本的医疗服务和应急处理;户外设施,如运动场、户外探险装备、自然观察工具等,用于户外教学和实践活动。

(四)基(营)地周边状况

调查基(营)地周边的情况,是为了了解本地旅游资源与周边旅游资源的相互关系,分析周边旅游资源对本地旅游资源开发的消极和积极影响。随着研学旅行市场的迅猛发展,区域之间、基(营)地之间的竞争日益加剧,这不仅会影响与制约区域研学旅行产业的发展与综合效益,而且影响区域市场的有序拓展。不良竞争甚至恶性竞争的出现,会阻碍良好、快速发展的步伐。同时,基(营)地开发也会受到周边利益相关者的制约,处理好与周边利益相关者的关系是每个研学旅行基(营)地建设中必须考虑的方面。

鉴于此,基(营)地在开发之前,充分了解周边地区的发展状况,有利于构建科学的竞合战略与模式,有利于促进本地区与周边地区之间的竞争与合作,实现"多赢"的区域旅游发展格局,奠定区域旅游开展竞争与合作的基础。

二、资源调查方法

(一)直接询问法

询问相关人员所调查区域旅游资源的情况,以获得更多的信息。询问对象应为比较了解所调查区域的旅游资源的本地居民、相关负责人与专家等,从而获取从一般途径难以获得的关于此区域的详细信息。询问一般采取访谈记录的方式,也可以采用问卷调查的方式。

(二)统计分析法

统计分析法是对所调查的旅游资源信息进行统计学分析和处理的方法。资源调查与统计分析密不可分,旅游资源调查过程中,需要对旅游资源的数量、规模、分布地点、聚集情况等进行数据统计。这些数据可以为后续研学旅行基(营)地的建设或研学产品的策划提供依据。

(三)实地调查法

实地调查法是根据基(营)开发的性质和任务要求,组织专家队伍,对基(营)地附近的旅游资源状况进行实地调查的方法。首先,确定调查区域内的调查小区和调查线路。其次,选定调查对象,一般要进行重点调查的单体有:具有旅游开发前景,以及明显经济、社会、文化价值的旅游资源单体;集合型旅游资源单体中具有代表性的部分;能代表调查区域形象的旅游资源单体。最后,填写"旅游资源单体调查表"。实地调查法十分耗费人力、物力,但是通过这种方法不仅可以获得更准确的信息,还能够发现当地存在的问题,有助于在调查过程中获得开发的灵感。因此,实地调查法在基(营)地前期调查中所起的作用不容忽视。

(四)现代科学技术法

现代科学技术法主要是指调查人员通过采用全球定位系统(GPS)、遥感技术(RS)、地理信息系统(GIS)等技术对不易调查到的旅游资源进行考察的方法。这类方法受地面条件限制少,应用种类多,获取的信息量大,不仅能完成对旅游资源的定性和定量调查,而且可以发现新的旅游资源,也可以对当地的各种资源(如土地、森林、草场)分布有一个清晰的了解。此外,这类方法还可以解决当地旅游资源的分级、统计、制图等问题,对基(营)地建设的前期调查工作有较大的帮助。

三、资源调查程序

(一)调查准备阶段

成立调查小组,根据研学旅行基(营)地的建设要求成立调查小组,保障调查的有效进行。邀请相关学科的学者或有经验的人员一同参与调查。

收集整理基本资料,一般收集整理的资料有文字资料、图片资料与影音资料等。

明确本次调查的目的,有目的性地准备本次调查的方案,提高调查效率。物资器材的准备包括电脑、摄影摄像设备、录音笔等提高效率的工具。如果进行野外调查,还需要准备好定位仪器、简易测量仪器(温度计、湿度计和海拔计等)、急救药品等物资。

(二)实地调查阶段

确定调查区域与线路,根据调查目的整理出需要考察的目的地与行进线路。

选定调查对象,确定要调查的资源是属于自然资源还是人文资源,清楚资源的行政位置、地理位置、性质与特征、交通条件、保护与开发现状以及研学因子评价等。其中,研学因子评价包括旅游资源的历史文化价值、科学艺术价值、观赏休憩价值、稀有程度、规模、完整性、知名度和影响力、适合研学的时间和适用范围,以及污染情况和环境安全等事项相关的综合性评价。

(三)资料整理阶段

记录调查数据,如实记录所调查的旅游资源数据,为后续的研学旅行数据收集和资料分析提供原始素材。

第四节　研学旅行基(营)地开发与建设分析

研学旅行基(营)地的开发与建设是推动研学旅行高质量发展的重要途径。把握研学旅行基(营)地选址的原则、产品的市场分析有助于在研学旅行基(营)地的开发与建设过程中细分市场,精准营销。

一、研学旅行基(营)地选址的原则

(一)能否满足目标客源市场的需求

满足目标客源市场的需求是研学旅行基(营)地价值存在的基础。选址首先要分析周边主要客源市场和潜在客源市场,可采用SWOT分析法,综合比较分析自身优劣势以及机遇和挑战,避免重复开发和恶性竞争。

(二)依托的自然、历史、文化等资源的可开发性

研学旅行基(营)地依托的自然、历史、文化等核心研学资源是选址的决定因素。在充分调查研究和评估的基础上对研学资源的开发价值进行客观评价,论证开发的可行性,制定切实可行的开发与发展规划。

(三)交通的安全与便利性

交通的可进入性和安全性是保障研学旅行基(营)地正常运行的基本条件。研学旅行基(营)地选址应充分考虑目的地与研学主要客源市场的距离和交通条件,一般应具有县级以上规格直达公路,且距主城区行车时间不超过2小时为宜。

（四）所在地区的人文社会环境影响

研学旅行基（营）地选址要有开放式思路，要充分考虑研学旅行基（营）地与周边环境的协调发展，能与周边利益相关者建立友好关系，实现和谐可持续发展。

（五）发生自然灾害的可能性

研学旅行基（营）地选址首先应考虑周边环境的安全性，尤其是研学旅行营地对自然环境的依赖程度较高，应对周边自然环境进行充分调研，确定是否存在泥石流、山体滑坡、洪水暴发、生物入侵等危害因素。

（六）各类污染源的潜在影响

研学旅行基（营）地选址应充分考虑周边各类污染源的不良影响，本着安全第一、健康第一的原则，远离大气污染、水体污染、土壤污染、噪声污染、辐射污染、垃圾污染等污染源，以减少潜在危害和负面影响。

（七）实施紧急救援及应对突发事件的可行性

研学安全是学校、家长、行政管理部门等相关社会各界关注的重点，国家明确规定开展研学旅行活动，安全措施必须要有保障。研学旅行基（营）地选址要充分考虑安全预案问题，对可能出现的突发事件要有应对措施，对可能需要的紧急救援充分考虑其可行性。

（八）水、电、通信等基础设施的保障

研学旅行基（营）地选址要考虑水、电、通信等基础设施的保障性，要调查清楚选址地是否存在高峰期断水、断电，以及通信网络不通畅等问题，综合考虑其对开展研学旅行活动的影响程度。

二、研学旅行基（营）地产品的市场分析

（一）市场同类产品比较

分析市场上现有竞争者的情况，包括竞争者的数量、市场份额、现有产品等。关注竞争者与自身的地理位置情况，了解竞争者主要接待的学生年龄群体以及设置的课程，以进行差异化竞争，避免产品与课程雷同。

（二）主要客源的筛选

主要客源分析包括旅游者社会人口特征和消费行为特征两个方面。其中，旅游者

社会人口特征包括旅游者年龄、性别、收入、职业、受教育水平、民族、宗教、习俗等；旅游者消费行为特征包括旅游者空间移动轨迹、消费选择倾向、消费动机等。例如，要明确基(营)地的建设方向，课程的设置针对的是哪一年龄段的学生，如是针对中小学生群体还是针对中学以上学生群体。

（三）产品的市场预估

市场规模的大小直接影响基(营)地的盈利能力。在实践中，确定基(营)地市场规模有三种思路：根据市场来预测，即与其他相似基(营)地类比或者采用历史趋势外推法等来预测游客量；根据接待能力来预测市场规模，即根据现有设施和可能新开发的设施的接待能力来预测游客量；根据经济目标来反推市场规模。

第五节　研学旅行基(营)地开发与建设的基本程序

研学旅行基(营)地的开发与建设应遵循一定的程序，以保证基(营)地的成功使用。在研学旅行基(营)地投入使用前，需要完成对基(营)地资源进行调查与评估，对基(营)地开发与建设进行可行性分析，以及对基(营)地进行市场分析等一系列程序。

一、基(营)地资源调查与评估

（一）调查研学旅行基(营)地开发与建设的资源、条件与限制

研学旅行基(营)地所在地区的相关管理条例与扶持政策、市场潜力与客户需求、社会文化背景、当地居民的生活状态、地理生态环境、基础设施、旅游资源以及已有的建设基础等，都是研学旅行基(营)地开发与建设的基础条件与资源。

只有对研学旅行基(营)地可利用的内外资源与有利的内外部条件有深刻认识，才能高效率地配置、运用这些资源与条件，从而进行合理的开发建设。此外，还需要对基(营)地面临的挑战、劣势、政策限制、成本限制等进行认真的调查了解，以避免做出错误的决策，导致损失。

（二）评估研学旅行基(营)地资源，匹配适合的开发模式

在深入调查了研学旅行基(营)地开发与建设的资源、条件与限制之后，需要对资源、条件与限制进行归类、分析与总结，最终确定该如何应用配置资源，如何将条件与限制化不利为有利。在此基础上，为基(营)地的开发与建设匹配合理的、高效率的开发模式。

二、基(营)地开发与建设可行性分析

在对基(营)地资源进行了详尽的调查与评估,并初步拟定开发方案的基础上,需要对项目进行可行性分析,对项目方案的各阶段、各步骤与各路径方法都进行讨论验证,确保项目建设具备较高的可行性。一般的研学旅行基(营)地开发与建设的可行性分析包括以下内容。

(一)基(营)地开发与建设概况

介绍基(营)地开发项目的概况,包括承办单位、主管部门、用地区位与法定图则、项目建设内容(规模、目标、面积、层高、占地等)、建设地点、可行性研究主要结论(包括产品市场前景、政策保障、资金保障、组织保障、技术保障、人力保障、风险控制、社会效益、综合评价)等方面,并对基(营)地存在的主要问题进行说明,列出基(营)地开发建设过程中会遇到的问题的解决方案。

(二)资源开发的必要性

主要说明基(营)地开发项目的背景与投资建设的必要性。

1. 项目背景
(1)文旅教育的研学市场需求。
(2)文旅教育的研学行业发展。
(3)研学旅行基(营)地开发建设的基础条件。

2. 投资建设的必要性
(1)消费者对研学产品的消费需求。
(2)从行业角度看,该项目是旅游业态转型升级的需要。
(3)从教育角度看,该项目是对研学产品的补充。
(4)从文旅融合与乡村振兴角度看,该项目是研学产品的发展潜力。

(三)基(营)地开发与建设的可行性

可行性分析主要说明基(营)地资源、支持基(营)地开发与建设的有利条件与支撑性条件,基(营)地开发与建设可行性,问题的解决方案,以及基(营)地开发与建设中的主要技术经济指标。

1. 基(营)地资源、有利条件与支撑性条件

列举、归纳、分析基(营)地开发与建设可以利用的资源(旅游吸引物、已有历史遗址、自然风光、文化艺术积淀、社区支持、基础设施等),总结支持基(营)地开发与建设的有利条件与支撑性条件(政策扶持、交通区位、市场规模、客户群体等)。

2. 基(营)地开发与建设可行性

可行性包括经济可行性(成本控制及能否实现收支平衡)、政策可行性(是否得到政策鼓励与扶持)、技术可行性(开发建设是否存在过高的技术难度)、模式可行性(选择的开发模式是否符合基(营)地现在的情况并符合当地的发展方向)、人力资源可行性(是否建立了良好的组织架构,能够保证良好的师资供应)。

3. 问题的解决方案

总结归纳基(营)地开发与建设中的种种限制、劣势及资源缺失、不利条件,如政策限制、资源不足、市场客源不足等,分析存在的问题、障碍与挑战,提出可行的解决措施或解决方案。

4. 基(营)地开发与建设中的主要技术经济指标

汇总基(营)地开发与建设的各项主要指标与相关数据,编制开发与建设中的主要技术经济指标表。

三、基(营)地市场分析

任何一个项目决策都要建立在对市场需求充分了解的基础上。根据市场分析的结果,推导出研学旅行相关产品的成本控制、价格设置、品质控制等,在此基础上实施研学旅行基(营)地的开发与建设。

(一)研学产品市场调查

研学产品市场调查包括同类产品与相关联产品的国际市场调查参考、国内市场调查研判、全产业链上的市场与价格调查、市场竞争调查等。

(二)研学产品市场预测

利用上一步市场调查收集与分析得到的信息,对未来市场需求进行判断、分析与预测,以进一步制定产品开发方案。市场预测具体包括国际市场预测、国内市场预测、全产业链上的市场与价格预测、发展前景预测等。

四、基(营)地概况与土建总规编制

(一)基(营)地概况

基(营)地概况主要描述研学旅行基(营)地的地理区位条件、交通便利程度、自然人文资源情况、社会经济与商业配套情况、社区支持和居民生活状态、基础建设情况、人流情况等。

（二）土建总规编制

土建总规包括项目选址、占地面积、场地平整、总平面的规划布置、场地内外交通、周边地域的交通与基础设施、土建及配套工程、工程造价，以及其他辅助工程（供水、供电、供暖、通信等）等方面。

五、环保节能与劳动安全方案制定

贯彻执行环保和安全卫生方面的法律法规，遵守环境影响报告书的审批制度，在可行性报告中要有专门针对环保节能和劳动安全的方案论述。基（营）地开发与建设有可能对环境或劳动者产生负面影响，要在可行性分析阶段进行探讨，并提出相应的解决方案或防治措施。其具体是在环境保护方案、节能方案、消防方案、劳动安全卫生方案各个环节提供设计依据、解决措施等。

六、人力资源安排

根据项目规模、内容组成、课程设计与活动安排等，提出相应的组织架构方案（组织形式、工作制度、人事安排等）、薪酬待遇及相应的员工培训与团队组建计划。团队的规模要符合课程设置的需要，也要与基（营）地的规划设计相适应。

七、基（营）地开发与建设时序安排

基（营）地开发与建设时序是指从正式确定基（营）地建设到项目交付，能够正常开展活动这段时间。其主要内容与工序包括前期准备、资金筹集、勘察设计、设备订货、施工推进、开张准备、试运营、竣工验收和交付使用等工作阶段。各阶段的工作是相互影响的，有同时开展的，有前后衔接的，也有相互交叉进行的。因此，应尽可能使用智能化管理手段，在可行性研究阶段，将各个阶段的工作细化设计、统一规划，也要预留一定的能快反应的弹性管理空间，掌握动态平衡，做出合理可行的工程建设弹性安排。

八、开发定位与规划编制

在完成可行性分析报告、确定建设方案具备较高可行性的基础上，需要明确研学旅行基（营）地的开发定位，并编制规划与设计任务书。

（一）规划与设计任务书的编制依据

规划与设计任务书的编制依据首先是基（营）地的先天条件（已有资源、面临的限制等），其次是国家与各地管理部门的各类相关规范与管理条例。其中，主要的国家政策法规与行业标准规范包括：中国旅游研究院发布的《中国研学旅行发展报告2022—

2023》;教育部等11部门联合发布的《关于推进中小学生研学旅行的意见》;教育部发布的《中小学综合实践活动课程指导纲要》;国家标准《旅游规划通则》《休闲露营地建设与服务规范》《研学旅行服务规范》;文化和旅游部发布的《文化和旅游规划管理办法》;中国质量认证中心等制定的《中小学生研学实践教育基地、营地建设与管理规范》;中国旅行社协会发布的《研学旅行基地(营地)设施与服务规范》。

此外,研学旅行基(营)地的开发与建设还涉及区域规划、建筑设计与土木工程等方面,需要对接各地的规划、建设与环境等各方面的政策。

(二)规划与设计任务书的编制要求

(1)符合当地城市规划、城市管理、教育规划、文化旅游规划等各方面政策倡导的发展方向。

(2)找准能够突出本地特色的研学主题,在任务书中提出相应的主题策划要求。

(3)突出课外素质教育与团队合作能力发展实践的功能。

(4)发展目标与规划设计任务要符合实际并具有可操作性与易评价性,尽可能通过量化指标来明确具体任务。

(三)规划与设计任务书的编制内容

研学旅行基(营)地的规划与设计任务书的编制要兼顾文化旅游与教育两个方面产品和服务的属性,大致包含以下内容。

1. 资源分析

研学旅行基(营)地的开发与建设中,能利用的一切有形或无形的物质、条件等都可定义为资源。不利的条件与限制,则是资源有所限制的状态。资源分析包括已有的、可利用的内外有利资源,如旅游吸引物、扶持政策、基础设施等方面,当下市场和能预判到的中长期市场状态,以及潜在客户群体的认知与培育。

2. 目标与定位

在已有条件的基础上,确定合理可行的目标与定位是合理地进行下一步工作的重要保障与必要步骤。明确合理的短期、中期、长期目标,能够帮助项目开发工作有序地推进。目标定得过低,可能导致资源浪费;目标定得过高,则可能无法实现,导致投入得不到应有回报。

因此,要根据研学旅行基(营)地的内外条件,在前期调研的基础上,找准项目的短期、中期、长期目标,并确定基(营)地的战略定位、功能定位、市场地位等,在此基础上形成短期、中期与长期的发展思路与发展规划。

3. 主题策划

主题策划是指根据资源分析与项目定位,设计适合研学旅行基(营)地的主题与发展方向,并进行相关的配套策划与课程设计,以便进一步确认需要的功能分区、场所形态与交通流线等。

项目中的建筑设计、空间修饰、花木栽种等,都必须与策划的主题相一致,并能烘托主题气氛、展现项目特色等。

4. 功能分区与流线设计

要根据主题与课程设计,进行合理的功能分区布局,设计相应的空间形态与装饰主题,规划适当的动静流线。另外,需要规划好分阶段的建设时序与进度,开发要分清主次缓急,并安排好监管措施。

5. 优化配套设施与辅助设计

要落实各种必需的安全保障与后勤辅助空间的安排与设计,确保各种设施能合理有序地设置。其中包括供工作人员使用的后勤辅助空间和供学生使用的室内外活动空间中的辅助设施和附属空间。基于目前智能化设备与管理手段的普及和使用,如果条件允许,建议多使用智能化设备与管理手段来提高工作效率,同时也要做好政策、市场、质量监控等方面的保障。

6. 成本与收益测算

要对项目建设与监管的成本进行估算与监控,并测算如何达成收支平衡。研学旅行基(营)地的公益性要求项目不能把利润作为主要目标。为了保证公益性,要对项目的开发成本进行监管与控制。

知识链接

《红色研学基地评定规范》编制说明(节选)

第六节　研学旅行基(营)地的专项设计

理想的研学旅行基(营)地应满足学生教育、体验、审美的多重需要,能为学生提供学、游、行、吃、住等多项服务,具备教育与游览、校园与景区的多重功能。因此,在研学旅行基(营)地设计过程中应准确把握设计原则、特点以及各类专项设计,以此满足研学旅行需求。

一、研学旅行基(营)地的设计原则

(一)教育性原则

研学旅行基(营)地的设计要全面贯彻党的教育方针,落实立德树人根本任务,统筹好教育资源,大力提高思政课育人质量,教育引导广大中小学生扣好人生第一粒扣子,积极培育和践行社会主义核心价值观。

首先,研学旅行基(营)地的设计应围绕教学的课程目标,做到课外实践与课堂课程相结合,与课堂课程相辅相成,寓教于乐,引导学生自我思考与总结;其次,需要根据不同学校、不同年级的特点,在基(营)地空间与设施设计上有所区别,针对不同的需求

制定个性化的设计方案,这同时也丰富了景观的类型。最后,基(营)地的景观设计还须建立在教育学、中小学生行为心理学、环境心理学等理论基础上,将游戏、探索、学习、互动等功能融入设计。

(二)因地制宜原则

研学旅行基(营)地的建设应充分利用基(营)地周边的资源,如教育、交通、自然地理与历史人文资源等,同时在基(营)地建设中要合理利用现有材料,尽量就地取材,坚持因地制宜原则。在研学旅行基(营)地的设计中,可提取当地的历史与人文文化元素,并将其融入设计,打造具有地域文化特色的研学旅行基(营)地。

(三)安全性原则

研学旅行基(营)地作为研学旅行的重要实践场所,在其建筑及空间设计中,需要全面考虑所有人员特别是学生的安全问题。应注意景观设计中安全尺度的问题,根据中小学生的人体工学资料,设计适合他们的安全尺寸,保障他们在活动中的安全。

基(营)地应增设全面的监控设施、消防设施;增加医务室、警务室等后勤保障空间;在危险的地方增加防护设施以及醒目的警示标识;在设计选材中选用环保、温和、安全的材料;在项目设计中要考虑未来可能发生的安全隐患并利用合理的设计去规避隐患。尽可能做到在前期设计时最大限度地考虑人员的安全。

(四)可持续性原则

研学旅行基(营)地的建设应该对当地的文化传承具有积极影响,不仅要为研学旅行对象提供研学内容服务,更要促进研学旅行基(营)地当地的可持续发展,如文化的传承发展、文化带动经济发展等。同时,应在景观设计中坚持使用环保材料,通过合理的设计,最大化利用水、电、土壤等资源来减少资源浪费,减少对生态环境的影响,以促进生态可持续发展。通过对研学旅行基(营)地的景观进行科学合理的设计,为开展研学旅行教育提供对应的载体,也为其他研学旅行基(营)地的景观设计提供参考,从而促进研学旅行基(营)地的可持续发展。

二、研学旅行基(营)地设计的特点

研学课程也是研学产品,当地旅游资源是研学旅行的载体,课程需要依托研学旅行基(营)地的旅游、教育、文化资源来进行开发设计。因此,相较于其他公共建筑设计,研学旅行基(营)地的设计有以下特点。

(一)研学旅行活动的策划设计

根据各学段学生对研学旅行课程的心理认知、价值认同和学习能力的差异,有针对性地规划研学旅行路线。

小学阶段学生好奇心强,身心发育不成熟。这一阶段的研学可以集中在理论学习和了解观赏上,营造一个安全、休闲的研学环境。初中阶段学生在学习能力和自我表现能力上有明显的进步,对职业的体验学习容易产生兴趣。高中阶段学生学习主动,善于思考和行动,对自己未来的职业选择有初步的规划。这一阶段研学应注重培养学生的自主学习和研究能力,可以将职业体验作为研学的重点。

(二)研学旅行空间的体验设计

研学旅行是一种"旅游+教育"的过程,体验活动贯穿其中。学生参与体验活动会经历一个从旁观到亲身参与的过程,因此在空间的设计中需要设计可以开展活动的场地,这样不仅可以让学生获得新的感受和休闲的乐趣,还可以增长见识,积累经验,达到怡情益智的效果。

在设计中,要尽可能地把学习过程中某些环节的一般性操作转化为可实践参与的操作,尽可能多地给学生提供可以直接感受的机会。

(三)研学旅行空间的互动设计

"互动"在研学旅行基(营)地的活动空间设计中,不仅表现在学生与空间的互动,更强调通过空间促进学生与学生、学生与导师之间的互动。可以通过设计思维赋予空间和景观生命力,在基(营)地的活动空间中规划出丰富多彩的互动体验区域,让学生在有智慧、有个性、有温度的空间里主动探索世间奇妙,让学习实践充满趣味性。通过交互设计,将展示与互动相结合,为学生提供更加形象直观、印象深刻的观感体验和触觉感受,从而引导学生在"玩乐"中激发自我想象力与创造力,真正做到寓教于乐,寓学于景。

三、研学旅行基(营)地的各类专项设计

(一)研学旅行基(营)地的总体环境规划

总体环境规划是指为了满足研学旅行活动的需要,利用物质技术,按照科学法则和审美要求通过收集与分析基(营)地的基础资料,如工程地质、水文地质等资料,对当前拟建设开发的地区进行功能分区、空间布景与流线安排。其主要的工作内容是完成建筑、活动设施和绿地的空间布局及景观规划设计。道路系统、绿地系统、工程管线规划与竖向规划设计需要的主要图件包括区位图、规划地块现状图、规划总平面图、道路交通规划图、竖向规划图、综合管网等设施规划图、绿化景观旅游设施规划图、表达规划设计意图的透视效果图或模型等。

1. 总体环境布局

研学旅行基（营）地的总体环境规划应考虑内在因素和外在因素两个方面的问题，即建筑本身的功能、经济及美观的问题。其中，室外环境的空间与场所包括宽敞的集散广场、活动场地、停车场所等。

研学旅行基（营）地的人流量比较大，因而要求设置宽敞的室外场所，形成一定规模的集散广场，要根据人流车流、客流物流等各种流线的通行能力和空间构图的需要来确定其规模和布局形式。同时集散广场在艺术处理上的要求较高，因此需要充分考虑广场的空间尺度和立体构成等构图的问题。

室外活动场地是大多数研学旅行基（营）地的主要使用功能区域之一，而且与室内空间的联系密切，应设置在靠近主体建筑的位置。

停车场所要考虑其在基（营）地的易达性，如设置在主体建筑的左右侧或后侧，既方便使用又不影响整体空间环境的完整性和艺术性。在车辆较多的情况下，可以考虑利用地下停车场或立体停车场，以节约场所用地。如果在道路侧边设停车位，则不应影响道路的有效通行宽度。单向车道路宽不应小于4米，双向车道宽度不应小于7米，人行道宽度不应小于1.5米。车行道路转弯处应满足车辆最小转弯半径，兼做消防车道时，应该按消防车最小转弯半径要求设置。

大多数研学旅行基（营）地还需要设置服务性的建筑，如锅炉房、厨房等。为了货运车辆出入方便，且与活动场所互不干扰，有条件的应该设置单独的后勤出入口。

2. 总体环境布局的空间与环境

在设计研学旅行基（营）地建筑时，其空间组合不能脱离总体环境，应放在特定的环境之中来考虑单体建筑与环境之间的关系，即考虑将建筑与自然的和人造的环境特点相结合，将建筑融入环境，二者相互协调，形成不可分割的整体。

室外空间环境设计要注重利用环境、改造环境、创造环境三个原则，即从整体布局出发，充分利用环境的有利因素，排除不利因素，甚至创造环境，以满足设计创意的需求，使室外空间环境更完美。

3. 建筑环境的空间组合

群体建筑的空间组合设计要求在特定条件下（特定地形、建筑性质等），采取适当的空间布局，组成各种形式的中心，如基（营）地内的学习培训中心、体育锻炼中心、展览中心、娱乐中心、信息中心、服务中心以及生活中心等公共建筑群。

研学旅行基（营）地建筑环境的空间组合要兼顾适用、合理与美观的设计原则。

首先，从建筑群的使用性质出发，要着重分析功能关系，合理分区，运用道路、广场等交通联系手段，使总体空间环境的布局联系方便、紧凑合理。其次，在群体建筑造型艺术的处理上，要结合周围环境及规划的特点，按照一定的设计意图，创造出完整又优美的室外空间环境。最后，利用绿化、雕塑等，丰富群体建筑空间环境的意趣，以达到多样而统一的室外空间环境效果。

(二)研学旅行基(营)地的功能与空间组合

1.建筑的空间组合

研学旅行基(营)地是承载研学活动的物质载体,研学旅行基(营)地建筑功能设计的核心问题是处理好功能分区、人流疏散、空间组成以及与室外环境的联系等。

研学旅行基(营)地建筑空间的使用性质与组成类型可以分为主要使用部分、次要使用部分(辅助部分)和交通联系部分。主要使用部分包括培训课室、活动室(场)、餐厅与学生集体宿舍等空间,次要使用部分包括储物间、工作间、员工宿舍与厨房等空间。

以上建筑空间需要通过交通联系成为一个整体,建筑空间的联系可分为水平交通、垂直交通和枢纽交通三种基本空间形式。

(1)空间组合中的水平交通空间

水平交通空间包括:属于交通联系部分的过道、过厅和通廊;主要作为交通联系空间兼为其他功能服务的过道、过厅和通廊;各种功能综合使用的过道和厅堂。

建筑空间组合中通道的宽度与长度是根据功能需要、防火规定及空间感受来确定的。一般专供通行的通道宽度通常在1.5米以上,例如,宿舍的通行通道要做到1.5~2米或者更宽些,教学及观演建筑的通行通道宽度一般为2~3米。公共建筑通道的长度根据建筑性质、耐火等级、防火规范以及视觉艺术等方面的要求而定,其中最远房间的门中线到安全出口的距离应控制在安全疏散距离的范围内。此外,通道要满足公共建筑的采光标准,一般在走道的尽头设置窗户,或借助门厅、过厅或楼梯间的光线采光,也可利用走道两侧开敞的空间来改善过道的采光。

总之,空间组合中的水平交通布置应从全局出发,在满足功能要求的前提下,结合空间艺术构思,力求缩短通道的长度、减小厅堂的面积,使建筑空间联系紧凑,提高平面使用率。

(2)空间组合中的垂直交通空间

多层建筑的空间组合要通过垂直交通进行联系,垂直交通空间主要包括楼梯、坡道、电梯等交通设施。垂直交通空间的宽度除了要满足不同类型功能空间的人流使用要求,还要满足防火疏散的需要,一般而言,每个建筑至少应设置两部楼梯。有些功能受限或者受地形限制的建筑,其内外需要设置坡道,坡度一般为8°~15°,在人流较集中的部位需更加平缓,常为6°~12°。为了安全起见,还应考虑必要的防滑措施。

(3)空间组合中的枢纽交通空间

研学旅行基(营)地建筑的主要路口或走廊交叉部分属于枢纽交通空间。考虑到人流的集散、方向的转换,空间的过渡以及与通道、楼梯等空间的衔接等,需要设置门厅、过厅等空间,起到交通枢纽与空间过渡的作用。交通枢纽是空间组合的咽喉要道,既是人流汇集的场所,也是空间环境设计的重点,应该满足功能和精神两个方面的需要。特别是门厅,除了面积规模应满足通行能力,具有合适的尺寸与明确的导向感,还需处理好室内外的过渡问题,应体现出空间的构思意境,营造良好的室内空间第一印象。

2. 建筑的功能分区

理想的研学旅行基(营)地应该是一个集教育、文化体验、户外探险和休闲娱乐于一体的综合性旅游胜地,应具备丰富的资源、多样的活动、安全和舒适的设施、专业且富有经验的教师和导游、良好的学习和生活环境、完善的课程和管理体系等。

功能分区是总体规划的基础,首先需要根据研学旅行的设计任务书,结合基(营)地的环境条件,在项目用地上进行安排布置。在空间组合中,重要的工作是将建筑空间按不同的功能要求进行分类,根据密切程度按区段加以划分,做到功能明确、联系方便;还应对主与次、内与外、闹与静等方面进行分析。

功能分区的主次关系划分应与具体的使用顺序相结合。有的空间功能以对外联系为主,有的与内部关系密切;考虑空间组合时,应妥善解决功能分区中的内外关系问题。各个空间设施的先后次序应符合研学课程流程的安排,符合青少年活动的特点,做到合理有序。

3. 建筑的人流集聚与疏散

与功能分区密切相关的设计工作是妥善安排组织各种流线。研学旅行基(营)地建筑空间组合中的流线组织问题,实质上是基(营)地内各种活动的安排顺序是否合理的问题。在功能分区的基础上,要检查各种流线的安排是否合理,是否达到人流和车辆分离、客流和物流互不干扰、流线便捷明晰的要求。

其中,人流疏散问题是人流组织的重要内容,尤其是人流量大且集中的建筑。不同的建筑空间具有不同的人流疏散特点。例如,宿舍的人流疏散具有连续性;影视室、会堂、体育馆等的人流疏散具有集中性;展览馆、课室、培训室等建筑的人流疏散兼有连续性和集中性的特点。应该根据不同的空间合理均衡地安排人流。

此外,研学旅行基(营)地建筑空间的设计除了要解决其使用性质、功能分区、流线特点、疏散等方面的问题,还要争取良好的朝向、合理的采光、适宜的通风以及优美舒适的景观等。

(三)研学旅行基(营)地的建筑造型艺术设计

不同于其他艺术形式,建筑的造型艺术只能通过一定的空间艺术形象表达某些抽象的思想内容。物质与精神上的双重要求是创造建筑形式美的主要依据。在对研学旅行基(营)地建筑进行造型艺术设计时,只有力求达到内容与形式的高度统一,才有可能获得完美的艺术形式。

形式美规律用于建筑艺术形式的创作中时,称为"建筑构图原理",这是通过长时间的实践、总结和认识得来的,也是公认的和客观的美的法则,如统一与变化、对比与微差、均衡与稳定、比例与尺度、视觉与视角等构图经验。多样统一是建筑艺术形式中普遍认同的法则,也是研学旅行基(营)地建筑造型艺术设计的重要依据。

其一，多样性是所有的建筑环境艺术设计中的重要原则，当然也是公共建筑环境艺术设计的重要依据。因此，在公共建筑艺术处理中应紧密结合"公共性"这一基本特征，善于处理"统一中求变化，变化中求统一"的辩证关系。

其二，形式与内容的辩证统一。它既是建筑艺术形式创作的普遍法则，也是公共建筑艺术形式美的创作准绳，因而需要正确处理内容与形式之间的关系并善于运用成熟的艺术技艺和新的技术，更好地为创造新的建筑艺术形式服务。

其三，正确对待传统与革新的问题。要善于吸收建筑历史中优秀的创作经验，取其精华，去其糟粕，做到"古为今用，外为中用"，在公共建筑艺术创作中力求不断创新。

（四）研学旅行基（营）地的设施设计

一般而言，为满足研学实践教育活动开展的需要，不同类型的研学旅行基（营）地需要有符合自身特色的设施；同时对于不同的设施，应有不同的设计思路以及设计要求。

1. 自然遗产教育设施

应划定地质和自然地理结构的范围；明确标注濒危动植物生存区；有地质、生物结构和自然面貌的说明设施；有重要的地质过程、生物演化、人类与自然相互联系现象的演示；在自然现象、地貌特征、生物群落的实验区，设置教学活动平台。

2. 文化遗产教育设施

应设置古文化遗址、古迹、古建筑的说明设施；有展示近现代历史的图片、影像、文献等设施；有历史文化艺术品的展示空间；有展示历代社会制度、生产、生活、风俗等的代表性实物的展示平台；有模拟历史事件的场所和生活场景。

3. 红色文化教育设施

故居、旧居、革命活动地等旧址类教育场地有说明牌；战役、战斗、惨案、重要事件等遗址类教育场地应有指示牌匾或说明牌；纪念碑、陵园、雕塑性建筑等祭奠类教育场所应有研学场地；爱国主义教育基（营）地、红色旅游经典景区等有教学设施；应有展示传统文化、革命文化、革命精神和革命事迹的设施。

4. 民俗文化教育设施

有展示地方民俗文化的设施和场地；有乡规民约的展示和说明；有地方语种和方言文化的演示场所；设置地方特色餐饮制作、演示和品尝的区域；对民间信仰的场地划定展示区，设置说明牌；对有历史、艺术和科学价值的民间建筑进行介绍说明。

5. 非物质文化遗产教育设施

有口头传授和表述的工具载体；有表演的载体和场地设施；有社会风俗、礼仪、节庆等的演示设施；有学习、了解、体验自然界和宇宙知识的实践场所；有传统手工艺操作、体验的场所。

6. 景观教育设施

在文化景观区设置具有展示、传承、学习和互动功能的设施；在历史景观区设置人物、事件、过程的展示设施;有展现地方性、原生性的乡土景观设施;有演示、体验、实践的活动景观设施。

7．科普教育设施

应设置用于科普教育的展示、学习和教学场馆;有开展科普教育的实验室;备有开展科学知识教学的仪器设备;有开展科普活动的体验场地;有提供科普教育的标本采集区。

8．其他设施

游览设施。应设置必要的游览步道、公共休息区及必要的导览、提示标识等。

配套设施。配套设施主要包括接待、区间交通、通信、监控、餐饮、住宿、安全、医疗、卫生等方面的设施。

应急设施。应配备适宜的应急装备、器材、逃生通道等。

四、研学旅行基(营)地专题设计

尽管各类研学旅行基(营)地都有落实实践教育活动的责任,但根据研学旅行基(营)地的资源属性,考虑资源本身的特色、研学主体需求和学科特色之间的内在联系,各类研学旅行基(营)地的设计有着自身的属性。

(一)知识科普类研学旅行基(营)地的设计

知识科普类研学旅行基(营)地主要为学生校外综合实践教育活动及相关培训活动提供服务,能够满足学生多学科、多维度的研学需要。其主要优势是实践体验部分,通过综合课程的训练,有针对性地培养学生的价值体认、创意物化、责任担当等核心素养。在知识科普类研学旅行基(营)地的设计中还要关注以下要点。

1．以学生为中心的开展方式

以学生为中心是指学生的主体地位得到尊重,学生可以自主探究和自由表达。设计时要站在学生的角度,使学生获得有效的学习成果。

2．寓教于乐、注重实践、多感官参与的活动方式

这是指基(营)地的设计和教育活动力求活泼、多元,营造生动活泼的活动气氛,循序渐进地引导学生"耳听、眼看、手动、心动",通过多感官接触,赋予学生愉快的学习体验和更广阔的想象空间。

3．自主、自导、互动的学习方式

在基(营)地的设计中,要避免老师不断地带着学生去做,而是应让学生自主地学习。通过基(营)地流线的设计,学生自然而然地按照规划顺序去学习,从而获得完整的研学体验。

（二）自然观赏类研学旅行基（营）地的设计

自然观赏类研学旅行基（营）地主要以山岳、森林、河流、地质遗迹、地质地貌、湖泊、沼泽、草地、林地等资源为优势，其中包括自然保护区、风景名胜区、森林公园、地质公园、水产资源保护区、海洋公园等。毫无疑问，这类地区是建设自然观赏类研学旅行基（营）地的重要资源载体。

（三）红色文化传承类研学旅行基（营）地的设计

红色文化传承类研学旅行基（营）地主要是指烈士陵园、革命旧址、纪念馆等，此类基（营）地是为宣传革命先烈的事迹、红色文化和党史党规知识而建设的，是继承和发扬红色文化以及青少年爱国主义教育和德育教育的重要阵地。通过参观基（营）地、聆听讲解和亲身体验等方式，学生能更加了解和理解党的历史和发展，激发其爱国热情和为中华民族的复兴而奋斗的热情，培养学生的爱国主义情感和责任感，提高其思想道德素质，促使学生成长为具有高尚情操的中华儿女。

因此，这类基（营）地应该配备专业的讲解人员，通过富有感染力的讲解，给参与者留下深刻的印象。同时，参与者必须严格遵守基（营）地的纪律规定，在庄重肃穆的环境中缅怀革命先烈，敬重革命先烈，这就要求基地人员要组织好现场活动秩序。

（四）体验考察类研学旅行基（营）地的设计

体验考察类研学旅行基（营）地主要是指一些农业示范类农产品生产基地、实践基地和夏令营营地等，它们具备观光、现代科技展示以及综合体验等众多功能。

体验考察类研学旅行活动的开展离不开良好的餐饮住宿条件、必备的配套设施，如游客中心、集散广场、停车场、旅游厕所、各类解说系统、民宿、农家乐、农耕体验设施等。应通过业态聚焦发展，盘活基（营）地存量资产，为研学旅行活动的开展提供完善的配套服务。

（五）户外拓展类研学旅行基（营）地的设计

户外拓展类研学旅行基（营）地主要是一些知名的大学校园、红色教育基地和军营等，学生到这类基（营）地开展研学旅行活动，主要是为了感受不同高校的学习氛围和接受爱国主义教育，激励自己形成正确的世界观、人生观和价值观，增强自身的价值体认和国家认同感、归属感。

（六）文化康乐类研学旅行基（营）地的设计

文化康乐类研学旅行基（营）地主要是指提供文化娱乐、康体活动的基（营）地，如文化场馆、主题公园、演艺影视城等。

本章小结

（1）研学旅行基（营）地资源调查的内容主要包括对自然资源和人文资源的调查，对基（营）地资源开发状况的调查以及周边状况的调查。

（2）研学旅行基（营）地开发与建设的常见模式有旅游资源主导模式、教育需求主导模式、产业发展主导模式、基（营）地先行模式、课程先行模式和智慧开发模式。

（3）研学旅行基（营）地开发与建设的基本程序主要包括基（营）地资源调查与评估、基（营）地开发与建设可行性分析、基（营）地市场分析、基（营）地概况与土建总规编制、环保节能与劳动安全方案制定、人力资源安排、基（营）地开发与建设时序安排、开发定位与规划编制等。

（4）研学旅行基（营）地的设计原则主要有教育性原则、因地制宜原则、安全性原则、可持续性原则。

本章训练

简答题

1. 解释研学旅行基（营）地开发与建设的概念。
2. 简述研学旅行基（营）地开发与建设的常见模式。
3. 简述研学旅行基（营）地的设计原则。
4. 简述研学旅行基（营）地开发与建设的基本程序。

第三章
研学旅行基(营)地配套服务管理

本章概要

研学旅行基(营)地配套服务管理是指研学旅行基(营)地为了满足客户多元化、多样化的服务需要,通过整合服务能力提供支持性、配套性、多样性的服务来满足研学旅行基(营)地发展需求,其中包括餐饮服务管理、交通服务管理、住宿服务管理、标识服务系统建设与管理。

学习目标

知识目标

1. 了解研学旅行基(营)地配套服务管理的内容。

2. 掌握餐饮服务管理、交通服务管理、住宿服务管理、标识服务系统建设与管理的概念。

3. 熟悉餐饮服务管理、交通服务管理、住宿服务管理、标识服务系统建设与管理的特点及要求。

能力目标

1. 能合理管理各项研学旅行基(营)地配套服务。

2. 把握研学旅行基(营)地各项配套服务的要求。

素养目标

1. 在基(营)地配套服务管理过程中,以人性化的服务理念和关怀服务大众,体现人文关怀。

2. 形成对研学旅行基(营)地管理的职业认同感,热爱自己即将从事的研学旅行事业。

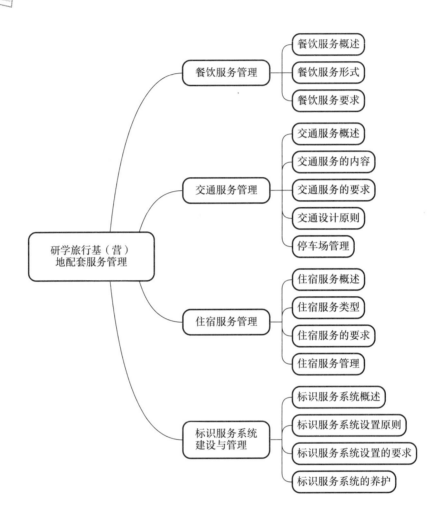

第一节 餐饮服务管理

餐饮服务管理在研学旅行基(营)地配套服务管理中发挥着重要的桥梁作用,既能保障顾客的健康和满意度,又能为基(营)地创造经济效益。

一、餐饮服务概述

(一)餐饮服务的概念

餐饮服务是指餐饮企业提供的辅助性支持、接触与交流等活动的总和,包括餐饮从业人员为顾客提供餐饮产品、顾客享用餐饮产品和使用餐饮设施等。餐饮服务是研学旅行基(营)地的基础性项目,是研学旅行服务的重要组成部分,其不仅能够满足学生对餐饮产品和服务的需求,还反映了研学旅行基(营)地的发展状况,直接影响着研学旅行基(营)地的形象。同时,体验当地美食也是学生在研学旅行活动中体验当地民俗文化的项目之一,特别是地方风味餐饮,不仅能带来一定的额外经济效益,还可成为研学旅行服务的重要组成部分。

(二)餐饮服务的特点

1. 餐饮服务监管严格

研学旅行基(营)地餐饮的消费者绝大多数都是来自异地的学生。这些学生在年龄、性情、喜好、口味、社会背景、心理需求、安全理念等方面都各有不同,这对基(营)地餐饮服务的监督管理提出了更高的要求。食品安全监督管理成为基(营)地餐饮服务的常规工作,这种高要求给基(营)地的餐饮服务管理带来了一定的困难和挑战。

2. 学生消费层次高

研学旅行基(营)地由于地理位置特殊、餐饮成本高等因素,学生人均消费比一般非基(营)地的餐饮服务场所高,同时学生对餐饮服务质量的要求也越来越高。如何兼顾餐饮成本与为学生提供有保障的服务是基(营)地餐饮服务管理的一个重点难题。

3. 客源市场不稳定

研学旅行基(营)地餐饮服务由于受研学旅行淡旺季的影响,客源十分不稳定。在研学旅行旺季和大型娱乐活动期间学生较多,而在研学旅行淡季学生较少。此外,并非所有到达基(营)地的学生团队都会在基(营)地的餐饮服务场所就餐,这就要求基(营)地要做好餐饮服务准备工作,以应对不稳定的客源市场。

4. 经营方式灵活

为了适应和满足基(营)地的具体情况和市场需求,基(营)地的餐饮经营方式灵活多样,主要有基(营)地自主经营、承包经营、联合经营、托管经营等多种经营方式。

5. 餐饮服务纳入课程体系

学校教育应注重综合性和通识化,以增强学生的灵活性和适应性。学生研学旅行团队到达基(营)地的目的不仅仅是享受基(营)地餐饮服务,更多地已经突破了单纯意义上的"吃",而转向体验、探究当地的饮食文化和设计制作特色菜品方面,有条件的基(营)地还可以把餐饮服务纳入研学旅行课程体系。基(营)地的餐饮服务可以拓展研学旅行服务项目,尽可能地满足学生研学旅行的多样化需求。

6. 大型餐饮服务企业具有更大的市场优势

由于研学旅行团队规模大、学生数量多,接待能力强、餐饮卫生有保障的大型餐饮服务企业在竞争中有明显的优势,传统意义上的夫妻店、兄弟店等家庭小作坊很难适应研学旅行团队的严格要求。

(三)餐饮服务的经营形式

研学旅行基(营)地餐饮服务的经营形式应注重特色化和多元化,从不同角度出发,不断创新服务方式和提升服务水平。常见的研学旅行基(营)地餐饮服务经营主要有自主经营、承包经营、特许经营三种形式。

1. 自主经营

自主经营是指研学旅行基(营)地自己拥有餐饮单位的所有权和经营权。这种方式有利于基(营)地的统一管理和控制,有利于实现餐饮风格的统一,形成品牌,但是增加了基(营)地的经营成本和管理成本。

2. 承包经营

承包经营是指研学旅行基(营)地管理单位将在基(营)地内经营餐饮的权利授予个人、公司或者其他实体,双方签订相关契约,经营者自负盈亏,并向所有者即基(营)地管理单位交纳一定比例的费用。这种经营方式比较灵活,有利于经营者服务质量的提高和技术的改进,但对经营者的社会、环境责任感要求较高。将经营权转让出去,容易造成基(营)地对其监管不严,经营者出现短期利益行为,损害基(营)地形象,甚至危害基(营)地环境。

3. 特许经营

特许经营是指政府按照有关法律法规的规定,通过市场竞争机制选择某项公共产品或服务的投资者或经营者,明确双方的权责关系,允许特许经营者在一定期限和范围内经营某项公共产品或者提供某项服务的制度。基(营)地餐饮服务可以采用特许经营的方式,这样既可以减轻基(营)地管理单位的经营负担,又可以有效地对经营者进行监督管理,避免产生不良后果。

二、餐饮服务形式

基(营)地餐饮服务的形式选择需要充分考虑研学旅行活动特点、研学旅行线路节点、研学旅行功能等具体情况。主要的餐饮服务形式有以下几种。

(一)学生食堂

学生食堂是指研学旅行基(营)地专门为参加研学旅行活动的学生和教职员工提供就餐服务的实体,是设置在基(营)地管理范围内的餐饮场所。其主要功能是为学生提供普通的用餐服务。学生食堂具有以下特点。

1. 集体用餐，规模大

学生食堂一般能保证200人以上同时用餐，国家级研学旅行基(营)地能保证1000人以上同时用餐。

2. 管理规范

学生食堂管理比较规范，必须经过国家餐饮卫生主管部门监督和经营认证。食堂从业人员、管理人员符合《学校食品安全与营养健康管理规定》等文件的规定。

3. 注重营养

以保证学生生长发育为目的，学生食堂根据营养要求配制营养膳食餐品。

4. 提供课间餐

为补充学生研学旅行课间需要，学生食堂可提供牛奶、豆奶、茶水、面点等一些小食品。

5. 注重卫生服务

学生食堂的生产经营场所、内外环境、卫生设施、工艺流程、生产用水、个人卫生，以及生产用具及其贮存、消毒、运输等必须符合《中华人民共和国食品安全法》的有关规定，更加注重卫生服务。

（二）文化体验餐厅

文化体验餐厅是研学旅行和饮食文化发展相结合的产物，具有鲜明的地理、历史、文化等人文特色，在这里学生可以通过考察探究、设计制作、职业体验等研学旅行方式参与到餐厅的管理和服务中来。

文化体验餐厅的主题功能鲜明，把餐饮制作功能纳入研学旅行课程中，为学生提供研学旅行参与和体验。例如，近年来各地研学旅行基(营)地融入思政元素，积极开发不同的旅游项目，丰富游客的旅游体验，推出红色文化体验餐厅、"红军饭"、"忆苦思甜饭"等，以此弘扬革命精神，让学生在旅行中感悟英雄情怀，体验传统民俗，沉浸式地体验红色精神的魅力。

（三）餐饮点

餐饮点是基(营)地内规模较小的中餐点、西餐点、冷饮店、茶室、小吃店等辅助餐饮服务设施。其主要功能是为零星分散的学生提供餐点、零食。这种服务方式只能为学生提供辅助性的餐饮服务。

三、餐饮服务要求

（一）餐厅位置合理

餐厅的位置与环境决定着基(营)地餐饮单位的经济效益。合适的位置能够使更多的学生前来就餐，而环境的舒适度也直接影响就餐者的心情和体验。因此，要注意餐厅的选址与环境的设计。餐厅如果距离研学点太远,很难为研学旅行团队提供好的用餐服务;但距离研学点太近,则会影响研学旅行的氛围以及课程开展的环境。

(二)环境清洁卫生

学生对用餐场所的环境、餐具和食品的卫生状态非常敏感。用餐环境对学生就餐情绪的好坏产生直接影响。学生总希望用餐环境整洁雅静、空气清新,餐具用品经过严格的消毒,餐饮产品新鲜、卫生。学生只有在清洁卫生的就餐环境中品尝美味佳肴,才能产生安全感和舒适感。餐厅卫生应符合《公共场所卫生管理规范》(GB 37487—2019)的要求,基(营)地饮用水应符合《生活饮用水卫生标准》(GB 5749—2022)的相关规定,保证食品安全、环境与设施整洁舒适、管理规范、秩序良好。

(三)产品明码标价

价格是学生很敏感的一个因素,不合理的餐饮产品价格不仅会让学生有上当受骗、宰客的感觉,也会影响学生的研学心情。因此,基(营)地餐厅在提供餐饮服务时,应在保证餐饮产品质量的前提下,制定合理的价格。各类餐饮食品应该明码标价,在学生结算时要出具服务凭证或相应税票,做到不欺客、不宰客,客观公平、价位合理,质价一致,让学生明明白白消费。如果是以包价旅游开展的研学团队,则需要在活动开展前与活动组织负责人沟通并进行价格公示。

(四)服务快速及时

学生到餐厅就餐时希望享受到快速、及时、有序的服务,这是因为学生在基(营)地参加研学旅行活动要消耗大量的体力和能量,易产生强烈的饥饿感。学生饥肠辘辘时如果餐厅点菜、上菜、结账时间过长,会使学生难以忍受。因此,研学旅行基(营)地在提供餐饮服务时要做到学生一进餐厅,服务人员就主动上前为学生安排座位,及时上菜上饭;或采用自助餐的形式,为学生提供快速的服务。

(五)尊重关爱学生

研学旅行基(营)地要提供优质高效的餐饮服务。餐饮服务人员要以友好、诚恳的态度接待学生,为学生着想,使他们有宾至如归的感觉。要关注学生用餐的各个环节,如微笑迎送学生、引领入座、送餐递茶、尊重学生的饮食习惯等。在红色文化体验餐厅就餐时,餐饮服务人员的服务态度应有所变化,态度亲切但不失庄严,言行举止与红色文化体验餐厅氛围一致,通过餐饮与红色文化的融合,让参与者在品尝美味佳肴的同时,感受红色文化,升华内在精神。

（六）注重特色文化

高质量的特色食品对学生来说很有吸引力，学生对研学旅行目的地的特色食品、特色小吃比较感兴趣，因此在基（营）地餐饮经营中，餐饮品种越丰富越好，可探索特色化经营方式。特色化经营既能满足学生求新、求奇的餐饮消费心理，又能弘扬基（营）地地方饮食文化。如果将基（营）地餐饮文化纳入研学旅行课程体系，学生在基（营）地就餐就不仅仅是为填饱肚子，还可以获得一种特殊的体验。因此，研学旅行基（营）地餐饮服务管理要进行饮食文化的创新，体现特色饮食文化的教育功能。

（七）管理服务规范

研学旅行基（营）地餐饮服务的主要对象是学生，与社会其他餐饮企业相比，前者的服务更加规范，管理更加严格。《中华人民共和国食品安全法》《学校食品安全与营养健康管理规定》《旅游区（点）质量等级的划分与评定》（GB/T 17775—2003）、《研学旅行服务规范》（LB/T 054—2016）、《研学旅行基地（营地）设施与服务规范》（T/CATS 002—2019）等，都对相关服务做了明确、具体、详细的规定。

第二节 交通服务管理

研学旅行基（营）地作为学生实践学习的场所，常常需要组织学生进行跨地区的研学活动。因此，把握交通服务的概念、内容、要求、原则和停车场管理对研学旅行基（营）地连接内外起着十分显著的作用。

一、交通服务概述

（一）交通服务的概念

广义的研学旅行基（营）地交通服务是指研学旅行基（营）地向学生提供的从某一研学点到另一研学点的空间位移的各种交通服务。其具体指道路、工具、站点、引导等方面的服务。基（营）地交通服务是基（营）地顺利开展研学旅行活动不可缺少的物质基础。

基（营）地的内部交通服务是指基（营）地为学生提供的在基（营）地内部空间移动的服务，也是学生开展研学旅行活动、了解研学旅行资源的有效途径。基（营）地的内部交通是联系各个研学点和景点的纽带，也是组成研学点的要素，内部交通强调可通达性、视觉效果和美学特征。基（营）地的内部交通一般采用公路、水路和步行方式。其主要交通工具包括环保车、电瓶车、出租车、缆车、游船等。

(二)交通服务的构成

1. 陆上交通服务

基(营)地内的陆上交通服务主要由基(营)地主干道交通服务和路侧游步道交通服务两部分组成。基(营)地主干道主要指公路,主要用于研学点间的学生运输和供应运输。基(营)地路侧游步道是基(营)地内各个研学点的步行连接道路,对基(营)地研学点起到烘托和陪衬作用。陆上交通服务主要的交通工具有电瓶车、出租车等。

2. 水上交通服务

基(营)地内水上交通服务的主要交通工具有游轮、游船、游艇等。学生研学旅行,要离开固定狭小的教室,来到江河湖泊、水乡古镇,无论是哪一种水上研学旅行交通工具,都深受学生的喜爱。水上交通服务务必要注意水上交通安全管理与服务。

3. 特色交通服务

特色交通服务是指带有研学、娱乐、体育、辅助幼病残学生和特殊欣赏意义的研学旅行交通服务,其交通工具主要有索道、电梯、滑竿、缆车等。有些基(营)地的特色交通工具成为世上独一无二的研学旅行项目,吸引了无数中外学生。在设置这些交通工具时,应注意对基(营)地环境和整体研学点的保护。

(三)交通服务的经营

1. 自主经营

自主经营是指交通服务主要由基(营)地企业负责,这种经营方式在我国基(营)地中比较常见,尤其是大型的交通工具,如新能源车、电瓶车、缆车等,均由基(营)地自身负责运营。

2. 托管经营

基(营)地通过签订契约的法律形式,将基(营)地的交通经营权委托给具有较强经营管理能力并能承担相应经营风险的另一法人或自然人,由其进行有偿经营的经济行为。

3. 个体性经营

个体性经营主要出现在规模较小的基(营)地,具有一定的民族性和地方性,经营方式方便灵活,但是管理比较困难,服务质量较难控制。此外,承包经营、联合经营也是常见的交通服务经营方式。

(四)交通服务的作用

1. 交通服务是研学旅行的构成要素

研学旅行活动包括食、住、行、教、学、游六个方面,其中,"行"(研学旅行交通)是整个研学旅行活动的重要组成部分,基(营)地提供的交通服务直接影响学生研学旅行与教学活动的质量。

2.交通服务是研学旅行的体验课程

基(营)地的交通是研学旅行活动的重要课程内容,学生乘坐不同的交通工具,接受不同的交通服务,体验不同的职业角色,可以领略到不同的风光,获得不同的感受。随着研学旅行行业的发展,很多交通服务本身就构成了基(营)地的研学旅行吸引物。例如,内蒙古的一些基(营)地向学生提供骑马研学旅行课程服务。这些交通服务不但起到了交通运输的作用,同时也成为研学旅行的体验课程。

3.交通服务是研学旅行的收入来源

基(营)地向学生提供的交通服务(尤其是特色交通服务)基本都是有偿服务,学生可以通过这些交通服务满足自身的角色转化和体验需求,同时基(营)地也可以通过这些交通服务获得收益,这部分收益是基(营)地收益的重要组成部分。

4.交通服务是研学旅行的运行保障

良好的基(营)地交通服务可以保障研学旅行畅通无阻,使学生在充分体验美景异俗的同时,节省研学时间,提高研学质量。一方面,良好的基(营)地交通服务可以提高学生的满意度,培养基(营)地的回头客;另一方面,满意的学生也会为基(营)地进行积极的宣传,吸引其他学生前往,这在无形之中增强了基(营)地的竞争力。相反,如果基(营)地的交通服务质量差,不但会降低学生的研学体验感,不满意的学生还会为基(营)地做负面宣传。

二、交通服务的内容

基(营)地交通服务的主要内容是要确保基(营)地进出车辆行驶规范、安全有序。服务工作的重点是检查基(营)地内各路段、交通标志、运营车辆和运营人员是否符合要求,学生在道路上行走是否安全,学生是否进行文明研学旅行等。

(一)交通秩序管理与服务

基(营)地内所有车辆的停放和通行,必须遵守基(营)地交通管理的规定。对于违反规定强行通行的车辆,由基(营)地交通管理部门责令其纠正,并给予罚款等处罚。必要时,基(营)地应争取公安交通管理部门的支持,对特定车辆实行交通管制。在有大规模学生进入基(营)地的时间和路段,要请求交通警察协助管理,有计划地分流,以免造成交通堵塞或引起交通事故。

(二)交通安全管理与服务

交通安全管理与服务是基(营)地交通服务管理的重要工作。户外研学旅行容易发生交通事故,交通事故的发生不但会给学生带来损伤,也会影响基(营)地的形象、声誉和发展前景。因此,基(营)地应建立健全完善的基(营)地标识系统,制定严格的工作制度,对学生和工作人员进行交通安全宣传;同时,基(营)地工作人员要注意危险地段、公共场所、交通要道的交通秩序,在研学旅行旺季要加强监管和疏导工作,以避免交通事故的发生。

(三)游步道管理与服务

游步道也叫路侧游步道,基(营)地内部游步道仅供师生人员通行,其路面狭窄,既有灵活性,又有趣味性。要设置警示标识或者管理人员要及时提醒:严禁车辆进入;严禁乱扔垃圾;严禁破坏树木花草等沿途景观,保护生态环境。路侧游步道交通应符合《风景旅游道路及其游憩服务设施要求》(LB/T 025—2013)的规定。

(四)自行车道管理与服务

在基(营)地道路一侧提供宽敞的路肩作为自行车道,与机动车道以标线区隔;在条件允许的地段,可划出专属自行车道,供骑自行车研学旅行的学生使用。自行车道须有良好的铺装平整的砂石路面,尽可能避免台阶路段;自行车道设计与基(营)地机动车道在铺装、颜色等方面应有所区分,同时又能保持与基(营)地道路整体风格的一致性;专属自行车道与基(营)地机动车道和游步道之间应有良好的衔接,过渡区域自然、安全;专属自行车道可考虑按照实际需要设置独立的休息设施、保护设施、无障碍设施等。

三、交通服务的要求

(一)活动安全性

学生离开学校,外出参加研学旅行活动是为了获得身体上和心理上的享受,旅途中发生任何意外都是较难接受的,发生意外的后果也十分严重,因此安全性始终是各方最为关心的问题。基(营)地务必充分考虑研学旅行交通服务过程中的安全性,如线路中道路的安全性、交通工具的安全性以及途经区域的安全性等。

(二)进出畅通性

进出畅通性是指基(营)地同外面交通联系的通畅性和便利程度,即不仅要方便学生进入,而且要保证学生研学旅行结束后能顺利离开。《旅游区(点)质量等级的划分与评定》对AAA级旅游区(点)交通的可进入性要求为:可进入性较好;交通设施完备,进出便捷;或具有至少二级以上公路或高等级航道、航线直达;或具有旅游专线等便捷交通工具。《研学旅行基地(营地)设施与服务规范》(T/CATS 002—2019)规定研学旅行基(营)地的交通要求:应有县级以上的直达公路,站牌指示醒目;内部交通应安全通畅;交通工具设施完好、整洁,宜使用绿色清洁能源。

（三）运行准时性

基（营）地交通服务带有严密的连贯性，任何一个环节的延误和滞留都会产生连锁反应，最终有可能产生一系列不可估量的经济责任，如房费、餐费和交通费等问题。交通服务的准时性是衡量研学旅行基（营）地服务质量优劣的重要标志。

（四）服务节奏性

基（营）地的客流量在时间上具有较大的变化性。一般来说，进入和离开基（营）地的客流量在每天的不同时段、周末和非周末，以及研学旅行的淡旺季都各有特点。这就要求基（营）地的管理者和服务人员要协调客流高峰带来的压力，为学生提供高效、优质、快捷的交通服务；同时，基（营）地内部应注重研学点的空间分布，合理安排研学旅行节奏，丰富学生的研学旅行体验。

（五）方式多样性

研学旅行基（营）地的交通方式具有多样性特点，即使同一种交通方式也会有差异。不同的基（营）地对研学旅行交通方式的选择也不同，这就要求基（营）地应该合理布局和优化组合研学旅行交通方式，管理者和服务人员应该熟知研学旅行交通服务的多样性，增加学生对研学旅行交通的选择。

（六）服务层次性

研学旅行团队具有多层次性，不同性别、不同年龄、不同学校、不同生源地、不同研学旅行目的、不同经济条件、不同支付能力的学生，对基（营）地交通方式及其价格的要求也不尽相同。因此，基（营）地的管理者和服务人员需要对不同层次的需求进行运量和运力的合理考虑，以满足学生不同的研学需求，提供相对应层次及品质的服务。

四、交通设计原则

（一）环境优先原则

研学旅行基（营）地的交通布局应该将环境保护放在首位，把对生态环境的影响尽量降到最低，特别是以动植物资源为特色的基（营）地，还要考虑动物繁殖、迁徙的情况，减少对动物生存环境的影响。基（营）地交通方式以节能减排为目标，发展新能源交通，以减少交通污染，同时减少尾气排放对以动植物资源为特色的基（营）地动植物资源的影响，从而促进基（营）地可持续发展。

（二）景观完整原则

基（营）地进行交通规划和布局时，一定要考虑到对景观可能的影响、对观赏效果的影响等；同时，尽量将交通作为基（营）地景观的一部分。这样既能丰富学生体验课程的内容，又方便学生行走，从而吸引更多的学生来此参加研学活动。

（三）高效快捷原则

高效快捷是指基（营）地交通项目建成后使用频率高，通行效果好。交通项目在基（营）地开发建设中属于基础设施项目建设，资金投入较大，因此基（营）地交通的使用效率直接关系到资金回报问题。交通项目的设计要在充分调研市场的基础上进行合理的规划和配置，保持交通设施较高的使用频率，以获得较快的资金回报；还应当提高通行速度和舒适度，以获得较好的通行效果。

（四）方式多样原则

我国研学旅行基（营）地内的景观较为丰富，类型多样，甚至部分还有水、陆、空融合的景观系列。为了能够让学生观赏到不同的景观，体验不同的研学旅行方式和研学旅行风情，需要布局风格各异的交通方式。基（营）地布局交通时，应遵循多种交通方式相结合的原则，合理提供多种交通服务。

（五）突出特色原则

基（营）地交通规划与设计要突出基（营）地自身的个性和特色，充分考虑基（营）地的自然和人文环境特征，宜采用本地特有的材质建设道路，选用本地特有的交通工具，按照本地特有的社会文化风情设计基（营）地沿线景观，使交通与基（营）地个性文化融为一体。

（六）安全性原则

安全性原则是研学旅行最重要的原则。基（营）地交通的安全性，如道路的安全程度、交通工具的安全程度以及途经区域的安全程度等都是研学旅行各方要考虑的重要环节。在基（营）地的建设与服务、课程的设计中，交通布局、交通方式、交通工具等方面的安全性、可进入性、舒适性等都要充分体现出来。

（七）畅达性原则

研学旅行基（营）地的交通布局应保证学生团队"进得来、散得开、出得去"，这就要求管理者在布局研学旅行交通时，一定要遵循畅达性原则；同时，各种交通方式还要互相配合、相互衔接，使研学旅行交通畅通无阻。

（八）舒适性原则

交通本身具有体验性的特征,参与研学旅行活动的学生在交通方面较一般旅行者更注重交通过程的舒适性和趣味性。因此,在基(营)地交通项目设计中,要充分考虑交通道路、交通工具的形式和等级,以及交通服务质量标准等方面的舒适性和趣味性要求,使之更加符合研学旅行者的需求。

五、停车场管理

（一）位置合理,景观协调

根据《风景旅游道路及其游憩服务设施要求》(LB/T 025—2013)的规定,停车场位置的设置有如下五点要求。
(1) 停车场设置在基(营)地入口不远处。
(2) 停车场设计符合基(营)地生态化要求。
(3) 停车场位置要与基(营)地的研学景观协调一致。
(4) 停车场设施和规划要符合消防管理规定。
(5) 停车场设施设计要考虑路面结构、绿化、照明、排水等因素,符合相关要求。

（二）容量合理,规模恰当

停车场面积的大小应根据基(营)地接待学生的容量合理确定,停车场规模与学生承载量相适应。国家级中小学生研学实践教育基(营)地每期至少能够同时接待1000名学生开展活动;省级中小学生研学实践教育基(营)地每期至少能够同时接待500名学生。

（三）结构合理,标识齐全

停车场应保证大小车分区停车,车辆上下客分区,引导标志标识清晰,有专人值班管理。

1. 合理设置出入口

基(营)地的停车场应分别设立入口和出口,以便汽车有序地从入口进入和从出口出去,同时也便于停车场管理人员对进出汽车的服务和管理。

2. 设置大小车停车区

需要划分不同的区域来停放大型汽车及小型汽车,设置的区域也须遵循相关的设计原则,合理分配区域的面积。大车停车区主要是供大型旅游车、大公交车和卡车停放;小车停车区主要是供轿车、电瓶车、中巴车等小型汽车停放。

3. 对车位进行编号

在停车场设立停车线,汽车按车位停放。要对每个车位进行编号,便于停车服务和车辆管理,也便于学生记忆。

4. 设置回车线

为了使停车场里的车辆出入有序,不产生混乱、堵塞现象,须设立明显的回车线,使司机能根据回车线的指示有秩序地在停车场里出入。回车线主要采用地面硬化指示或灯光指示两种方式。

5. 设置自行车停车区

自行车也是研学旅行团队的交通工具之一。要对进入基(营)地的自行车进行统一管理,避免乱停乱放,影响基(营)地的整体形象。应设置自行车停车区,可在机动车停车场内规划出一片区域供自行车停放,也可单独设置自行车停车区。

6. 设置备用停车场

很多研学旅行基(营)地都设置在旅游景区,在旅游高峰时期,学生来景区参加研学旅行活动,可能出现车辆拥挤、车位紧张等情况,为保证研学旅行团队车辆顺利进出,应在研学旅行基(营)设置备用停车场,保证研学旅行团队正常进出。

(四)配套合理,服务完善

1. 汽车维修服务

大型基(营)地可在停车场设立一个汽车维修点,主要是为到达的旅游汽车提供维修及保养服务;同时在维修点提供汽车清洗服务,为到达基(营)地的汽车提供免费清洗服务。

2. 消防设施服务

按消防的要求及规定,停车场须设立数量足够的消防设施设备,以便在发生火灾时能及时灭火。另外,保安部必须定期检查防火、灭火装置及设备,并对停车场的员工进行培训,使其掌握灭火设备的使用方法和灭火技能,也可以让学生参与训练。

3. 停车管理服务

规范基(营)地内停车服务和管理。规范管理停车地点不归类、乱停车、停车票据不清,以及非基(营)地人员私自代收停车费和代客泊车等不规范现象。

停车场管理人员应佩戴明显标志,严禁非基(营)地人员私自揽收车辆、私自收费现象。管理人员要及时引导指挥车辆进出,保持车道畅通,不发生堵塞现象。停车场地面要平整坚实、卫生整洁。

当基(营)地发生交通事故时,首先,要组织有关人员保护好现场,并协同有关单位和部门做好抢救工作;其次,要协同交警部门对事故情况进行调查处理,并形成事故报告;最后,基(营)地的管理部门应分析事故发生的原因并改善基(营)地的交通状况。

交通协管员或服务人员要具备一定的交通指挥技能和知识,要礼貌待客,文明服务,有安全意识,维护保管好研学旅行车辆。

第三节 住宿服务管理

研学旅行基地的住宿服务是指在研学旅行基地内,为学生等提供住宿的场所和设施,以及相关的配套服务。研学旅行基地的住宿服务应注重学生的安全和舒适度,加强卫生和安全管理,确保住宿场所的清洁和安全。同时,基(营)地应建立相应的应急预案和安全管理制度,以应对可能出现的紧急情况和安全问题。

一、住宿服务概述

（一）住宿服务的概念

基(营)地的住宿服务就是借助基(营)地的住宿设施和服务人员向学生提供的住宿及相关服务,以满足学生在基(营)地内的住宿、休息等多种需求。住宿服务主要包括前厅部服务和客房部服务。

1.前厅部服务

前厅部服务主要是指客房预订服务和接待服务,包括入住登记服务、问询服务、前厅收银服务、前厅销售服务、礼宾服务、总机与商务中心服务等。

2.客房部服务

客房部服务主要是指清洁卫生服务和对客服务。清洁卫生服务包括清洁整理客房、更换补充物品和检查保养设备等。

（二）住宿服务的作用

研学旅行基(营)地的住宿服务通常具备以下四种基本作用。
（1）为学生提供基本的住宿接待条件。
（2）满足和保障学生的基本需求,使学生获得心理上的安全感。
（3）将住宿服务职业体验纳入研学旅行课程体系,也可为学生带来美好的研学体验。
（4）提高学生的满意度和研学产品的复购率。

二、住宿服务类型

按照研学旅行基(营)地住宿接待设施的档次和运作模式,基(营)地住宿服务可以分为学生宿舍、星级饭店、经济型酒店和青少年露营地四种类型。

(一)学生宿舍

学生宿舍是研学旅行基(营)地为学生参加研学旅行活动而设置的学生集体生活、研学、住宿的场所。

学生宿舍包括寝室、卫生间、洗浴间、阳台等,其具有以下特点。

(1)不同的基(营)地有不同规格的学生宿舍,而不同规格的学生宿舍设置装备也不同。

(2)男、女生宿舍区域隔离分开,相对独立。

(3)多人间宿舍一般4人或6人一间,也有8人间宿舍。

(4)学生宿舍床铺为铁架或木制,分上下两层。有的宿舍内为组合式床铺。

(5)学生宿舍一般都带有独立卫生间。

(6)宿舍内配有学习桌、小衣柜、电视、空调等。

(二)星级饭店

星级饭店是由旅游星级饭店评定委员会评定的能够以间(套)夜为单位向旅游客人提供配有餐饮及相关服务的住宿设施,按不同习惯被称为宾馆、酒店、旅馆、旅社、宾舍、度假村等。通行的旅游饭店星级分为五个级别,由低到高为一星级、二星级、三星级、四星级、五星级。

凡是达到一定条件一定规模的星级饭店,其所有建筑物、设施设备及服务项目均处于同一水准,都是按照《旅游饭店星级的划分与评定》(GB/T 14308—2023)的标准建设的。

(三)经济型酒店

经济型酒店又称为有限服务酒店,以大众旅行者和研学旅行学生为主要服务对象,以客房为唯一或核心产品。其价格低廉,环境舒适,性价比高。经济型酒店因剥离了高星级酒店的大量非研学旅行的核心功能,只为学生提供安全卫生的客房服务和餐饮服务,从而使学生花较少的钱就能享受安全舒适的服务,这是目前较受研学旅行团队欢迎的住宿服务形式。

专门为研学旅行活动设置的经济型酒店,其构成包括客房、卫生间、洗浴间、阳台、餐厅、会议室等。其有着以下特点:

1. 房价适中

经济型酒店价格介于星级饭店和学生宿舍之间,适合研学旅行学生的消费能力,深受教师和学生的喜欢。

2. 功能有限

经济型酒店其功能、标准较星级饭店低。经济型酒店紧扣酒店的核心功能——住宿,以客房产品为灵魂,去除了其他非必需的服务,从而大幅度削减了成本。一般来说,经济型酒店只提供客房和早餐服务,一些针对研学旅行活动的经济型酒店还提供简单的餐饮服务和会议设施。

3. 服务优质

经济型酒店主要的服务模式为"住宿+餐饮+会议"。与一般学生宿舍、招待所和低星级酒店不同的是,经济型酒店非常强调客房设施的舒适性和服务的标准化,突出清洁卫生、舒适方便的特点。

4. 接待能力强大

经济型酒店主要的服务对象是研学旅行团队,房间数量多,接待能力强大。经济型酒店应有同时接纳200人以上的接待能力,有的可接待上千人,这是很多星级酒店和宾馆无法比拟的。

5. 地方文化浓厚

经济型酒店是根据当地的自然和人文环境设计建造的,具有浓郁的地方风土人情及文化特色,能够满足学生休闲游憩体验的需要。该类住宿接待设施在为学生提供住宿服务的同时,也构成了研学旅行中极具特色的风景,使学生能够感受到当地特有的自然和文化氛围。

6. 市场定位明确

研学旅行经济型酒店的目标市场主要是研学旅行学生团队,另外还有一般商务人士、工薪阶层、普通自费旅游者等。随着研学旅行行业的快速发展,经济型酒店有巨大的研学旅行消费市场。在研学旅行市场的推动下,研学旅行经济型酒店必将成为媒体和业内人士关注的焦点。

(四)青少年露营地

青少年露营地,即青少年营地(teenagers campground),是以在自然界活动为主,主要为培养青少年参与团队休闲活动的兴趣和技能,促进德、智、体、美、劳全面发展,具有相应服务设施的场所。其主要功能是为学生提供户外教育服务。户外教育(outdoor education)是在自然环境下,依托必要的辅助设施,学生在专职教师指导下进行学习和训练的教育活动。

完整的青少年露营地构成包括门区、营围、服务中心、户外教育区、军事训练体验区、户外体育区、帐篷露营区、自行车道、特色项目区。

三、住宿服务的要求

(一)整洁卫生

1. 服务人员

服务人员个人卫生好,服装整洁,干净利索,精神状态好。

2. 学生客房

(1)客房干净卫生是学生基本的要求。客房服务人员的主要职责是整理客房,做到客房内外设施清洁整齐,使学生产生信赖感、舒服感、安全感,能够放心使用。

(2)清理客房要在学生不在房间时进行。即使是空房间也要及时清理,以便随时迎接学生。

(3)房间要适时通风除湿,避免床单、被褥、地毯和浴巾等潮湿或产生霉味,保持客房舒适的住宿条件。

3. 公共区域

做好公共区域的清洁卫生服务,为学生提供舒适、美观、整洁的公共区域环境,是住宿服务的基本要求。

(二)安全可靠

1. 人身安全

户外研学旅行,人身安全是学生最基本的要求。服务人员在没有得到学生允许的情况下,不得擅自进入学生房间;不要随意接听学生房间的电话;不要让陌生人进入房间,避免人身意外伤害;进入房间时不要东张西望;客房服务尽量不要干扰学生的生活。

2. 财产安全

不要随意翻动学生的物品,不得随意丢弃学生的物品;及时做好提醒和告知服务,防丢失、防盗窃,保证学生的财产安全。

3. 环境安全

客房的安全、消防设施要齐全可靠,居住环境无污染、无噪声,做好防火、防疫、防治安事故等安全预防工作。

(三)安静轻松

宁静的客房环境会给人舒服、高雅的感觉,劳累后的学生进入房间就需要安静轻松的服务。如何提供安静轻松的服务,要注意以下几点:选配设备要考虑低碳环保、低噪甚至无噪;做好隔音措施,阻隔噪声的传入和传导;和善地提醒大声说笑的学生,引导学生自我克制,放轻脚步,小声说笑;服务人员须做到"三轻",即走路轻、说话轻、操作轻。

(四)亲切温馨

1. 真诚热情

热情的话语能消除学生的陌生感,缩短学生与服务人员之间情感上的距离,使学生真正体会到宾至如归的感受。

2. 微笑服务

微笑服务要求服务员以真诚的笑容向学生提供服务。微笑服务也反映出一个服务员的美好心灵和高尚情操。

3. 尊重人格

不仅要尊重成年人的人格,更要尊重学生的人格。学生心灵脆弱,极易受到伤害,一旦出现侮辱学生人格的情况,各种服务都难以弥补。

4. 服务周到

服务员热情周到的服务,会建立起彼此信赖的桥梁,会取得学生对住宿服务工作的配合、支持,有利于服务员顺利完成日常的服务工作,也有利于饭店建立良好信誉。

（五）规范标准

基(营)地住宿服务应规范正确,符合国家相关标准。

（1）住宿业的总体服务质量和安全管理应符合《旅游饭店星级的划分与评定》(GB/T 14308—2023)的要求。

（2）住宿业的环境保护要求符合《绿色旅游饭店》(LB/T 007—2015)的要求。

（3）环境空气质量符合《环境空气质量标准》(GB 3095—2012)的要求。

（4）声环境质量符合《声环境质量标准》(GB 3096—2008)的要求。

（5）室内客房用品质量、配备要求等符合《星级饭店客房客用品质量与配备要求》(LB/T 003—1996)规定。

（6）污水排放符合《污水综合排放标准》(GB 8978—1996)规定。

（7）厕所达到《旅游厕所质量要求与评定》(GB/T 18973—2022)的要求。

（8）露营地应符合《休闲露营地建设与服务规范》(GB/T 31710—2015)要求。

（9）青少年拓展训练营地的建设应当符合《大型游乐设施安全规范》(GB 8408—2018)和《游乐园(场)服务质量》(GB/T 16767—2010)的规定。

四、住宿服务管理

（一）搞好建设规划与设计

研学旅行基(营)地住宿服务设施通常具有较大的建筑体量,并且对周围环境的影响较为明显。因此,在基(营)地开发建设阶段就需要搞好规划与设计,考虑区位选址、低碳环保、外观景观、规模体量和消防安全等影响环境的因素。

1. 区位选址

住宿设施要有良好的外部连通性,能够允许汽车直接通达,并能便捷地到达基(营)地的核心区,但不可过于靠近交通要道。同时,住宿设施不能影响周边景观环境,不能影响基(营)地中的景观视线,更不应设置在生态环境较为脆弱的地段。

青少年露营地住宿设施,可以在露营地开辟一块帐篷露营区作为学生露营休息的场所。

2. 低碳环保

住宿设施建设涉及能源消耗和排污,要考虑低碳环保问题,采用节能减排、低耗的设施设备和用品。

3. 外观景观

住宿建筑物建筑风格要与基(营)地生态环境景观协调一致,外观设计要保持浓郁的本地民俗风格;要具有观赏性,并与周围景观保持和谐。

4. 规模体量

住宿建筑物设施的体量大小要根据基(营)地的规模大小来确定。住宿建筑物规模大,承载能力强,接纳的学生就多,经济收入就会高。规划时要参照有关标准和要求。

5. 消防安全

基(营)地住宿服务须严防火灾,建设规划时应该首先论证其可行性,要提前配备健全的消防设施,确保安全。

(二)搞好设备管理与维护

研学旅行基(营)地的住宿服务管理部门需要保证住宿服务设施设备性能良好、运行正常,不能影响学生使用。住宿服务设施设备的质量和档次应与基(营)地的规模和等级相匹配,要保证设施设备的清洁卫生和日常维护,方便学生使用。

(三)提高员工素质与技能

提高员工服务素质与技能的措施主要有以下几点。

1. 培养员工的服务意识

服务意识是员工应具备的基本素质之一,也是提高服务质量的根本保证。员工要树立宾客至上的理念,熟练掌握服务技能,提高应变能力。

2. 加强个性化服务技能培训

个性化服务是从学生角度出发而提供的服务,是研学旅行基(营)地住宿服务质量的基本要求。只有对员工加强个性化服务技能培训,才能保证员工为学生提供相应的个性化服务,提高学生的满意度。

3. 加强员工文明礼仪培训

员工在日常工作中的礼节礼貌代表着员工的精神状态和文明程度,也直接关系着服务质量,应加强员工文明礼仪的培训。

4. 开展安全管理教育

为了保障学生的人身和财产安全,保障基(营)地服务单位的财产安全,要对员工进行有计划、有组织的安全专题教育培训,包括犯罪与盗窃的防范、学生人身安全保护、学生财物安全管理、服务设备安全操作技术、师生伤病员救护就医、食品安全、火灾预防应急措施、突发性事件应急演练等方面的培训。

第四节 标识服务系统建设与管理

研学旅行基(营)地标识服务系统建设与管理是指在研学旅行基(营)地内,通过标识牌、指示牌、说明牌等形式,为游客提供导览、指示、警示、提示等信息服务。通过标识服务系统,游客可以更好地了解基(营)地环境,熟悉基(营)地设施,获取必要的安全警示和提示。

一、标识服务系统概述

(一)标识服务系统的概念

标识就是标志、记号,具有引导、指示、识别、警示的作用。标识是标识服务系统的基本元素,是研学旅行标识服务系统的主体部分。标识服务系统是研学旅行基(营)地管理者与学生对话、开展教育和服务等工作的重要媒介,是引导学生在研学旅行基(营)地内完成研学旅行活动的各种信息和符号的集合体,是研学旅行基(营)地管理学生、服务学生的关键工具,也是研学旅行基(营)地的重要组成部分。

标识服务系统包括研学旅行吸引物标识、研学旅行设施标识、研学旅行目的地环境标识和管理标识四大类。四类标识各具特色,却又功能互补,共同构成完整的基(营)地标识服务系统。其功能主要是引导学生在研学旅行环境中的行为,使学生能轻松了解研学旅行资源单位对资源的规划及基(营)地内研学点的分布等信息。

(二)标识服务系统的功能

一个完整、有效的标识服务系统应具有多方面的功能,不仅能让学生了解基(营)地的资源和主要特点,还能为学生提供良好的指导和服务;同时能帮助管理部门进行有效的管理,成为与学生沟通的纽带。标识服务系统的功能包括以下方面。

1. 提供基(营)地信息和导向服务

这是标识服务系统的基本功能。标识服务系统以视觉或听觉的方式通过颜色、形状、材料,或广播、讲解等要素,保持整个系统的一致性,传达关于环境、方位、线路、设施等信息,以既简单又多样的方式给学生提供服务信息,使学生获得安全、愉悦的研学旅行感受。

2. 再现基(营)地文化资源及其价值

通过研学旅行基(营)地标识服务系统,学生能够了解研学旅行目的地的历史文化发展进程,了解研学旅行基(营)地的文化属性和历史价值。同时,标识服务系统的建立也使那些遭到破坏甚至消亡的研学旅行资源文化不至于被人遗忘,通过它可以唤起人们对失落的文化的记忆;在红色文化资源基(营)地设置的标识展板与历史图片资料能让学生牢记革命历史,身临其境地感受那段峥嵘岁月,真正了解和感悟红色故事及情怀,提升精神文化素养。

合适的标识能让学生了解研学旅行基(营)地的资源和价值,以及研学点在基(营)地的地位和意义,使学生对研学点产生浓厚的兴趣,并获得良好的研学旅行经历。基(营)地要向学生提供必要的讲解或者资料,使其对基(营)地的资源及其科学艺术价值有较深刻的理解。

3. 保护研学旅行资源和设施

通过语言或文字标识服务系统,学生在接触和享受基(营)地资源服务的同时,会自觉地保护研学旅行资源或设施,实现研学旅行基(营)地的良好运行。

4. 提高基(营)地的知名度

研学旅行基(营)地标识服务系统不仅具有标识物的功能,而且能起到"代言"的作用。标识服务系统从研学旅行形象逐渐转化为区域形象,并且传播和推广本基(营)地的研学旅行特色产品,促进区域经济发展和研学旅行的发展,提高基(营)地的知名度。

(三)标识服务系统的构成

研学旅行基(营)地标识服务系统主要由基(营)地交通导引标识系统、解说服务系统和学生服务中心系统三部分构成。

1. 交通导引标识系统

研学旅行基(营)地道路交通导引标识系统是研学旅行基(营)地的必备基础设施。如果没有良好的交通导引标识系统,学生就有可能迷失方向。交通导引标识系统包括基(营)地道路牌、道路交通标线、安全护栏、反光镜和防眩设置、公交车次通告、交通设备使用说明等。

2. 解说服务系统

解说服务系统包括研学旅行基(营)地概况说明、具体研学点说明、研学画册、基(营)地导游图、幻灯片、语音解说、资料展示栏和广播通知系统、公共信息标识服务系统等。学生一进入基(营)地就应该给学生提供最佳解说服务,让学生"读懂"基(营)地。例如,红色文化基(营)地会设置许多既有线路提示又包含内容解说的标识,这些标识是基(营)地的重要组成部分,也是红色文化研学内容的一部分。

3. 学生服务中心系统

学生服务中心是研学旅行基(营)地专门为学生研学旅行提供服务的接待机构,具有引导、服务、游憩、集散、解说、寄存等服务功能。

二、标识服务系统设置原则

（一）位置合理原则

研学旅行基（营）地的一般特点是面积大、环境识别性相对较弱，这就使得学生对环境导引设施的需求比较强烈。标识服务系统能否为学生提供有效的导览服务，是评判研学旅行基（营）地标识服务系统合格与否的首要标准。

标识服务系统应该设置在主要的交通流线中，如出入口、交叉口等人流必经之处，方便人们看到和做出决定；在显眼的位置应设置基（营）地建筑布局地图，清楚地反映基（营）地周围的情况和基（营）地内部的主要道路、活动节点、区域及出入口。

（二）学生需求原则

基（营）地标识服务系统要充分考虑学生在研学、观光、趣味、娱乐、休息、导引等方面的需要。在制作标识时要充分考虑学生的感受，注重对学生学习与观赏的引导，营造出一种舒适的研学旅行氛围。同时，在具体内容上，应增强标识内容的价值性、知识性和趣味性，体现出基（营）地的特色，这不仅有助于提高研学质量，更有助于提高基（营）地知名度。

（三）保护生态原则

党的二十大报告指出新时代生态环境保护发生历史性、转折性、全局性变化，指明人与自然和谐共生是中国式现代化的本质要求，提出2035年美丽中国目标基本实现的总体目标，因此保护生态是我们社会发展的必要课题。投射到研学旅行基（营）地的建设中，很多研学旅行基（营）地设置在全国重点文物保护单位、全国著名旅游景区或者国家生态旅游示范区，拥有不可再生的研学旅行资源。因此，基（营）地标识服务系统的设计应该遵从自然，融入自然，成为自然资源不可分割的一部分，不给旅游景区的生态环境造成负面影响。标识服务系统要有提醒学生保护生态环境的功能，提高学生的生态保护意识，让学生感悟理解基（营）地的文化特色。

（四）安全性原则

安全性原则是标识服务系统设置的首要原则。由于基（营）地高峰时段师生较多，学生的安全异常重要，安全指示标识的设置更要严格规范。要在基（营）地的主要通道上设置发光疏散指示标识和医疗服务指示标识，在突发情况下，使学生可以迅速沿安全指示标识顺利得到医疗救助，以降低损失程度，保障学生安全。同时标识的位置设置也要兼顾安全性，避免将标识设置在视野盲区及道路死角。

（五）连续性原则

标识服务系统应连续设置，使之成为统一的序列，准确地引导学生完成基（营）地内的研学旅行活动。在到达研学旅行目的地之前，所有可能引起学生行走线路出现偏差的地方，都应该有目标地的引导指示和服务标识。应采用醒目的色彩、简明易懂的符号、简短明确的文字以及生动有趣的图片来设计制作服务标识。

（六）规范性原则

由于基（营）地内学生的复杂性，标识服务系统所传达的信息必须明确清楚。基（营）地设施与服务标识设计要根据不同的环境，因地制宜，整体规划，统一设计，应遵照《公共信息图形符号 第1部分：通用符号》（GB/T 10001.1—2023）中对图例、样式和颜色的相关规定，以及《旅游景区公共信息导向系统设置规范》（GB/T 31384—2015）进行设置。基（营）地道路交通标志、标识等通用符号的文字、图案、色彩应按照国家规定的统一标准进行设计和制作。中英文标识中的英文要符合《公共服务领域英文译写规范》的规定。

三、标识服务系统设置的要求

（一）学生服务中心

1. 位置设置

学生服务中心位置一般设在基（营）地入口、餐饮集中的地区，或进入基（营）地的交通节点位置。根据研学点的布局及学生量的分布，在适当位置增设二级或三级学生服务中心，充分发挥各级学生服务中心的作用。

依托旅游景区建立的研学旅行基（营）地，其学生服务中心可与旅游景区的游客服务中心设置为一体，标识系统构成基本一致，做到一处多用，节省建设成本。

2. 机构设置

学生服务中心内部设置指导师接待室、导游接待室、茶水处、行李寄存处、厕所、研学纪念品商店、学生咨询台和电子触摸屏、宣传资料架。其中，接待室墙上应有指导师和导游的简介图、研学线路图、指导师和导游服务收费说明等，同时免费为学生提供基（营）地导游图、雨伞、轮椅等。

学生服务中心还应设有广播通知系统，提供信息发布和寻人启事等各项服务。

3. 拓展渠道

（1）利用互联网延展学生服务中心功能，扩大影响范围。

（2）通过大量实物标本、虚拟模型等物品，替代补偿信息受阻时的缺憾。

（二）交通导引标识

研学旅行基（营）地道路交通导引标识包括基（营）地道路牌、道路交通标线、安全护栏、反光镜和防眩设置、公交车次通告、交通设备使用说明等。

1. 道路牌

研学旅行基（营）地道路牌是引导学生进入基（营）地必备的基础设施。道路牌的颜色和形状等要符合《道路交通标志和标线 第2部分：道路交通标志》(GB 5768.2—2022)的设置规定。

2. 道路交通标线

道路交通标线是由标画于路面上的各种线条、箭头、文字、立面标记、突起路标和轮廓标等所构成的交通安全设施，其作用是管制和引导交通。基（营）地内外的道路应该根据国家相关规定，并结合基（营）地特色设计合理的交通标线。

3. 安全护栏

在研学旅行基（营）地，可以根据路侧的危险程度分别设置不同等级的防护栏并安装轮廓标引导设施，提高行车的安全度。

（三）全景图、导览图

基（营）地全景图即导游全景图，也叫基（营）地总平面图，包含基（营）地全景地图、基（营）地文字介绍、学生须知、研学点相关信息，以及投诉机关电话、救援电话、咨询电话等。

基（营）地导览图则是标明学生所在位置和附近研学线路、研学点方位的平面地图。

基（营）地导游全景图和导览图是全景指示型标识服务设施的典型代表。

1. 放置地点

全景图一般设置在基（营）地入口处或休息处等地域较宽的位置，导览图设置在交叉路口。导览图与全景图有着本质区别：导览图可以帮助学生更好地了解基（营）地研学点的分布情况及研学线路走向；而全景图主要帮助学生了解整个研学旅行基（营）地的概况，需要学生自行找出研学点，并分析线路，然后开展研学。

2. 指示范围

导览图所示的区域面积应该根据基（营）地总体面积进行设置。一般来说，如果所示区域面积超过1平方千米，学生与实际目的地的距离就过长，容易使中间路标节点过多，令学生产生枯燥的情绪，进而放弃选择最佳研学点和线路，这样不仅使得导览图起不到作用，还会影响到对学生的服务。因此，在设计基（营）地导览图时，必须要人性化考虑，了解学生心理，可在导览图中标出研学点之间的相对距离。

3. 设置方式

全景图和导览图面积大，信息含量多，可以采取双柱形、墙壁形结构。

4. 高度设置

导览图和全景图一般采用倾斜形和箱式形,应符合人体工程学和环境行为学理论,通常建议将其放置在离地面1.5~2米的高度,方便查询详细的图解导向信息。通常安置在不同研学点的交叉口。

(四)研学点解说牌

研学点解说牌也称为研学资源介绍牌,是用来介绍各个研学点的基本情况的,包括名称、由来、资源概况、周围环境、历史文化等与研学点相关的信息。基(营)地应依照《旅游区(点)质量等级的划分与评定》《研学旅行基地(营地)设施与服务规范》相关要求,设置研学点解说牌服务设施,为学生提供解说教育服务。

1. 主体内容

研学点解说牌介绍单个研学点或某一资源的名称、性质、特点、历史等信息。

2. 内容要求

内容一定要建立在对基(营)地的历史、文化、资源进行充分调查分析的基础上,不仅要注重教育性,还要注意科学性,切不可凭空捏造违背科学的内容误导学生。

3. 位置安排

一般设在研学点入口处、学生服务中心展示大厅,便于学生浏览观看。

(五)公共基础设施牌

公共基础设施牌是指在基(营)地内具有服务功能的场所、建筑物位置设置的标识牌,向学生展示服务设施所在地,主要包括餐厅、邮电局、银行、书店、购物点、休息处、垃圾桶、卫生间等,为学生研学旅行提供便利。

(六)无障碍标识设施

无障碍标识设施是指为保障残疾学生、家长、指导师和其他有残疾的研学人员,以及伤病人、儿童的通行安全和使用便利,在道路、公共建筑、宿舍区等建设工程中配套建设的服务设施。基(营)地在规划建设时要按照《无障碍设计规范》(GB 50763—2012)的规定设置无障碍标识服务设施。

1. 儿童服务设施

应采用醒目的色彩、通俗易懂的符号、简短明确的文字以及生动有趣的版面设计,吸引儿童的注意力,并尽量辅以图示,减少文字说明。

2. 残障服务设施

(1)为盲人提供盲杖、设置盲道,供其定向和定位;为肢体残障学生增设轮椅,并展示使用方法。

(2)为听力和言语残障学生添加增音设备、助听系统、可调节音量的电话和聋哑人电信系统(TDD)等设施。

四、标识服务系统的养护

（一）标识服务系统养护的内容

首先要对设施进行检查。检查时要安排专业管理人员，主要检查以下问题：标识内容是否发生变化；标识是否有污迹；标识内容是否模糊失色；标识材料是否朽烂；标识是否丢失脱落；标识是否遭到破坏或者损坏；标识字迹是否清楚；标识支撑是否安全稳固；标识旁是否有妨碍人们视线的建筑和树木。

（二）标识服务系统养护的方法

1. 固定

对支撑不稳定的标识牌及时采取固定措施，消除安全隐患。譬如，对螺丝松动的支架要拧紧螺丝，对用铁丝捆绑的标识要拧紧铁丝，捆绑加固。

2. 清理

对有污迹的标识牌用清水清洗，用软毛刷清理其表面污垢，再以软质布料擦拭干净，并保持足够的逆反射性能，保证视认性。有条件的要涂上一定剂量的防护剂，以延长寿命。

3. 更换

对模糊失色、缺损、朽烂、脱落、被破坏的标识牌及时按标准更换，避免给学生带来不便。

4. 调整

标识内容已经发生变化的，应及时调整相关内容，避免误导。

5. 拆除

对妨碍视线的建筑和树木等进行调整，并设置安全警示标志。

知识链接

《研学旅行服务规范》（节选）

本章小结

（1）研学旅行基（营）地配套服务管理主要包括餐饮服务管理、交通服务管理、住宿服务管理、标识服务系统建设与管理四个部分。

（2）餐饮服务是指餐饮企业提供的辅助性支持、接触与交流等活动的总和，包括餐饮从业人员为顾客提供餐饮产品、顾客享用餐饮产品和使用餐饮设施等。交通服务是指研学旅行基（营）地向学生提供的从某一研学点到另一研学点的空间位移的各种交通服务。基（营）地的住宿服务就是借助基（营）地的住宿设施和服务人员向学生提供的住宿及相关服务，以满足学生在基（营）地内的住宿、休息等多种需求。研学旅行基（营）地标识服务系统建设与管理是指在研学旅游基（营）

地内，通过标识牌、指示牌、说明牌等形式，为游客提供导览、指示、警示、提示等信息服务。

（3）餐饮服务管理具有监管严格、学生消费层次高、客源市场不稳定、经营方式灵活、餐饮服务纳入课程体系等特点。

（4）交通服务管理要达到活动安全性、进出畅通性、运行准时性、服务节奏性、方式多样性、服务层次性等要求。

（5）住宿服务管理要把握整洁卫生、安全可靠、安静轻松、亲切温馨、规范标准等要求。

（6）标识服务系统设置要遵循位置合理原则、学生需求原则、保护生态原则、安全性原则、连续性原则和规范性原则。

本章训练

简答题

1. 解释餐饮服务管理、交通服务管理、住宿服务管理的概念。
2. 简述交通服务管理过程中需要贯彻的原则。
3. 简述住宿服务的类型。
4. 简述标识服务系统建设与管理须遵循的原则。

第四章
研学旅行基(营)地辅助服务管理

本章概要

研学旅行基(营)地辅助服务管理是指为更好地提高研学旅行基(营)地服务质量,保证基(营)地日常运作,以及研学旅行相关活动的正常开展而提供的各项服务。研学旅行基(营)地辅助服务管理包括安全服务管理、卫生服务管理、信息化系统建设与管理等内容。

学习目标

知识目标

1. 了解研学旅行基(营)地辅助服务管理的构成要素。
2. 熟悉各要素的具体要求及必要性。
3. 掌握各要素的概念及特点。

能力目标

1. 能够处理研学旅行基(营)地辅助服务管理中的突发情况。
2. 能做好研学旅行基(营)地辅助服务管理中的预防机制。

素养目标

1. 掌握研学旅行基(营)地辅助服务管理中的各项要求,在管理中感受人文情怀。
2. 了解研学旅行基(营)地辅助服务管理内容的组成,培养学生的社会责任感以及创新和实践能力。

思维导图

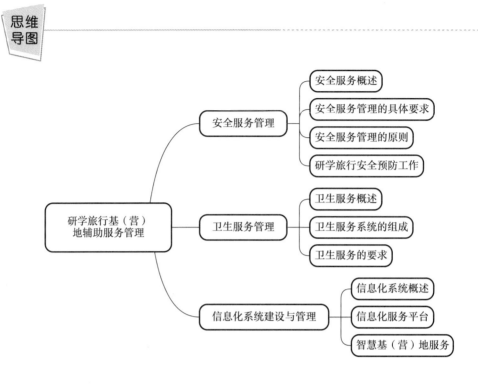

第一节 安全服务管理

研学旅行基(营)地安全服务管理是确保学生和游客的安全、提升基地形象、创造安全稳定的研学旅行环境以及促进研学旅行事业可持续发展的重要保障。学习安全服务管理的要求和预防工作有助于各相关利益主体提高安全意识,加强安全管理,为学生和游客提供更加安全、可靠、高效的研学旅行服务。

一、安全服务概述

(一) 安全服务的概念

研学旅行安全服务是研学旅行主办方和承办方为了保障研学旅行安全而采取的一整套综合性服务活动。虽然现在研学旅行市场十分火热,处于一个上升期,但安全问题是研学旅行活动开展的痛点和难点。一旦发生安全事故,就必然刺激学校、家长和社会的神经。研学旅行是学生校外教育活动的重要形式,学生安全直接关系到研学旅行的质量。然而,影响学生安全的因素错综复杂,如何正确分析、提前规避研学旅行中的安全风险,有效保障学生的生命和财产安全,如何有效部署安全防范工作,以及处理因安全事故所产生的问责、追责等,是研学旅行实践中必须首要考虑的重大问题。如果没有行之有效的措施为研学旅行保驾护航,研学旅行活动就无法顺利开展。做好研学旅行的安全服务以及安全管理正是保障研学旅行顺利进行的关键。

(二)安全服务的特点

1. 系统性强

研学旅行安全服务是关联业态多、参与人数多、服务环节多、涉及安全内容多、安全风险点多、安全管控难度大的一项系统工程。安全服务单位涉及政府、学校、研学服务机构和研学目的地等多个部门,安全内容涉及交通安全、食品安全、住宿安全、身体安全、心理安全、财产安全、研学旅行基(营)地安全、活动安全等多个方面。

2. 服务对象差异大

因主要服务对象为小、中、高(一般为小学四至六年级;初中一至二年级;高中一至二年级)学生,各个学龄段的每个学生个体、每个家长对安全的理解差异较大,对安全技能的掌握程度不一,潜在的事故风险类型也有所不同。对于研学旅行的从业者来说,安全防控的难度更大,安全服务的要求更细,安全管理的责任更重,研学旅行基(营)地安全服务需要达到的目标更高。

3. 难度大,要求高

研学旅行具有环境性、集体性、独立性、实践性、动态化等特点,从而形成安全防范难度大、不易控制的特点。同时,安全问题是伴随学生成长的永恒主题,也是贯穿研学旅行全过程的必修课。学生是家庭和社会关注的焦点,对安全的要求更高,这对研学旅行基(营)地的管理而言是一个重大挑战与考验,需要基(营)地优化管理方式,不断更新安全管理的意识与方法,以应对错综复杂的变化。

4. 人的安全是核心

研学旅行安全保障服务的中心是人,安全保障的核心亦是人,安全保障的重心也是人的安全。所有研学旅行的组织者、参与者都要从思想上高度重视安全问题,筑牢研学旅行"安全思想防线"。如果思想上麻痹大意,再完善的安全管理制度、再细致的安全手册、再周密的安全应急预案都可能归零。

(三)安全服务的必要性

1. 学生安全是研学旅行的底线

2016年11月教育部等11部门印发《关于推进中小学生研学旅行的意见》,要求研学旅行以预防为重、确保安全为基本前提;把安全性作为基本原则之一,要求研学旅行要坚持安全第一,建立安全保障机制,明确安全保障责任,落实安全保障措施,确保学生安全。该意见为研学旅行的开展明确了安全方面的要求,为研学旅行组织者指明了安全管理的方向。贯彻落实该意见,是开展研学旅行的必然要求。研学旅行监管部门、学校、社会、家长、基(营)地对学生安全都负有不可推卸的责任,都应该高度重视并认真落实相关要求,加强对研学旅行整个周期的安全管理。

2.安全服务是行业可持续发展的要求

研学旅行安全风险管理是通过提前预防把研学旅行中的安全风险可能造成的不良影响有效降低的过程。有效开展安全风险管理,有利于研学旅行组织方做出正确的决策,有利于确保学生研学旅行中的安全,有利于提高社会和家长对研学旅行的认可度,对于研学旅行监管部门开展有效监管,对于研学旅行组织方有效开展工作,对于不断推动我国研学旅行的发展都具有重要意义。研学旅行基(营)地需要承担的安全服务的内容量大面广,主要有住宿安全服务、饮食安全服务、交通安全服务、活动安全服务等,需要基(营)地每个部门及工作人员认真对待,把工作做细做实,切实保障参加研学旅行师生的安全。研学旅行基(营)地要想可持续发展,必须防范安全事故的发生。

二、安全服务管理的具体要求

(一)设计安全

在研学旅行基(营)地的课程开发、活动策划和线路设计过程中,要尽量发现和排除不安全的因素。在研学旅行课程开发中,要能够预见课程的安全隐患,而不是被动地等出现安全事故后进行排查或者处理;要切实贯彻落实"安全第一,预防为主"的安全工作方针。

研学旅行活动单次出行的规模大,研学旅行课程实施标准中,要求"集体出行、集中食宿"。在实践操作层面上,很多学校都是以班级、年级为单位开展活动,每次出行人数较多,有餐饮、住宿、交通等方面的要求,如果按照传统旅行活动的标准,这些要求是无法满足的,也容易导致安全隐患。同时,由于中小学生的身心特点,一旦走出校门,学生们容易放飞自我,在新鲜的环境中,学生之间更容易追逐打闹、嬉戏玩耍,容易引发意外事故。由于研学旅行需要集中食宿,而组织大规模的食宿是十分复杂和具有挑战性的。

在活动策划和线路设计过程中,一定要尽量发现和排除不安全的因素。在研学旅行基(营)地的很多房间内,非固定易碎玻璃器皿一律不准放置,尖角处要进行软包装饰,开水由楼层服务员统一提供,窗户加装安全螺丝栓确保只能打开15厘米左右,不允许售卖冰镇饮料、酒精饮料等。在线路设计过程中,要充分考虑沿线的安全问题,如交通、食宿等具体事项的安全。

总之,在课程开发、活动策划和线路设计过程中,要把安全工作放在第一位,首先要考虑安全问题,注重细节管理。

（二）采购安全

研学旅行基（营）地的物资采购必须与经营资质齐全、安全保障充分、安全记录良好的供应商合作，且研学旅行保险、安全管理器材、应急物资等的采购也必须落实到位。供应商的资质十分重要，《中华人民共和国旅游法》第三十四条规定：旅行社组织旅游活动应当向合格的供应商订购产品和服务。虽然该规定是针对旅行社组织旅游活动而言，但是对于研学旅行来说，是一样的，而且研学旅行面向的对象主要是未成年人，要求可能会更高。

在旅游领域中，因物资来自不合格的供应商而导致的旅游安全问题屡次发生。在研学旅行中，我们不能把安全拿来做赌注，认为只要不出事就好，或者认为事故只要不出在所开展的研学旅行团队中就好，而应该主动作为，提前做好规划，从源头上做起，在采购时就充分考虑安全问题。

研学旅行的意义是毋庸置疑的，因为"最美的教育在路上"。但是，即便制定了详尽周密的安全预案，在研学旅行的过程中，还是有可能出现突发事件或者意外事故。因此，对于研学旅行，各方应该避免因噎废食，不能因为惧怕发生安全事故，而放弃组织研学旅行活动。

（三）实施安全

在研学旅行活动的实施过程中，应该坚持将安全作为开展一切活动的前提，做到"人人讲安全，处处念安全，事事重安全"。在研学旅行开始前，研学旅行基（营）地的工作人员要进行安全教育培训，从而确保在研学旅行活动中的每个环节和细节中不出现问题，落实安全责任。在研学旅行过程中，要严格按照相关课程标准、规范和要求进行操作，基（营）地研学旅行导师要有安全意识，提升自己的预见性，同时要具备冷静的头脑和良好的心理素质，一旦发生安全事故，能按照应急预案的要求来处理。

总之，研学旅行安全无小事，无论是教育主管部门、学校，还是交通部门、旅行社、研学旅行组织机构等，都应该把安全问题放在至关重要的地位，时时讲安全、处处讲安全，才能避免安全问题成为研学旅行发展的最大障碍。

三、安全服务管理的原则

（一）安全第一

安全第一是研学旅行基（营）地安全服务管理中的首要原则，当研学旅行活动与安全有冲突时，必须以安全为重。研学旅行的参与对象几乎都是未成年人，不具备完全民事行为能力，因此在研学旅行活动中，安全问题就是底线问题。为了确保学生的安全，可以放弃既定活动，宁可暂缓甚至中断活动，也要充分保障学生的安全，牢固树立安全第一的意识。当安全不能充分保障时,始终以安全为准绳不动摇,绝不能以牺牲安全为代价开展活动。

(二)保障充分

教育部等11部门联合印发的《关于推进中小学生研学旅行的意见》中要求各地要制订科学有效的中小学生研学旅行安全保障方案,要求各地规范研学旅行组织管理。研学旅行的课程主要是在研学旅行基(营)地开展,属于校外活动,开放性和不确定性极强,因此需要对基(营)地研学线路、课程设计、组织方案、活动实施过程和实施效果等各方面进行事前、事中、事后评估,确保活动中每个环节的安全性。教育主管部门应从顶层设计的角度强化安全管理原则,切实保障研学旅行活动的安全。

保险行业监督管理机构需要负责指导保险行业提供并优化校方责任险、旅行社责任险等相关保险产品。

(三)教育有力

首先,要做好行前安全教育,增强学生的安全意识。一定要从思想源头上牢固树立学生的安全意识。在学生到达研学旅行基(营)地时,就要开展活动及课程前的安全教育,研学旅行是在确保学生安全的前提下开展的教育活动,因此在任何时候,安全都是前提。在研学旅行开展之前,一定要强化学生的安全意识;在研学旅行过程中,个人或者周围的同学遇到任何问题,都应该在第一时间寻求研学旅行导师或工作人员的帮助。

其次,在研学旅行过程中要做好针对性强的安全教育、安全警示和安全提醒。树立学生的集体意识,强化集体观念,统一行动,一切行动听指挥。研学旅行导师要时刻把安全放在首位,不断地强化安全责任,在遇到紧急情况或者危险情形时,一定要有明确的安全警示和提示。

最后,在研学旅行行程结束后,要做好安全总结,巩固安全教育成果。总结经验和教训,对于已发生的安全问题,要总结反思,同时举一反三,避免同类事情的再次发生。

(四)专项审核

安全服务管理中,必须要对相关内容进行专项审核,发挥相关主管部门的安全监督管理职责。研学旅行活动的承办机构或基(营)地要将活动方案、行车线路送交警和运管部门备案。通过专项审核,充分发挥相关职能部门的监管职责,才能确保研学旅行活动在实施过程中,各个环节和组织机构都能够对安全问题充分重视和予以保障。

(五)责任到位

教育行政部门负责督促学校落实安全责任,审核相关方案、预案。学校要与家长和研学旅行承办方或研学旅行基(营)地签订安全责任书,明确各方责任。教育、旅游、公安、交通、食品药品监管等部门分别加强各领域安全监督。上述各部门、学校、企业要做到层层落实,责任到人。

四、研学旅行安全预防工作

研学旅行基(营)地安全管理中要遵循"安全第一,预防为主"的方针。《关于促进旅游业改革发展的若干意见》明确提出研学旅行组织中要以"教育为本,安全第一"为原则。

研学旅行基(营)地安全管理的第一个目标是必须以预防为主,积极消除隐患,确保安全完成研学旅行各项任务。在安全管理过程中,各方必须相互协作,密切合作。做好行前安全教育工作,编制安全手册,培训相关人员,认真制定安全方案和应急预案。相关监督管理部门要做好安全监督管理工作,切实发挥职责,对于研学旅行过程中可能发生的安全问题,如交通、天气、食品卫生、突发疾病等,要做好配合。

研学旅行安全管理的另一个目标是尽量减少人员财产损失,降低突发灾害所造成的破坏和影响。一旦发生安全事故,必须要秉承尽量使损失不再扩大的原则,最大程度降低因为各种事故所造成的破坏和影响。

为了实现以上目标,有四点具体措施:

(一)构建"四位一体"的研学安全保障

1. 构建"四位一体"的联合管控机制

针对中小学生研学旅行活动,其安全管理需要构建家庭、学校、研学机构、研学旅行目的地"四位一体"的联合管控机制,实现安全管理工作的紧密衔接和无缝对接,确保研学旅行活动安全顺畅开展。

2. 建立畅通的信息沟通渠道

研学机构要建立畅通的信息沟通渠道。信息沟通要提早、及时、精准,多方信息要保持一致、同步、对称,通过书面和微信等多种方式,实现研学旅行目的地与研学机构、研学机构与学校、家庭,学校、家庭与学生相互之间安全信息的全面沟通和精准传达,使研学旅行工作在实施前得到多方认可,达成多方共识。

3. 层层签订安全责任书

根据具体的研学旅行要求,签订针对性强的安全责任书。学校要与研学机构、交通服务公司、餐饮酒店服务企业、研学旅行目的地签订专项安全责任书,明确各自的安全工作职责和安全工作要求,做到责权明晰、全面详尽准确。通过"四位一体"联动机制,链接研学旅行的"平安锁"。

(二)构筑专业过硬的研学安全保障团队

1. 配备专业过硬的服务队伍

配备基本的研学旅行导师、安全员、辅导员等人员,有条件的可配备从事青少年疾病防控工作或户外救护经验丰富的医师、青少年心理辅导老师。驾驶经验丰富的驾驶员、从事过酒店管理或餐饮服务的人员、带团经验丰富的导游等可聘为研学旅行的专职或兼职老师。

2. 强化对专业人员的岗前、行前、行后培训

要对研学旅行基(营)地的从业人员进行岗前、行前、行后的相关安全法律法规、安全管理制度、安全操作流程、安全岗位职责等方面的日常化系统性培训;聘请有关专业人士,围绕研学旅行相关的乘车安全、交通安全、消防安全、餐饮安全、住宿安全、心理安全等,开设心理辅导、应急疏散、紧急救护等专业讲座,对从业人员进行不定期的安全培训。选派能力强、经验足的领队人员,组建安全小分队,对每次研学旅行的安全关键部分、重点环节和危险风险点,提前开展实地全面摸底排查,详细制定切实有效的安全防范预警措施,并开展实际模拟演练,做到行程心中有数、防护措施得当、安全责任到人。用专业的服务队伍,以严谨周密的工作部署,保障研学旅行活动的安全实施。

(三) 制定人防技防制度

研学旅行是一项人多、环节多、内容多的动态服务工作,可实施人防加技防的防控体系,确保研学旅行全员、全过程、全方位的安全防控。

1. 人防制度

研学旅行基(营)地或服务机构除了配备安全辅导员,还要配备随团研学旅行导师、导游、医生等;借助学校的体检报告,与学校、家长提前沟通,了解每个参与研学旅行学生的个性喜好、成长环境、生活习惯、饮食禁忌、有无过敏史、身体健康状况等基本信息,建立"一人一卡""一团一档",坚决杜绝"带病"上路,对人、车和路况三个源头把好关。

2. 技防制度

要充分利用车载电视和GPS、微信、监控设备、直播平台、学生电子手表、定位手机或手环等先进的科技产品,为研学旅行安全服务。

建立全面、完善、系统的安全管理制度是安全研学的基础保障。研学旅行基(营)地应编制研学旅行安全手册、各种安全责任书、各类安全应急预案、各种活动的安全操作程序,签署保险等,并要根据具体的群体和活动内容不断地对相关制度进行修改。

(四) 开发安全课程和安全评价体系

1. 把安全课程贯穿于研学旅行全过程

研学旅行基(营)地应针对不同学龄段学生的特点,结合研学旅行的内容,创造性地开发安全体验类课程。例如,可通过简笔画讲授的方式,绘制有关旅行财产安全的知识;可将乘车安全课程设置在客车上,引导学生观察车辆所配备的灭火器、安全带、安全锤、安全门、安全窗等安全设备,让学生认识安全带的作用、佩戴方法和设计原理,现场模拟紧急情况下安全设备的使用方法等,将安全教育渗透到研学旅行全过程。

2.创新安全课程的宣传方式

研学旅行基(营)地可根据不同学龄段学生的特点,以游戏渗透式、故事导入式、情景表演式、活动体验式、案例剖析式等多种方式开展安全教育,如围绕"安全带＝生命带"等安全主题开展学生喜闻乐见的活动,寓教于乐,让学生们通过不同的活动,认识安全的重要性,感悟生命的珍贵,在学生们的心中播撒遵守规矩、收获安全的种子。

同时还需要建立安全评价体系,在研学行前做好安全隐患排查,行中做好安全过程监控,行后做好安全回顾总结,经常性开展安全"回头",对每次研学旅行存在的安全管理漏洞和不足、对可能诱发事故的安全风险点要及时收集整理,制定出切实有效的改进措施,为开启下一次的安全研学旅行打好基础。要不断学习总结全国先进地域研学旅行基(营)地安全管理的经验,对一些典型的案例深入剖析,分析原因,结合自身的实际情况,总结提炼成自己的安全管理工作举措。

第二节 卫生服务管理

卫生服务管理是研学旅行基(营)地管理与服务的重要一环,基(营)地应为研学旅行人群提供人性化、科学化的卫生服务。通过科学的管理和服务,可以创造一个安全、健康、卫生的研学旅行环境,保障学生的身体健康和研学旅行的顺利进行。

一、卫生服务概述

(一)卫生服务的概念

研学旅行基(营)地的卫生服务是指对研学旅行基(营)地内的卫生设施、环境卫生、食品安全等进行的管理和服务工作。卫生服务是整个研学旅行过程中的一个变量,不像生态环境、设施环境那样具有稳定性,而是有着其自身的特点。

(二)卫生服务的特点

不同于一般的卫生服务,研学旅行基(营)地卫生服务有其自身的特点。

1.垄断性

研学旅行基(营)地卫生服务具有垄断性,需要研学旅行基(营)地认真对待,保证参与研学旅行活动师生的卫生健康。

2.主动性

研学旅行基(营)地卫生服务是主动性服务,要主动为参与研学旅行活动的师生提供科学有效的卫生服务。

3. 全面性

为研学旅行基(营)地内全体人员提供服务。除了参与研学旅行活动的师生,研学旅行基(营)地的管理者与服务人员也是服务对象。

4. 综合性

研学旅行基(营)地卫生服务是"多位一体"的服务,其内容除了研学旅行基(营)地的环境卫生,还包括预防、保健、简单治疗、健康教育等。

(三)卫生服务的必要性

1. 卫生服务是研学旅行基(营)地环境质量的重要表现

卫生服务是研学旅行基(营)地环境质量的重要表现,也是衡量一个基(营)地是否符合标准的重要因素之一。清洁的路面,干净且分布有序的各种设施、设备,服务人员整洁的仪容仪表等,都能给研学旅行师生带来舒适、美好的感受,同时能增加他们参与活动的兴趣。因此,卫生状况是基(营)地环境质量最直接的表现,会直接影响到研学旅行师生的消费体验和消费质量。《研学旅行基地(营地)设施与服务规范》对基(营)地内餐饮场所、环境空气质量、声环境质量、污水排放、厕所卫生、垃圾清扫、传染性疾病预防措施、卫生与医疗管理规范和措施、服务人员个人卫生、洗浴卫生、宿舍的卫生状况都做出了明确的要求。

2. 卫生服务反映了研学旅行基(营)地的管理水平

卫生服务是研学旅行基(营)地管理活动中的基础工作,它是基(营)地管理水平的重要体现,也是维持基(营)地良好整体形象的重要手段之一。因此,要树立基(营)地在研学旅行师生心中的良好形象,增强基(营)地的吸引力,要非常重视卫生服务工作,着力提高卫生服务质量。

3. 卫生服务对研学旅行基(营)地吸引力有着重要的影响

影响研学旅行师生对研学旅行过程及基(营)地评价的重要因素之一就是基(营)地的卫生状况。一个拥有良好卫生状况的基(营)地必然会受到研学旅行师生的青睐,从而更具吸引力。相反,如果一个基(营)地具有价值较高的研学旅行资源但卫生状况不好,研学旅行师生对其评价也不会高,结果自然会导致基(营)地吸引力以及口碑的下降。

二、卫生服务系统的组成

(一)住宿卫生服务

学生宿舍、基(营)地宿舍、酒店类住宿设施是研学旅行师生在研学活动期间休息的主要场所,做好住宿卫生非常重要,客房清扫与房间用品清洁消毒和公共区域的卫生工作同等重要。客房内环境应干净、整洁,摆放的物品无灰尘、无污渍;客房空调过滤网清洁、无积尘；住宿场所宜设立一定数量的独立清洗消毒间，清洗消毒间面积应能满足饮具、用具等清洗消毒保洁的需要；公共卫生间的便池应采用水冲式，地面、墙壁、便池等应采用易冲洗、防渗水材料制成；房间配备独立的洗浴和卫生设备；卫生间排污管道应与经营场所排水管道分设，设有有效的防臭水封；应设置防鼠、防蚊、防蝇、防蟑螂，以及防潮、防尘等设施；供研学旅行师生使用的公共用品用具应严格做到一客一换一消毒，床上用品应做到一客一换，长住客一周至少更换一次，禁止重复使用一次性用品用具等。

（二）食品卫生服务

研学旅行基（营）地餐厅的新建、改建、扩建工程，必须严格按照国家《饮食建筑设计标准》进行选址和设计，并经过公共卫生监督部门的预防性卫生审查。研学旅行基（营）地内的餐饮店应设在地势高、干燥、通风、水源充足、交通方便的地点，远离垃圾场、养殖场、污水坑以及其他危害食品卫生的地方。餐厅、操作间、清洗消毒间、库房的设计都应考虑通风、防鼠、防蝇、防尘、排污、清洗、消毒、保洁的卫生要求。餐具数量应按最大容量的三倍配备。餐饮店内应设置研学旅行师生洗手的设施，方便研学旅行师生洗手。另外，研学旅行基（营）地还可以设立一定数量的快餐店和食品零售摊点，为研学旅行师生就餐提供便利。

（三）饮水卫生服务

不少研学旅行基（营）地都远离城市，无法利用城市自来水管网，因此在开发建设研学旅行基（营）地时，要按照国家《生活饮用水标准检验方法》的有关规定选择水源，构建自来水供水系统，确保生活饮用水卫生、安全。水源选择要考虑历年的水质、水文、地质情况和取水点附近地区的卫生状况，选择水质良好、水量充沛、便于防护的水源。水源应设置卫生防护地带，以杜绝研学旅行师生进入防护圈。如选择地面水作为饮用水源，在取水点周围100米的水域严禁捕捞、停靠船只、游泳和从事其他可能污染水源的任何活动。

（四）环境卫生服务

研学旅行基（营）地的垃圾处理、生活污水、粪便的排放和无害化处理既关系基（营）地的环境卫生和师生健康，又关系基（营）地生态环境保护。有些基（营）地在开发建设时忽略了生活排污设施，带来很多后患，治理起来事倍功半。有些基（营）地在开发初建时就修建大型垃圾处理场、污水排放站，为基（营）地的卫生和环保问题解除了后顾之忧。

（五）能源卫生服务

研学旅行基（营）地食、住、行、娱、学等活动都要消耗大量能源，选择使用的能源种类对研学旅行师生的健康和基（营）地的生态环境保护都有重大影响。基（营）地宜使用清洁的能源和原料，采用先进的工艺技术与设备，改善管理、综合利用，从源头削减能源污染，提高资源利用效率，减少或避免生产服务和产品过程中能源污染物的产生和排放，减轻或消除对研学旅行师生健康和环境的危害。

（六）疾病流行病学侦察和预防服务

一些自然疫源性疾病在远离人们生产和生活活动的自然界区域流行循环时，并未对人类健康造成威胁，如SARS、鼠疫、流行性出血热、血吸虫病和钩端螺旋体病等疾病。但是，一旦人们进入这些区域，就可能感染上这些疾病。随着新研学旅行基（营）地不断开发和新流行病的不断出现，在开发建设新的研学旅行基（营）地时，应做好自然疫源性疾病的流行病学调查，比如调查地形、地貌、土壤、植被、气候等自然地理因素，对媒介昆虫、啮齿动物等生物种群的分布和消长及其带菌（病毒、虫）等情况进行调查。在此基础上制定相应的防治对策，采取切实可行的预防措施。总之，要本着既不破坏自然生态环境又能保护研学旅行师生身体健康和生命安全的原则，开发新的研学旅行基（营）地和研学旅行项目。

（七）医疗和急救服务

研学旅行过程中生病或发生意外伤害事故是可能的。因此，研学旅行基（营）地应根据规模大小、研学旅行师生数量和交通情况，设置相应的医疗救护机构，并在适当的地方设置数量充足的标志和电话，便于研学旅行师生求助时使用，保障研学旅行师生的身体健康和生命安全。

三、卫生服务的要求

（一）卫生环境要求

研学旅行基（营）地游览环境整洁，无污水、无污物，不乱建、乱堆、乱放，建筑物及各种设施设备无污垢、无异味；配备足够的卫生设施和环卫工作人员。

（二）垃圾处理要求

拥有足够数量的垃圾桶（箱），且布放适宜、标志明显、造型美观，与环境相协调；垃圾桶（箱）应分类设置；垃圾清扫、清运及时，日产日清，且遮盖或封闭清运；存放垃圾的设施设备和场地保持清洁、无异味，有防蚊、蝇、虫、鼠等措施。

（三）公共厕所服务要求

研学旅行基(营)地的公共厕所建设应参照《城市环境卫生设施规划标准》(GB/T 50337—2018)，结合研学旅行基(营)地实际需要，设置数量足够、布局合理、标志醒目规范、建筑造型与景观相协调的公厕。厕所内拥有足够的厕位，根据需要设立无障碍厕位、婴儿看护设施等；配备完好的水冲、盥洗、通风等设备；配备专人服务，保证室内整洁、无异味，洁具洁净、无污垢、无堵塞，且摆放整齐、不外露；星级厕所的建设管理符合《旅游厕所质量要求与评定》(GB/T 18973—2022)的规定。

（四）医疗卫生服务要求

设立医务室，配备必备的医疗设施和医护人员，提供必要的医疗救护服务。按照《研学旅行服务规范》及相关规定，研学旅行基(营)地应配备必要的医疗设施和药品，具备处理常见疾病和意外伤害的能力，同时还应具备适宜的医疗及救助资源，了解周边的医疗及救助资源状况，并与之建立必要的联动机制。若发生学生生病或受伤等情况，应及时送往专业医疗机构救治，妥善保管就诊医疗记录。基(营)地自身的医护人员也应具备相应的救护能力。

（五）餐饮服务卫生要求

服务人员每年接受体检，上岗须持健康合格证；室内外客用餐桌、餐椅完好无损、干净无污垢；餐具、台布、餐巾、面巾等每日清洗、消毒，符合《食品安全国家标准 餐饮服务通用卫生规范》(GB 31654—2021)的相关规定；不使用不可降解的、对环境造成污染的一次性餐饮具；厨房灶台、加工案台、器皿等保持洁净、无油渍；排烟机通风口无油垢；食品原料采购、运输、存储的容器和设备必须安全、无害，保持清洁，防止食品污染；食品的加工制作应生熟分开，禁止使用过期变质原料进行食品加工；饮用水执行《生活饮用水卫生标准》(GB 5749—2022)的相关规定。

（六）住宿服务卫生要求

星级饭店的设施和服务应符合《旅游饭店星级的划分与评定》(GB/T 14308—2023)的规定；研学旅行基(营)地所有住宿设施的新建、改建、扩建工程的选址、设计应符合国家有关的卫生标准和要求，必须执行建设项目评价报告书制度，卫生评价报告书的编制应在建设项目可行性研究阶段进行；新建住宿设施选址时，要选择地势高、干燥、通风、水源充足、交通方便的地点，应远离垃圾场、养殖场、采石场、机械加工和金属冶炼等场所，防止各种工业性污染；在客房设计时，必须考虑采光、取暖、通风、防噪、排污、紧急疏散等与人的身体健康和生命安全有关的卫生要求，做到科学合理。

第三节 信息化系统建设与管理

研学旅行基(营)地信息化服务管理是指利用信息技术手段对研学旅行基(营)地的各项服务进行智能化管理,以提高服务质量和效率。研学旅行基(营)地信息化服务是提高服务质量和效率的重要手段,需要加强建设和应用。通过信息化服务管理,可以更好地满足学生和教职员工的需求,提高研学旅行的整体水平和社会影响力。

一、信息化系统概述

信息化是指培养、发展以计算机为主的智能化工具为代表的新生产力,并使之造福于社会的历史过程。信息技术以现代通信、网络、数据库技术为基础,将所研究对象各要素汇总至数据库,与人类各种行为相结合,供特定人群生活、工作、学习、辅助决策等使用。信息技术可以极大地提高各种行为的效率,对推动人类社会进步具有重要作用。在当今这个数字化的信息时代,互联网的迅速发展深深地影响着人们的生活态度和生活方式,研学旅行行业也深受影响,得到了许多发展机遇,但也面临随时代发展而来的挑战。研学旅行基(营)地的信息化建设已经成为促进基(营)地可持续发展的重要方式、实现基(营)地合理高效管理的重要途径,以及推动研学旅行产业转型升级的关键力量,研学旅行基(营)地推动信息化建设势在必行。

(一)信息化服务的概念

研学旅行基(营)地的信息化服务是指以云计算、基于位置的技术、物联网等现代信息技术为依托,在基(营)地内构建起自动办公系统、监控系统、信息门户网站、电子验票系统、电子导游系统、资源管理系统等,将信息技术与基(营)地的管理、保护、发展、服务等工作紧密联系。信息化服务既能让研学旅行师生随时随地获得便捷服务,又能促进基(营)地管理水平和管理效率的提高。

(二)信息化系统的组成

研学旅行基(营)地信息化系统通常由六个部分组成。

1. 电子门票

不同于传统的纸质门票,电子门票采用条形码、IC卡等新介质,采用计算机、验票机等智能设备取代人工检票,既能节省人力,又可以减少人为失误导致的漏票、逃票,同时还能实现对客流量等信息的收集与管理。

2. 电子导游服务系统

电子导游服务系统是通过电子导游设备为研学旅行师生介绍基(营)地情况以及各旅游资源的综合性系统,通常具有多国语言以供选择,因此一部电子导游讲解器可以满足不同国家、不同语言研学旅行师生的需求,相较于人工导游,前者的效率和方便性都具有绝对的优势。电子导游服务系统需要基(营)地在前期建设阶段,在专业的技术人员指导下,利用现在流行的云端技术进行搭建,才能提供高质量的电子导游服务。

3. 多媒体信息终端系统

多媒体信息终端系统即常见的触摸屏查询系统,研学旅行师生只需要点击相应的选项,就可以方便快捷地获得所需信息。触摸屏查询系统多安置于科普类研学场所,通过电子LED触摸屏以及巧妙的设计,将一些高科技的产品、器械通过幻灯片或者模型的形式分解式地呈现给学生供其了解,同时通过一些互动的选项与内容加深学生的印象和提升兴趣。

4. 研学旅行电子商务网站

研学旅行电子商务网站承担了网络支付、网络宣传、客户关系管理等系列工作,通过这个平台,能够实现研学旅行基(营)地门票信息、餐饮酒店、研学旅行线路等一条龙的查询和预订。

5. 保安监控与调度指挥系统

该系统是指借助计算机与监控软件,以摄像头为介质,在大屏幕对现场情况进行实时显示,在发生紧急事件的情况下,能及时发现、指挥并疏散人群,最大程度保障研学旅行师生的生命财产安全。该系统不仅是研学旅行基(营)地日常管理的基础,还是保障研学旅行活动在基(营)地控制下进行的重要工具。

6. 计算机网络系统

计算机网络系统是信息化平台的中枢传输系统,其以光缆为介质,通过相关的操作系统,建立起一个稳定、高效的网络平台。

(三) 信息化服务的特点

1. 新一代信息通信技术的应用,突出智慧化

在计算机网络技术、智能控制技术等数字化技术基础上,增加以云计算、物联网、虚拟现实等技术为代表的前沿技术的应用,为研学旅行基(营)地信息化的发展带来了质的飞跃。这些技术在基(营)地的应用中,可对基(营)地的基础设施、管理模式与理念、服务媒介与手段等方面进行智能化的转型与升级,极大提升整个基(营)地的综合水平。突出"智慧",既是对技术设备智慧化的应用,也是对管理者、服务人员与游客智慧的挖掘。

2. 从需求出发,突出人性化

研学旅行基(营)地的信息化建设要从基(营)地的可持续发展入手,从参加研学旅行师生的需求和基(营)地管理的需求出发。物联网、云计算等新一代信息技术只是实

现智慧基(营)地的手段和媒介,而不是目标。

3. 管理提升与技术应用并重,突出综合性

数字研学旅行基(营)地或传统的研学旅行基(营)地信息化建设过程中,往往过分强调信息技术在基(营)地设施设备等物理层面的铺设和应用,而忽视了对基(营)地管理"软件"层面的提升,加上信息化建设的从众心理,从而忽视了技术的适用性,造成设备闲置、资源浪费的现象屡屡出现。智慧研学旅行基(营)地不应只停留在前沿技术在基(营)地基础层面的投入,而是要将其作为一种智慧化的管理理念与创新的管理模式带入基(营)地,在技术应用的同时要考虑基(营)地的实际情况,考虑基(营)地管理水平的配套提升,突出综合性。

4. 搭建互通合作机制,突出系统性

目前,许多研学旅行基(营)地之间以及研学旅行基(营)地内部各个部门之间的团结协作机制在一定程度上还未完全形成,外部孤立化、内部条块化现象比较普遍。这种现象不仅表现在外部业务合作上,而且表现在部门之间的信息沟通与共享上,低效的信息共享以及较少的沟通造成基(营)地的信息化服务效率低下,参加研学旅行师生的问题得不到及时解决,发展动力不足。在基(营)地信息化系统的建设过程中,数据资源库的建设是非常必要的,数据资源库建设不仅可以实现基(营)地内部各个系统部门在资源上的共享,还可以促进本基(营)地与其他基(营)地以及与政府管理部门、其他旅游企业、参加研学旅行师生之间的沟通与资源共享,完善基(营)地内部协作系统,将基(营)地置于一个更大的关联网络中,加强基(营)地与外部的联系。

(四)信息化服务的必要性

1. 适应时代发展的需要

党的二十大报告指出,"推进教育数字化,建设全民终身学习的学习型社会、学习型大国"。当前处在一个信息化的时代,各行各业都依靠互联网和信息技术来拓展自身的业务,提高自身的服务水平,研学旅行行业只有与信息技术有机结合起来才能够获得新的发展空间和机遇。研学旅行基(营)地的信息化是时代的要求,只有好好把握住这个机会,基(营)地才能在这个行业中保持竞争力,才能对研学旅行师生产生吸引力,才能提高自身的口碑,树立良好形象。

2. 符合研学旅行师生个性化的需求

当前伴随网络的普及,人们的日常生活对信息和互联网的依赖程度越来越高,越来越多的人依赖互联网处理各种事务,研学旅行也是其中的一项。在研学旅行前,相当一部分人会在网上找到相关推荐信息,选择一个较为理想的研学旅行基(营)地,然后继续通过搜索网络查询,制定研学旅行路线,预订所需的门票和酒店,了解天气等各类信息。在研学过程中,师生需要获得帮助信息,如基(营)地的游览路线、课程项目安排等,基(营)地内构建起信息化平台,才能更好地满足研学旅行师生的需求,提高基(营)地自身的吸引力。

一些研学旅行基(营)地通过使用接待管理系统,学生对交通、住宿、餐饮、景点、场地、专家报告、辅导员、行程安排等事项以及各接待模块的工作衔接一目了然。学生或家长可以下载智能手机客户端进行报名缴费、填写个人信息。接待方在接待前,可以了解学生的健康信息、民族习惯、其他特殊要求等,以便提前做好各项准备。在基(营)地参与活动期间,学生可以通过智能手机客户端与家长、学校老师、辅导员等互动。接待方可以通过智能手机客户端有效地定位学生、辅导员与管理人员的位置信息,并向他们发送安全提示、活动通知等。此外,还可以通过云计算等手段,有效地预判、处理诸如恶劣天气等带来的紧急状况。

3. 提高研学旅行基(营)地管理水平和决策能力的需要

过去,研学旅行基(营)地内各个部门之间的信息是相互孤立的,无法实现实时共享,统筹管理难度大。通过构建信息化平台,各部门可以及时共享研学旅行师生的实时信息,促进相互之间的协助和联动,从而有效地根据现场信息及时调整工作策略,提高应对突发事件的能力,维持研学旅行基(营)地秩序。

二、信息化服务平台

研学信息化是将信息技术应用于研学旅行产业,实现跨界融合,推进研学生产方式、管理模式、营销模式和消费模式的转变,全面提升研学旅行产业的质量效益和核心竞争力,满足游客个性化服务需求。

研学信息化服务网站是应用较为广泛、直接和有效的研学信息化手段。通过网站、微信公众号、短视频平台等新兴媒体平台,可以使研学目的地形象以多种表现形式(文字、图片、视频动画等)、多种传递手段(新闻、论坛、博客、电子杂志、圈群等),在最短的时间内传递到全球范围的潜在消费者面前;通过互联网信息平台,可以实现研学旅行六要素的快速预订,为消费者提供一个便捷、安全的支付通道。常见的互联网信息平台有以下几种。

(一)综合研学旅行信息资讯类网站

综合研学旅行信息资讯类网站通常提供以下几方面的内容。

一是研学旅行信息的汇集、传播、检索和导航。信息内容一般涉及研学目的地、景点、旅馆、交通、研学线路和研学常识。

二是研学产品(服务)的在线销售。网站提供研学旅行基(营)地及其相关产品(服务)的各种优惠和折扣,包括机票、旅馆、汽车租赁服务的检索和预订等。

三是个性化定制服务,即根据消费者的特点和需求组合定制研学产品,提供个性化研学线路建议等。

(二)微信公众号

微信公众号是当下较为流行的信息化服务平台,基于微信提供的平台,基(营)地可以进行市场运营,运营内容主要包括宣传基(营)地基本情况,介绍基(营)地的研学旅行线路,对基(营)地的特色课程进行宣传,提供信息反馈、门票预订、相关情况问答等基础服务,同时可以在微信公众号进行一些促销活动的宣传。微信公众号的优势在于运营成本较低,运营难度不大,且使用人群较多,因而推广效果较好。在运营时尽可能寻找有相关互联网平台运营经验的人才承担这项工作,以达到事半功倍的效果;如果没有,基(营)地应对运营人员进行全方位系统的专业培训。

(三)短视频平台

短视频平台泛指主要推广时长较短(通常1分钟以内)的视频的互联网平台,受众较广的有抖音、快手等。研学旅行基(营)地可以将日常接待过程中的活动内容与准备工作以视频的形式记录下来,经过剪辑后作为宣传视频推送到平台。短视频有着时长短、传播速度快等特征,能够较为直观且有效地向大众展现基(营)地的基本情况以及自身课程的特色。需要注意的是,拍摄有学生或其他人员出镜的视频时需要做好沟通协商,获得参与者的同意,避免发生侵权行为。

三、智慧基(营)地服务

(一)智慧研学旅行基(营)地的概念

智慧研学旅行基(营)地是指通过智能网络,对研学旅行基(营)地的地理实物、自然资源、研学旅行师生行为、基(营)地工作人员行迹、基(营)地基础设施和服务设施进行全面、透彻、及时的感知,对研学旅行师生、基(营)地工作人员实现可视化管理,同研学旅行产业上下游企业形成战略联盟,以及实现基(营)地环境、社会和经济的全面、协调和可持续发展的基(营)地。

广义的智慧研学旅行基(营)地是指科学管理理论同现代信息技术高度集成,实现人与自然和谐发展的低碳智能基(营)地。这种基(营)地能够更有效地保护生态环境,为研学旅行师生提供更优质的服务,为社会创造更大的价值。

狭义的智慧研学旅行基(营)地是数字研学旅行基(营)地的完善和升级,指能够实现可视化管理和智能化运营,能对环境、社会、经济三大方面进行更透彻的感知、更广泛的互联互通和具有更深入的智能化的研学旅行基(营)地。狭义的智慧研学旅行基(营)地强调技术因素,广义的智慧研学旅行基(营)地不仅强调技术因素,还强调管理因素。

在国家加快智慧研学旅行的政策引导下,越来越多的研学旅行基(营)地开始触网,寻求新的发展路径,开通App、网上预订及微信营销等渠道,并主动寻求与OTA(在线旅行服务商)的开放合作。

（二）智慧基（营）地服务的特点

1. 定量化

定量化在智慧化管理中表现为通过应用模型化和定量化的技术来解决问题。定量化可以使研学旅行基（营）地的进入人数、停车位、餐位、床位、厕位、库存物品数量一目了然，十分有利于服务管理的进一步完善。以著名研学旅行目的地——湖北省博物馆为例（见图4-1），在智能感知技术和无损检测技术的支持下，博物馆可以对藏品的健康状况及其影响因素进行定量监控分析，掌握其各项特征，实现文物的预防性保护，形成了一套完整的"监测—评估—预警—调控"预防性保护流程。

图4-1　湖北省博物馆数字化运用展示

2. 智慧化

智慧化管理集成应用了许多高科技的管理手段和工具，从而使得智慧化管理系统具有了分析和模拟人脑处理信息和思维过程的能力，即人工智能。

3. 综合性

智慧化管理强调综合应用多种学科的方法。除了需要管理学、经济学、数学、统计学、信息论、系统论和计算机等方面的知识，根据具体研究对象的不同还需要行为科学、社会学、会计学、物理学、化学、控制论等知识以及各种专业技术知识。

4. 集成性

集成性是指将各种管理方法中好的方面、精华部分集中起来组合在一起，并融入创造性的思维等智力因素，以实现管理系统的功能集成和技术集成。

5. 动态性

动态性是指要求管理者在智慧化管理的过程中，要随着内外部的情况变化而不断补充和修改信息输入，从而得出新的最优信息输出。智慧基（营）地服务的动态调整与优化会更加有利于基（营）地内师生的生活与学习。

6. 系统性

系统性是指智慧化管理中根据系统观点来研究各种功能的关系。智慧基（营）地服务平台负责全基（营）地的信息发布、信息反馈、信息分析、信息交流、资源共享等。以门户技术和数据仓库技术为基础、以应用集成和信息共享为目标的企业门户平台的基础架构体系，可以实现基（营）地各部门、项目之间的信息共享和业务协同，深化数据利用，加强资源整合，提高基（营）地运营及经营决策能力。

（三）智慧化管理的必要性

智慧研学旅行系统是信息时代和互联网时代的产物，研学旅行基（营）地的智慧化建设更是智慧研学旅行健康发展的原动力。无论是自然资源丰富的基（营）地，还是历史文化厚重的基（营）地，抑或是现代主题鲜明的研学旅行园区，致力于资源经营、接待能力提升、安全监控以及游览服务辅助的技术应用一直是智慧研学旅行基（营）地力求完善的主题。因此，建设智慧研学旅行基（营）地对于推进智慧研学旅行整体建设，推进信息技术与研学旅行产业的融合，加快研学旅行产业管理现代化和国际化进程，实现研学旅行产业更好更快地发展具有重要意义。

1. 有助于推动研学旅行基（营）地管理机构服务职能的转变

建设智慧研学旅行基（营）地可以借助技术手段，促进研学旅行基（营）地资源的合理安排、整合协调、动态监管，发挥技术对研学旅行信息的公众化服务、对行业的规范性指导功能。通过准确地掌握研学旅行师生的活动信息和研学旅行企业的经营信息，实现研学旅行行业监管从传统的事后管理向过程管理和实时管理转变，促进研学旅行基（营）地管理机构的服务职能进一步由被动处理向主动服务转变。

2. 有助于促进研学旅行基（营）地和研学旅行产业的跨越式发展

随着研学旅行电子商务平台、研学旅行公共服务平台、研学旅行营销（宣传）平台、手机移动服务平台等一批项目的建设投入，全方位的研学旅行资讯和动态服务将充分吸引研学旅行师生对基（营）地研学产品、研学生活体验的关注，促使研学旅行师生实现从线上体验到线下消费的现实转变。基（营）地作为研学旅行产业链中的核心组成部分，其智能化设施和智慧化管理也提升了研学旅行产业对研学旅行师生的吸引和消化能力。

3. 促使研学旅行基（营）地实现研学旅行经营增长和管理成本优化双丰收

研学旅行基（营）地管理机构作为满足研学旅行师生体验需求、吸引研学旅行师生体验消费的服务主体，具有商业盈利和服务规范的双重诉求。信息技术的应用和智能设施的投入，在服务数量上，提高了基（营）地对数量快速增长的研学旅行师生的接待能力和服务能力；在服务质量上，提高了基（营）地对研学旅行师生日益增长的多方式、多途径信息获取诉求的响应能力；在服务营销上，可以通过研学旅行舆情监控和数据分析，挖掘研学旅行热点和研学旅行师生兴趣点，策划对应的研学旅行产品，制定对应的营销主题,推动研学旅行产品创新和营销创新。另外,也可以通过量化分析和判断营销渠道,优化长期合作的营销渠道。

 本章小结

(1) 研学旅行基(营)地辅助服务管理由安全服务管理、卫生服务管理、信息化系统建设与管理三个要素构成。

(2) 安全服务管理的具体要求主要有设计安全、采购安全、实施安全;要把握安全第一、保障充分、教育有力、专项审核、责任到位等原则。

(3) 卫生服务系统主要由住宿卫生服务、食品卫生服务、饮水卫生服务、环境卫生服务、能源卫生服务、疾病流行病学侦察和预防服务、医疗和急救服务等构成。

(4) 研学旅行基(营)地的信息化建设已经成为促进基(营)地可持续发展的重要方式,实现基(营)地合理高效管理的重要途径,推动研学旅行产业转型升级的关键推动力量,研学旅行基(营)地推动信息化建设势在必行。

 本章训练

简答题

1. 解释安全服务、卫生服务、信息化系统的概念。
2. 简述安全服务管理的具体要求。
3. 简述卫生服务的特点。
4. 简述智慧基(营)地服务的特点。

在线答题

第五章
研学旅行基(营)地教育服务管理

本章概要

研学旅行基(营)地是中小学研学旅行的主要实践教育场所,教育服务是研学旅行基(营)地活动顺利开展的重要保障。在国家宏观纲要的指导之下,教育服务管理有着明确的要求与规范。本章系统地阐述了研学旅行基(营)地的教育服务管理体系,从教育服务基本要求开始,阐释了教育指导思想、课程开发的流程及实施过程,最后介绍了教务管理的相关内容。

学习目标

知识目标

1. 了解研学旅行基(营)地教育服务的实施要求和指导思想。
2. 掌握研学旅行课程的特点、要求、分类以及内部课程的开发技巧。
3. 熟悉研学旅行基(营)地课程实施的过程。
4. 认识研学旅行基(营)地教务管理的重要地位。

能力目标

1. 获取运用研学旅行基(营)地教育服务知识进行管理的能力。
2. 根据研学旅行基(营)地课程开发的要求,能担任课程准备、课程实施、课程总结及反馈、教务管理方面的工作。

素养目标

1. 对研学旅行基(营)地教育服务管理形成正确的认识,具备从事研学旅行基(营)地教育服务管理的基本素质。
2. 通过对研学旅行基(营)地课程开发流程的认识,提升课程开发的统筹协调组织能力。

第五章 研学旅行基(营)地教育服务管理

思维导图

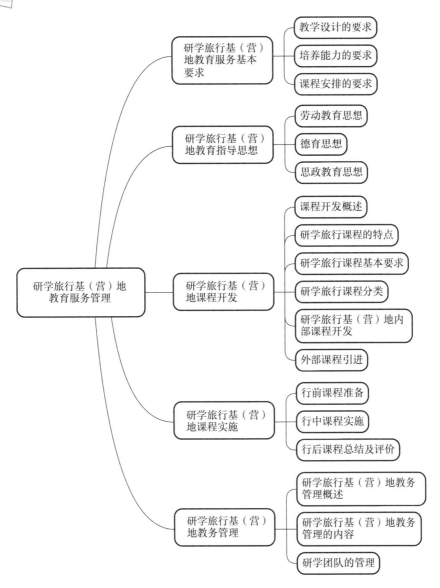

第一节 研学旅行基(营)地教育服务基本要求

教育服务也称教育辅助服务,是指针对教育活动所提供的包含课程开发、师资培训、教材供应、教具供应、场地供应甚至招生服务等的支持性工作。研学旅行基(营)地教育服务是基(营)地在研学旅行活动中,根据自身资源特性,在不同区域,结合学生学段特点,设计、开发不同主题的整体课程体系,提供满足不同学段学生研学旅行教育需求的各种服务。《研学旅行基地(营地)设施与服务规范》(T/CATS 002—2019)对研学旅行基(营)地教育服务中的教学设计、培养能力、课程安排提出了明确的要求。

一、教学设计的要求

研学旅行基(营)地应设计与学校教育内容相衔接的课程,学习目标明确,主题特色鲜明,富有教育功能。同时,每个研学旅行团体在基(营)地内的体验教育课程项目和活动时间应不少于60分钟。

研学旅行基(营)地教育课程体系应从学生的真实生活和发展需要出发,从生活情境中发现问题,转化为活动主题,通过探究、服务、制作、体验等方式,设计培养学生综合素质的跨学科实践性课程。

二、培养能力的要求

(1)以培养学生体能和生存适应能力为主要目的,如徒步、露营、拓展、生存与自救训练等。

(2)以培养学生自理能力和动手实践能力为主要目的,如综合实践、生活体验训练、内务整理、手工制作等项目。

(3)以弘扬传统民俗、历史文化或红色爱国主义教育为主要目的,如各类参观、游览、讲座、诵读、阅读等。

(4)以培养学生的情感能力和纪律约束能力为主要目的,如思想品德养成教育活动以及团队游戏、情感互动、才艺展示等。

(5)以培养学生观察能力、提高科学素养为主要目的,如游览自然生态景观、实验室、博物馆、科研机构等。

三、课程安排的要求

(1)根据教育部门的教育教学计划、目标学生学龄段以及地域特色,科学设计、灵活安排研学课程及相关活动的时间和内容。

(2)应基于基(营)地实际,于研学旅行开展前指导学生做好准备工作并提前告知家长此次研学课程的具体内容。

(3)每个研学旅行团体在基(营)地内的体验教育课程项目的时间,小学阶段宜不少于60分钟,初中阶段宜不少于90分钟,高中阶段宜不少于120分钟。

(4)研学旅行过程中组织学生参与教育课程项目,指导学生撰写研学日记或调查报告。

(5) 研学旅行结束后应组织学生分享心得体会,如组织征文展示、分享交流会等。

(6) 在实施过程中,随着活动的不断展开,基(营)地研学旅行导师有能力或可以配合随团教师指导学生,使学生可根据实际需要,对活动的目标与内容、组织与方法、过程与步骤等做出动态调整,使活动不断深化。

(7) 课程设计及实施应有利于教育机构采用质性评价方式,即有利于教育机构将学生在综合实践活动中的各种表现和活动成果作为分析考察课程实施状况与学生发展状况的重要依据,有利于对学生的活动过程和结果进行综合评价,避免将评价简化为分数或等级。

第二节　研学旅行基(营)地教育指导思想

研学旅行是"行走的课堂",是以教育为目的的旅行。研学旅行是学校教育和校外教育相互衔接的重要形式,强调学以致用和实践出真知的教育理念。研学旅行为一种校外教育的新形式,我们既可以将其作为学生综合实践课程来看待,也可以上升到整个教育理念的高度去认识。

一、劳动教育思想

劳动教育具有"树德、增智、强体、育美的综合育人价值",新时代劳动教育立足于人的整体性,融合多学科知识,对人、社会和自然进行整合,将理论知识有机融入现实社会,为学生健全人格发挥重要作用;新时代劳动教育强调教育与劳动相结合,实现知行合一,获得身心全面发展;新时代劳动教育兼顾传统劳动和新型劳动,随着时代的发展,劳动的构成更加复杂多元,现代化、信息化、智能化的劳动内容不断增加。

《关于全面加强新时代大中小学劳动教育的意见》强调要以日常生活劳动、生产劳动和服务性劳动为主,特别强调要"结合产业新业态、劳动新形态,注重选择新型服务性劳动的内容";新时代劳动教育关注劳动素养的培养,着眼于学生的终身幸福和全面发展,以培养学生劳动素养为核心,对"劳动精神面貌、劳动价值取向和劳动技能水平"进行全面建构。因此,新时代劳动教育需要强化家庭、学校、社会综合实施,校内外教育相结合,走一条创新之路。图5-1所示为南宁市明天学校田园劳动教育。

图 5-1　南宁市明天学校田园劳动教育（杜远鹏团队拍摄）

研学旅行中要注重实施劳动教育的路径选择。一旦走出教室，学生在研学旅行中面临的就是劳动的场景，有劳动的成果，有劳动的现场，有劳动的过程，有各行各业的劳动者，学生本身也在进行体力、智力劳动，没有劳动就没有生活。因此，要发挥研学旅行这一学习方式的比较优势，对学生的劳动素养进行潜移默化的熏陶和培育。

二、德育思想

道德是社会生活中共同价值取向的真实反映，关系到社会生活的方方面面，在社会中营造良好的道德风气，有助于良好环境的打造。国家倡导的"五育并举"将德育放在了首位，可见德育在学生的成长和发展中有着重要地位。研学旅行基（营）地教育具有教育生活的体验性，是教育和生活实际沟通的桥梁，通过旅行拓展学生的知识视野，丰富学生的人生体验，让学生在直面现实社会生活、感悟自然万物的过程中受到德育与熏陶。同时，研学旅行基（营）地教育具有全面性和民族文化性，在课程设置方面，它是集教育性、体验性、群体性、生成性于一体的多样化的课程。在德育目标上，研学旅行基（营）地教育希望能提供满足不同学段学生研学旅行教育需求的课程，让学生走出学校，去感受美好的自然世界和文化生活，欣赏祖国的大好河山，体验中华民族的传统美德和伟大成就，学习革命先烈不畏牺牲、保家卫国的英勇精神。

研学旅行基（营）地德育是对传统课堂德育教学的超越，在研学旅行基（营）地环境下，结合域情、校情、生情，从自然和文化遗产资源、红色教育资源和综合实践基地，以及博物馆、科技馆、知名院校、工矿企业、科研机构中挖掘和整合可利用的课程内容，为学生营造良好的道德环境，引导学生积极主动地感受独特的环境文化，帮助他们从中获得真实的道德体验，从而培养他们的道德认知和道德情感。

三、思政教育思想

思政教育是落实立德树人根本任务的关键教育。习近平总书记在中国人民大学考察时指出,青少年思想政治教育是一个接续的过程,要针对青少年成长的不同阶段,有针对性地开展思想政治教育。社会大课堂与"大思政课"具有很高的关联性,习近平总书记还曾强调要"把思政小课堂同社会大课堂结合起来,教育引导学生立鸿鹄志,做奋斗者"。在研学旅行基(营)地建设中,要善用社会大课堂,讲好"大思政课",坚持立德树人、为党育才、为国育人的根本任务以及"精耕本地、面向全国"的定位,根据学生年龄及特点,设置高质量课程体系,着力打造"大思政课"实践教学的优质服务平台。

2022年8月,根据教育部办公厅等8部门联合发布的《关于公布"大思政课"实践教学基地名单的通知》,浙江省浦江县"江南第一家"青少年教育体验基地、湖北省红安青少年研学实践教育营地等大批研学旅行基(营)地单位入选。这进一步推进了基(营)地健康发展,有利于打造服务"大思政课"实践教学的优质服务平台,增强思政课的思想性、理论性和亲和力、针对性,引导广大学生在实践中感悟党的创新理论的思想魅力和实践伟力,增进学生对习近平新时代中国特色社会主义思想的政治认同、思想认同、理论认同、情感认同,争做堪当民族复兴重任的时代新人。

知识链接

"行走的思政课"让思政教育"活"起来

第三节 研学旅行基(营)地课程开发

研学旅行是一门行走中的课程,其本质是实践活动课程,有明确的课程目标、系统的教学内容、规范的实施过程和科学的评价体系。在国家的宏观纲要指导下,研学课程主要由各地方及学校根据自己现有的基础条件以及学生的现实水平进行适当的开发。

一、课程开发概述

研学旅行被称为"行走的课堂",是一种让学生在教室以外的环境中,通过亲身实践的方式收获知识、在休闲中学习的课程。课程开发是研学旅行的核心,也是实施研学旅行活动的前提。要开展高质量的研学旅行实践活动,提供高质量的研学课程服务,必须重视研学旅行基(营)地课程的开发。

研学旅行基(营)地课程开发包括课程目标、课程内容、课程实施和课程评价四个环节的内容。研学旅行基(营)地作为课程开发的主体,需要依托自身资源,利用自身基(营)地条件,发挥自身研学资源特色,开发出高质量的研学课程。

研学旅行基(营)地课程开发一般有两个方向:一个是基(营)地依托自身资源特色

开发能满足目标市场需求的研学课程；另一个是基（营）地根据学校需求和可利用的研学资源，开发设计具有学校特色的研学课程。以学校为主体组织开发研学课程主要有构建研学课程体系、明确课程目标、调研踩线、课程设计、课程审定等流程。

二、研学旅行课程的特点

研学旅行课程是综合实践活动课程的重要部分，应在《中小学综合实践活动课程指导纲要》指导和要求下进行科学的课程设计，使研学旅行产生良好的育人效果。研学旅行课程开发要按照实践育人的教育规律，通过体验、体悟、体认、践行的教育过程，在研学旅行活动中培养学生的关键能力和必备品格，真正落实立德树人根本任务。为了完成研学旅行的目标而专门开发的研学旅行课程往往具有以下特点。

（一）教育性与计划性

研学旅行是研究性学习和旅行体验相结合的校外教育活动，被纳入教育部门和学校教育教学计划。研学旅行活动中，研学是目的，旅行是手段，通过旅行中开展的各种教育活动和学生的亲身体验来实现综合育人的目的。毫无疑问，教育性原则是研学旅行的第一原则。课程目标的制定要与学校的综合实践活动课程统筹考虑。活动中的知识性目标、能力性目标、情感、态度、价值观领域的目标和核心素养目标等，都是要落实的核心要点。

研学旅行课程的计划性是指研学旅行是一种有计划、有组织的教育活动，是学校教育的重要组成部分。研学旅行基（营）地要有计划、有组织地构建研学课程体系，开发与设计课程。同时，课程开发与设计也要有目的地根据研学旅行基（营）地的特点以及基（营）地的规划有计划地推进。

（二）实践性与体验性

研学旅行是学校理论教育与校外实践教育相结合的教育教学方式，面对自然界与社会的真实情境，让学生在"做""考察""探究""旅行""反思""体验"等一系列实践活动中发现和解决现实问题、体验和感受真实生活。研学旅行课程的设计要因地制宜，呈现地域特色，引导学生走出校园，让其在与日常生活不同的环境中开阔视野、丰富知识、了解社会、亲近自然和参与体验。

同时，研学旅行是一种旅行体验活动，也就是说，研学旅行是一种通过体验来达成教育目标的育人方式，没有旅行体验就不能称之为研学旅行。研学旅行课程的体验性特点需要研学旅行基（营）地做到"研旅结合"，从体验学习理论的视角，对研学旅行课程的设计做出相应的改进；同时，要尊重学生的主体地位，以人为本，以学生活动为主，突出体验性，培养学生的创新精神和实践能力，变知识性的课堂教学为实践性的体验教学。

（三）真实性与开放性

研学旅行课程的最大特点是其学习情境的真实性，即它是在真实的自然情境中施行的课程，注重在生活中教育、在自然中教育、在社会中教育，主张教育教学要紧扣学生的日常生活。教育内容要将学科课程内容与课外真实情境相连接，在具体的课程实施中，学生个体的主体性更受关注，其作为人的自我实现价值日益突显；课程丰富了学生的主观精神世界，增加了其所必需的生活经验。最终，研学旅行课程真实的学习情境与学生个体性的发挥使得学生越来越趋向于"完满的人"，即让学生个性得到极大的发挥。

同时，研学旅行课程打破了学校课堂由教师讲授的单调的课程格局。研学的情境是开放的，现实问题没有唯一的答案，有利于发散思维。研学活动是开放的，学生面向真实的世界，与开放的社会互动。在研学旅行的过程中，研学旅行基（营）地要努力为学生创设一个真实、生动、有趣的学习情境，让学生凭着兴趣爱好，在自然状态下有所触发、有所获得、有所启迪。

（四）社会性与整合性

研学旅行课程的社会性是由研学旅行本身的社会性决定的。研学旅行是一种社会教育活动，这与平时在家庭中的教育活动、教室中的教育活动、校园内的教育活动是不一样的，学生必须到广阔的自然和社会环境中去体验、去活动、去研究、去感悟。教育家陶行知提出"生活即教育，社会即学校"的主张，其深层意蕴在于让大自然和社会都成为课堂，使学校与自然和社会环境血脉相通，实现学校教育与校外教育有机结合。研学旅行让学生走出校园，走到鲜活的社会生活中去，接触并学习课堂中无法学到的知识，通过自我管理、自我规划、自我约束等，拓展视野、增进学识、锤炼意志。

研学旅行课程是跨学科的综合教育教学课程，尤其跨自然科学与社会科学两大学科领域。研学旅行是综合实践育人的有效途径，课程设计要以统筹协调、整合资源为突破口。研学旅行基（营）地功能的拓展、研学旅行线路的设计、课程资源的开发，都需要进行创造性的整合。从课程资源的整合看，既包括校内外教育资源的整合、跨界整合，也包括多学科整合、跨学科整合。因此，研学旅行基（营）地要整合教育教学内容和方式，鼓励学生综合运用各学科知识和方法去思考、认知、解决综合性问题。

（五）生活性与趣味性

研学旅行课程的生活性是指学生在研学旅行过程中要集体住宿、集体活动、集体交往等，这是非常重要的课程资源。研学旅行是一种体验教育方式、社会教育方式，更是一种生活教育方式。研学旅行基（营）地需要以生活实际为观察视角，通过团队合作，加强教育的生活性，提高学生的生活自理能力，把学生从简单熟悉的生活层面引领到更加广阔的社会生活舞台。

研学旅行课程的趣味性是指学生离开常住地参加研学旅行活动,旅行经历、异地景观和研学实践容易引发学生的探究兴趣。研学旅行课程开发中,基(营)地应通过课程化和趣味引导,生产更多满足学校和家庭需求的研学产品,提高学生的生活品位、审美情趣和创新意识。

(六)公益性与普惠性

2016年11月,教育部等11部门印发的《关于推进中小学生研学旅行的意见》明确要求,研学旅行要秉持公益性原则,不得开展以营利为目的的经营性创收,对贫困家庭学生要减免费用。可见,研学旅行课程秉持一定的公益性,是教育所需要,也是政策所要求。

同时,该意见指出,各地可采取多种形式、多种渠道筹措中小学生研学旅行经费,探索建立多元化经费筹措机制。交通部门对中小学生研学旅行公路和水路出行严格执行儿童票价优惠政策,铁路部门可根据研学旅行需求,在能力许可范围内积极安排好运力;文化、旅游等部门要对中小学生研学旅行实施减免场馆、景区、景点门票政策,提供优质旅游服务;保险监督管理机构会同教育行政部门推动将研学旅行纳入校方责任险范围,鼓励保险企业开发有针对性的产品,对投保费用实施优惠措施。鼓励通过社会捐赠、公益性活动等形式支持开展研学旅行。可见,研学旅行课程秉持一定的普惠性。

三、研学旅行课程基本要求

(一)以提高学生核心素养为目标

2016年9月,《中国学生发展核心素养》研究成果发布,该成果明确指出了学生应具备的适合终身发展和社会发展需要的必备品格和关键能力,分为文化基础、自主发展和社会参与三个方面。其中,文化基础强调能习得人文、科学等各领域的知识和技能;自主发展强调能有效管理自己的学习和生活,认识和发现自我价值;社会参与重在强调处理好自我与社会的关系,成为有理想、有担当的人。核心素养的提出使得深化教育领域综合改革迫在眉睫,由于中小学课程目标衔接不够,创新和实践涉猎较少,学生在文化基础方面发展较好,但在自主发展和社会参与方面较为薄弱。培养学生的核心素养,尤其是培养学生的自主发展与社会参与就显得特别重要。因此,能使学生获得直接经验、提升生存技能、发展实践能力和创造能力的研学旅行成为培养学生核心素养的关键课程。

核心素养中的文化基础包含了人文底蕴和科学精神,具体包括人文积淀、人文情怀、审美情趣和理性思维、批判质疑、勇于探究等基本要点。学生从书本上可以学到人文和科学知识,但缺乏直观体验。研学旅行基(营)地的课程强调让中小学生在研学旅行中感受祖国大好河山,感受中华传统美德,在真实情境中体验,充实书本中未尽的文化知识;在探究历史古迹中了解历史;在寻访名人足迹中积淀人文情怀;在游历大好河山中发现美;在体验乡土人情时理解风俗差异等。通过体验真实情境和梳理现实问题,学生能更好地将书本知识与现实应用相结合,更好地形成文化基础核心素养。图5-2所示为南宁市某小学龙狮研学活动。

图 5-2　南宁市某小学龙狮研学活动(杜远鹏团队拍摄)

核心素养中的自主发展包含了学会学习和健康生活,重在强调能有效管理自己的学习和生活。顾明远表示,基于核心素养的课程改革要培养学生终身学习的能力。而研学旅行是一门集自主性、实践性、开放性、生成性于一体的课程,中小学生可以通过旅行中的研究性学习训练终身学习的技能,通过研究性学习,掌握提出问题、分析问题、解决问题的技能,即如何找出关键问题进行研究,怎样运用质性资料或量化数据来分析问题,怎么设计实验来探究解决问题的途径,等等。通过一系列技能训练,学生不仅掌握了当下情境中的知识,更学会了学习探究的技能,这些技能运用于学习和生活,能更好地促进学生形成自主发展核心素养。

核心素养中的社会参与包含了责任担当和实践创新,具体包括社会责任、国家认同、国际理解和劳动意识、问题解决、技术应用等基本要点,重在强调能处理好自我与社会的关系。研学旅行课程注重集体性,在集体活动中让学生获得与同伴真实相处的机会,过一种真实的集体生活,让学生的全身心都活动起来参与研学课程,学会生存生活,学会做人做事。中小学生可以通过研学旅行的集体课程锻炼社会参与能力,即从分工合作中体验责任划分,从集体交往中体验人际理解,在集体生活中树立劳动意识,在陌生环境中培养解决问题的能力,在现实情境中实现技术应用。研学旅行中学生离开熟悉的环境,以解决问题为目标,同伴互助同行,集中食宿,分工合作,为社会参与这一核心素养的形成创造了必要条件。

因此,研学旅行基(营)地在落实这一教育活动的过程中要注意资源选择突显本土性,活动设计突出系统性,课程实施体现学生主体性,课程内容和形式力求多样性,保证研学旅行课程的有效落实,切实提高学生的核心素养。

(二)以综合课程开发为手段

最初的研学旅行是一种校外活动的拼合,呈现碎片化、随意性大的特点,往往只是学生跟着教师和导游到某个地方玩了一圈,缺少"研"和"学"的意味。例如,学校的春游秋游活动或者有的学校一到六年级的学生都去同一个地方游学,整个过程缺乏教育性的规划,对活动的安排缺少科学性,学生游学过程中也缺乏指导,导致"低年级的学生看不懂,高年级的学生不想看"的尴尬局面。这种不规范、不成系统的现象直接影响了研学旅行的教育效果。

现在从课程整合的视角把研学旅行活动课程化、系统化,将研学旅行作为一个生活化的主题活动课程,根据学生的年龄特点和认知特点优选相适应的课程内容,并与学科学习整合,与校内班级、学校层面活动整合,从而实现研学旅行课程主题、学习方式、知识内容、参与主体的整体设计。

在研学旅行课程开发过程中,把课堂学习带到游学过程中,实现课堂与课外的互通;把游学过程中遇到的困难、发现的问题与学科教学内容联系起来,开发为教学资源;将课堂上倡导的自主、合作、探究的学习方式延展到生活空间中,并在游学过程中促进学科技能的真正形成;利用学校内的课程活动整合研学旅行的主题活动,按照研学旅行前、研学旅行中、研学旅行后三个阶段开发若干微型课程,探索研学主题活动与校内不同课程活动的合理整合。研学旅行课程的设计力求把多种学习方式、多个学习主题、不同学习内容、多门学科、多类参与主体等进行整合,做到游与学的完美结合。

(三)以课程安全实施为前提

由于研学旅行的课堂多是在路上,开放性非常强,安全性也是研学旅行课程开发的一个重要原则。以学生集体旅行、集中食宿方式开展的研学旅行,需要对研学线路、课程设计、组织方案、实施过程、实施效果等进行事前、事中、事后评估,切实做到活动有方案,行动有备案,应急有预案,确保活动过程中每个环节的安全。为此,研学旅行基(营)地和学校务必做好行前安全教育工作,将安全保障贯穿整个课程,为保障课程的顺利实施和学生安全,要编制安全手册,进行安全培训,对研学线路中可能发生的安全隐患、天气与交通、食品卫生、疾病预防、保险保障等都要做好详细说明。同时,教育、旅游、交通、公安、食品药品监管等职能部门也要做好相应的监督管理工作。特别建议在活动中配备经过科学专业训练的安全指导人员。

四、研学旅行课程分类

余发碧等(2021)认为研学旅行课程分类及设计必须基于核心素养的视角,要以"全面发展的人"为核心,从文化基础、自主发展、社会参与三个方面着手,这三个方面分别对应了人与工具、人与自己、人与社会的三种关系,这三种关系涵盖了个体发展最基本、最核心的内容,也是研学旅行课程设计和实施过程中的目标指引。假设核心素养三个方面共同构成了一个呈等边三角形的理想课程图,我们根据课程侧重点不同,可将研学旅行课程分为点状型课程、线段型课程、三角区域型课程三类(见图5-3)。

图5-3 研学旅行课程类型

点状型课程,即侧重关注文化基础、自主发展、社会参与三个方面中的一个。根据侧重点不同,研学旅行课程可分为文化基础类课程、自主发展类课程、社会参与类课程。

线段型课程,即在研学旅行课程设计和实施中侧重核心素养三个方面中的两个,因此可将研学旅行课程分为文化-自主类课程、文化-社会类课程、自主-社会类课程。

三角区域型课程,即同时关注核心素养的三个方面,从而在核心素养培育上形成一个有封闭区域的三角形。

研学旅行课程内容按照现在流行的标准,可以划分为地理、自然、历史、科技、人文、体验这六个大类并具有相应的内容标准和活动建议,但在实际的设计安排中,课程与科目是存在交叉的,研学旅行课程更需要综合教学。因此,本书将研学旅行课程划分为自然科学和人文社科两大类:在自然科学大类下分为自然探索课程、科学普及课程、实践探究课程;在人文社科大类下分为历史教育课程、人文研究课程、社会调查课程。

(一)自然科学类课程

自然探索课程,一是指与自然环境相关的课程,二是指与自然科学相关的课程。各种生产工艺和科学实验的实际操作,都属于自然教育的内容,设计课程时,要宜农则农、宜工则工,达到劳动实践教育及提高考分的双重目的。陈鹤琴先生指出:"大自然是我们最好的老师,大自然充满了活教材,大自然是我们的教科书。我们要张开眼睛去仔细看看,要伸出两手去缜密地研究。"随着现代社会的城市化倾向,儿童与自然的联系逐渐减少。但国内外大量研究表明,自然环境与儿童的健康成长密切相关,对儿童的各方面都起着促进作用:适宜的刺激(由自然资源提供)更能促进儿童生理的发展;多样化的情境更能激发儿童的探索欲望;开放的环境更能促进儿童的社会性发展;丰富的经历更能提高儿童的生命体验,激发起保护自然的欲望。幼儿园的自然环境是学前教育的一部分,也是重要的隐性教育资源,教师对环境的利用折射出学前教育的发展状态。而好奇与求知是儿童天性中自然存在的原始倾向与能力，基于自然教育理论，课程源于"自然"、归于"自然"是探索的核心。

科学普及课程主要在科技博物馆、军事博物馆、航天博物馆等体现科技装备以及科学技术应用的研学旅行基（营）地展开，以科技发展、科技研发、科学伦理等为展示对象，学生通过实际观摩和仿真体验来认知科学技术的发展过程，通过现场体验重大项目中科学技术的运用，激发对科研的兴趣并强化数学、物理、化学、生物、信息等学科的应用能力。

实践探究课程是自然科学类课程中的基础课程，贯穿研学旅行全过程。课程主要在综合实践活动基地、国防教育基地、田园综合体及企业生产基地展开，其内容不仅包括户外拓展训练，还包括劳动生产、志愿者服务、集体生活等，通过各项活动，提高青少年的身体和心理素质，加强团队协同，培育自我发展、集体荣誉、遵守纪律等意识和习惯。图5-4所示为南宁市某小学植物研学。

图5-4　南宁市某小学植物研学（杜远鹏团队拍摄）

（二）人文社科类课程

历史教育课程主要在历史博物馆、历史遗址、纪念场所等具有历史教育意义的场馆展开，以历史文物、虚拟影像、实景演出等为展示对象，内容包括历史遗迹背景认识，了解物质和非物质文化遗产特点，开展红色教育等，旨在通过"实景＋虚拟"的途径，加深学生对历史知识的认知，让学生感受历史，增长见识，树立文化自信，增强爱国主义精神。

人文研究课程主要在文化馆、艺术场馆、少数民族聚居地展开，以区域人文特征、人居生活环境、特色文化艺术等为展示对象，其内容包括文献解析、民俗节庆、文化创意、专题研讨等，通过文化艺术鉴赏和区域文化特色观察，开阔学生眼界，加深学生对社会的认知，培养学生的家国情怀和社会责任感等。

社会调查课程是人文社科类课程中的基础课程，以乡村、城镇、国家等为研究对象，通过观察、访谈、体验、问卷等途径获取社会研究的相关数据，加强学生对不同行政单元发展状况的认知,以及对我国基本国情的认识。小学阶段课程主推观察体验法,以获取直观感受为主;初中阶段课程以体验和访谈为主,加强对社会的认知;高中阶段课程开始教授社会学研究的基本方法,如问卷法、文献分析法、访谈法等,提高学生社会认知的同时加强学生对基础的研究方法的学习,培养其兴趣。图5-5为南宁市某小学研学活动。

图5-5 南宁市某小学研学活动(杜远鹏团队拍摄)

五、研学旅行基(营)地内部课程开发

研学旅行基(营)地内部课程开发指的是研学旅行基(营)地根据自身的资源特性、市场需求以及建设计划,自行组织开发的研学旅行课程体系。内部课程在有着研学旅行课程的基本特点的同时,还结合了基(营)地的特色,是经过基(营)地工作人员以及研学旅行导师精心设计而开发的,在课程实施过程中更能让参与的学生感受到基(营)地的特色与不同。研学旅行基(营)地内部课程的开发主要有以下几个步骤。

(一)课程资源分析

课程资源分析主要是指对研学旅行基(营)地能够进行课程开发的资源以及能作为教学内容的各式资源进行统计与分析。该步骤往往在基(营)地开发初期阶段展开,开发初期会对基(营)地内拥有的资源进行初步的调查与统计,以方便日后开展课程开发。

研学旅行是当前热门的学校综合实践活动课程之一,强调学生在情境中、体验下获得学习经验,具有个性化、开放化的特点。研学旅行课程与学校综合实践活动课程密不可分,前者被包含在后者的课程体系中。2016年教育部等11部门发布的《关于推进中小学生研学旅行的意见》,从制度层面正式将研学旅行纳入学校课程体系之中,并在研学旅行的意义、工作目标、基本原则、主要任务和组织保障上做出了简要规定和说明。在实践中,应按照课程建设的规律,构建成体系的学校研学旅行课程,精细化各个环节。其中,课程资源开发关系到研学旅行课程的价值实现,是各学校应该注重的方面。

2017年中共中央办公厅、国务院办公厅印发的《关于深化教育体制机制改革的意见》指出，要健全立德树人系统化落实机制，要充分肯定校外资源的育人功能。校外资源开发是研学旅行课程资源开发极为重要的内容之一，课程资源的优劣直接影响研学教育性的发挥，故对研学旅行课程资源的分析极其重要。

（二）课程需求分析

对研学旅行基（营）地而言，通过课程需求分析可以充分掌握学生的自然情况，了解学生、家长或学校研学旅行组织者为何开展研学旅行，以及需要培养学生的何种能力等，足够的信息能让教学更有针对性。对研学旅行导师而言，从课前做的需求分析中可以得到很多信息，如学生需要什么、对什么感兴趣、什么是他们最担心的事等。在需求分析中可以着重了解学生的实际情况，如年龄、受教育情况、学习动机及实际水平、学习目的、愿望、学习方法和偏好等。课程需求分析之所以重要，是因为它具有决策性、方向性、策略性的作用，其在课程开发过程中具有举足轻重的地位。

（三）课程目标设计

课程目标是指一门课程实施所应达到的学生素质发展的基本质量规格或标准，它既是课程设计和课程实施的出发点，也是归宿。不同于普通学科的理论知识或书本知识，旅行作为研学课程实施的特殊方式，决定了其课程目标及课程实施不同于普通学科。

《关于推进中小学生研学旅行的意见》指出，研学旅行要以立德树人、培养人才为根本目的；让广大中小学生在研学旅行中感受祖国大好河山，感受中华传统美德，感受革命光荣历史，感受改革开放伟大成就，增强对"四个自信"的理解和认同，同时学会动手动脑，学会生存生活，学会做人做事，促进身心健康、体魄强健、意志坚强，促进形成正确的世界观、人生观、价值观，培养他们成为德智体美全面发展的社会主义建设者和接班人。

根据教育部《中小学综合实践活动课程指导纲要》，综合实践活动课程的总目标是学生能从个体生活、社会生活及与大自然的接触中获得丰富的实践经验，形成并逐步提升对自然、社会和自我之内在联系的整体认识，具有价值体认、责任担当、问题解决、创意物化等方面的意识和能力。

从以上两个文件的相关表述可以得知，研学旅行课程的总目标包括以下几个方面的内涵。

（1）研学旅行课程的根本目标是立德树人、培养人才。

（2）研行旅行课程要提高学生的综合素质并培养学生的核心素养。

（3）研学旅行课程要培养学生对自我、他人、社会和自然的正确认知与态度，培养责任担当的意识。

（4）研学旅行课程要培养学生对国家的情感和对文化、历史与国家建设成就的认同，增强对"四个自信"的理解与认同。

（5）研学旅行课程要促进学生身心健康、体魄强健、意志坚强，形成健全的人格和坚强的品质。

（6）研学旅行课程要促进学生形成正确的世界观、人生观、价值观，培养他们成为德智体美全面发展的社会主义建设者和接班人。

（四）课程内容设计

明确了研学旅行课程的目标后，需要根据学生的具体情况来确定本次研学旅行具体的课程内容。课程内容要素包括课程主题、课程名称、课程简介、课程实施方案以及课程评价等。其中，课程主题与课程名称决定了本次研学旅行活动的培养方向。

以《中小学综合实践活动课程指导纲要》中各学段推荐主题为例，同样是考察探究活动类主题，针对1—2年级学段的学生，推荐主题有"我与蔬菜交朋友"等；针对3—6年级学段的学生，推荐主题有"生活垃圾的研究"等；针对7—9年级学段的学生，推荐主题有"秸秆和落叶的有效处理"等；针对10—12年级学段的学生，推荐主题有"清洁能源发展现状调查及推广"等。

此外，在课程内容设计时需要注意的原则有：

（1）研学旅行课程内容设计要立足教育，课程内容安排要遵循教育规律；

（2）研学旅行课程内容设计要突出实践性，课程活动安排要注重学生的综合实践；

（3）研学旅行课程内容设计要注重安全性，课程活动的开展必须以安全保障为前提。

（五）课程实施设计

研学旅行课程通常按照"三阶段"课程模型来实施。研学旅行课程的"三阶段"是指研学旅行的课前、课中和课后三个阶段。

1. 课前阶段

课前阶段是课程的准备阶段，主要内容有设计课程、准备研学旅行活动等。这一阶段的工作包括三大核心事件：一是课程目标的确定，确定课程目标是最基础、最重要的准备工作；二是组织架构的建立，组织架构除了基（营）地、教师、学生"三位一体"的关系网，最根本的是学生自我管理组织体系的建立；三是研学旅行手册的编制，一本好的手册是整个研学旅行活动的行动指南。

2. 课中阶段

课中阶段是课程的实施阶段，包括乘车管理、食宿管理、活动管理三项核心内容。乘车管理旨在规划往返及活动过程中的交通，确保乘车文明有序。食宿管理应有序化、自动化、科学化、效能化。活动管理是课程实施过程的管理，目前多以学校、年级、班级为单位进行统一管理,有较强的秩序性,但缺乏灵活性和个性化,建议为学生设计更多模块化、个性化、探究性、合作性的课程。

3. 课后阶段

课后阶段是课程的评价总结阶段,主要是对学习内容进行总结回顾,但易被忽略和轻视。这一阶段的工作主要分为以下三个方面:一是研学作业的完成,学生回到学校后,需要按要求对知识进行整理和回顾;二是研学成果的展示,展示可以以小组为单位,检验研学旅行目标是否实现,研学成果的展示还可以实现研学成果的物化和延续;三是研学成绩的认定,纳入学校课程体系的研学旅行课程应该有规范的成绩认定系统,以此推动学生有效参与。

(六)课程评价设计

美国学者格朗兰德认为,评价是指依据一定的标准,通过系统地收集信息,在对标与信息比较的基础上做出价值判断。在教育活动中,评价发挥着指挥棒和杠杆的作用,具体包括导向、鉴定、改进、反馈和激励以及展示功能。研学旅行课程的评价设计是一个体系构建的过程,在这个过程中,评价对象多元,每一个参与研学旅行的主体都是评价对象。评价内容主要包括对课程设计的评价、对课程实施的评价、对学习效果的评价以及对课程保障的评价。研学旅行课程评价的常用类型有形成性评价、自我评价与他人评价、质性评价与量化评价、绝对评价与相对评价。研学旅行课程评价主要有以下流程。

1. 统一数据结构

研学旅行课程评价的顺利实施,需要提前对参与对象进行编号、管理。前期做好数据的准备工作,规划好统一的数据结构,后期才能对评价数据进行有效的采集、处理和分析。

(1)服务机构(如旅行社、旅行公司等)集中备案。教育行政主管部门要对服务机构集中备案,并集中管理服务机构的信息。

(2)研学旅行基(营)地统一建档。教育行政主管部门要对研学旅行基(营)地统一建档,并统一管理研学旅行基(营)地的课程,规范课程实施的环节,促进课程评价的开展。

(3)研学旅行导师统一建档。各研学旅行基(营)地和服务机构要对研学旅行导师进行统一编号、管理,并组织其参与教学评价相关的培训。

(4)学生编号管理。研学旅行集中时间较短,参与学生众多,研学旅行导师很难在短时间内熟悉每一个学生,这给研学旅行课程评价的实施带来了很大的困难。为了课程评价的实施,可以为每个学生编号,并将号码牌佩戴在学生身上醒目的位置,研学旅行导师可以通过号码牌快速地对学生开展评价。

2. 明确评价目标

研学旅行课程评价体系庞杂,一次评价活动有时不能面面俱到。开展一项研学旅行课程评价,首先要明确评价的目标,然后才能正确选取评价的主体、对象,选择合适的评价方法。

3. 制定评价标准

评价标准是实施评价活动的"尺子",评价标准的制定是否科学,直接关系到评价结果是否有价值,以及评价目的是否能有效达成。评价标准要具有可操作性,使用的标准不能是没有意义的;评价标准要具有实效性,要能涵盖评价要点;评价标准要具有导向性和发展性,要以促进评价对象的健康、优质发展为目的。

4. 选择或编制评价工具

检查现有的评价工具,如果其能够满足评价目标要求,则可以直接采用;如果现有的评价工具不能满足评价目标要求,但修订后可以满足,则只需修订现有的评价工具即可;如果现有的评价工具修订后仍然不能满足评价目标要求,则需要编制新的评价工具。

5. 实施评价

评价实施是依据评价标准,借助评价工具采集评价信息的过程。若使用的是新编制的评价工具,则在评价实施时,需提前测试,检测评价工具是否有效。

6. 整理和公布评价结果

整理、统计评价数据,根据评价目标对数据进行深度挖掘,及时公布评价结果。

7. 充分应用评价结果

评价结果的应用是整个研学旅行课程评价的最后一个环节,也是非常重要的环节。前期所有的评价工作都是希望得到准确的评价结果,进而充分发挥评价工作的导向和激励作用。科学、适度地应用评价结果,能促使各方积极关注研学旅行工作,促进研学旅行课程实施与评价的进一步发展。若开展了研学旅行课程评价工作,但是没有对评价结果进行充分有效的应用,将不利于评价工作的长效发展。

（七）课程形成

在完成对课程资源、课程需求的分析,以及对课程目标、课程内容、课程实施和课程评价四要素的设计后,一整套完整的研学旅行课程便孕育而生。研学旅行课程应该是遵循学生自然成长需要而开展的校外教学活动,它基于学生天性和个性发展特点,在特殊的场地,通过构建丰富的课外教育资源平台,引导学生"做中学""学中做",增强学生自主学习、合作交往、发现问题和探究问题的能力,它强调实践育人、活动育人。这一课程的设置和有效实施,对于推进中小学校在新时代全面贯彻党的教育方针、落实立德树人根本任务、深化素质教育,具有重要的意义。同时,在课程形成后要注意课程的研究性学习以及体验性特征,确保研学旅行的质量,使其达到育人的效果,让学生玩得尽兴、学得开心。

（八）教学资源配置

教学资源是指那些可供教学活动利用的一切事物,包括物质的和精神的、校内的和校外的、有形的和无形的资源。对于研学旅行课程,教学资源主要指教学过程中的物化资源,即教材、教参、教学挂图、光盘等文献资料资源,标本、模型、构件、实验与生产实习设备等物质资源,互联网、视频设备及资料、语音室等现代媒体资源。基(营)地要根据研学旅行课程的教学需要合理配置教学资源,这不仅有助于提高教学效率,起到良好的教学效果,还可以兼顾同类课程的教学需要,共享教学资源,降低教学成本,提高教学效益。

但是,由于影响教学资源配置的因素十分复杂,并且课程设置具有发展性,应在充分分析研学旅行课程目标和内容的基础上,综合课程的教学需要,合理配置教学资源,尽可能延长教学资源的使用寿命。

六、外部课程引进

（一）外部课程引进的含义

研学旅行基(营)地为进一步加强研学旅行课程的科学性和教育性,弥补内部课程开发的不足,会根据实际情况从外部引进研学旅行课程。研学旅行外部课程引进可以从两个方面来理解:一是外部课程引进的必要性与重要性;二是外部课程引进与内部课程开发的区别。对于外部课程来说,其存在和发展的必要价值就是弥补内部课程开发的不足。研学旅行课程具有生活性及开放性,要求学生在校外综合实践活动中有意义地学习。不同于学科课程的专业性和系统性,研学旅行课程是以独特的散点方式呈现的,它比学校课程更具体、直观、生动,知识也更具有综合性及全面性。外部课程引进,有利于提升课程内容的丰富度,特别是特色外部课程的融入,对研学旅行基(营)地原有的课程来说是锦上添花的。

对于外部课程引进与内部课程开发的根本区别,编者认为,外部课程引进是结合内部课程资源本身而提出来的,为满足各主体需求,进一步做好研学旅行基(营)地课程工作,研学旅行基(营)地引进外部特色课程,打造和设计研学旅行课程产品,促进研学旅行课程的开发与设计。

（二）外部课程引进要求

1. 考虑与基(营)地的适配性与经济性

当前研学旅行市场上已经有了较多的完整的研学旅行课程,但大部分课程往往是针对某一研学旅行基(营)地的资源情况以及市场需要进行开发的,课程内容与教育资源有着极强的针对性。因此,在引进外部课程时要考虑到引进的课程是否适合自身基

(营)地开展,基(营)地是否具备开展外部课程所需要的课程资源或师资团队。在挑选课程时应该挑选与自身基(营)地兼容的课程,引进能作为自身课程体系的补充的外部课程。引进的同时还需要考虑经济属性,一些较为完整且成熟的课程体系由于有着较强的专业性及独特性,价格也比较高昂,在引进时可以根据自身预算,挑选一些单独的课程,或者协商挑选某一课程体系中适合自身开展的单一课程,以降低成本。

2. 注重研学旅行导师及工作人员的流程培训

引进外部课程以后,要及时开展培训工作,对基(营)地各部门以及负责具体课程流程实施的工作人员进行培训,要求其掌握外部课程开展所需要的知识技能,熟悉外部课程的流程、实施要点与难点等。基(营)地研学旅行导师还需要向外部导师及工作人员学习专业技能。外部课程的实施往往需要研学旅行导师掌握一些特殊的技能,如陶艺、野外生存技能、安全急救技能等,掌握这类技能需要较多的培训。同时,基(营)地研学旅行导师还肩负着基(营)地未来自行开发课程的工作,这就要求他们充分认识并理解掌握所引进的外部课程。因此,引进外部课程后,要重视对研学旅行导师与工作人员的培训工作。

3. 切勿生搬硬套

在实际情况中,许多基(营)地在引进课程时会陷入一个误区,就是将引进的课程与自身课程强行拼接、生搬硬套,既打乱了自身课程体系的连贯性与科学性,又未能发挥外部课程的补充作用。因此,在课程引进后,基(营)地还需要对引进的课程进行"本地化"的处理,将课程中的一些内容修改为有基(营)地自身资源特色或文化特色的内容,同时课程的顺序也可以根据自身的课程体系进行修改。例如,引进的课程分为知识讲授部分与实践部分,可以将两部分分开,分别融入自身课程的讲授与实践部分,不破坏自身课程的计划性。

第四节 研学旅行基(营)地课程实施

研学旅行课程具有鲜明的特性,在实施过程中与校内的知识性课程有很大的差异性。因此,在实施研学旅行课程时,我们必须把握其与普通课程的共性与不同点,遵从其内在的特殊规律性。

一、行前课程准备

(一)建立与多方的沟通渠道

研学旅行课程建设涉及学校、研学旅行基(营)地以及研学旅行服务机构三个主要方面。其中,学校是开展课程的主体,基(营)地是载体,研学服务机构是联系主体与载体之间的桥梁,学校与基(营)地是研学旅行不可或缺的两端。同时,研学旅行课程是多方共建的研究实践性课程,其建设、衔接、运用都面临多方考验。在学校的主导和市场的运作下,三者之间可以根据自身特色,形成合力。只要三者在研学旅行的产业链上分工合作,取长补短,就可以为学生提供更丰富、有趣和有价值的课程,提高研学旅行的教育效果。

（二）明确研学旅行课程目标

研学旅行课程的目标包括课程的总体目标和课程的具体目标。

2017年,教育部印发的《中小学综合实践活动课程指导纲要》(以下简称《纲要》)中说明了中小学生综合实践活动课程的性质,即综合实践活动是从学生的真实生活和发展需要出发,从生活情境中发现问题,转化为活动主题,通过探究、服务、制作、体验等方式,培养学生综合素质的跨学科实践性课程。它强调课程或活动设计要让学生从真实生活中,通过探究、服务体验等方式培养综合能力。《纲要》中设定了不同学段(小学、初中、高中)的课程目标,让学生能从个体生活、社会生活及与大自然的接触中获得丰富的实践经验,以多种形式,如参加团队活动、场馆体验、研学旅行、职业体验活动等,逐步提升学生对自然、社会和自我内在联系的整体认识,具有价值体现、责任担当、问题解决、创意物化等方面的意识和能力。因此,综合实践活动课程依赖研学旅行来实践,而研学旅行必须达成综合实践活动课程的目标。

对于课程的具体目标,各学段设置的课程目标不同。建议综合实践活动课程的教师以及研学旅行活动组织者结合不同学科的课程目标和不同学段的特点,共同设立研学旅行课程的目标。

（三）确定具体的课程内容

课程内容的基本取向主要包括学习者的经验、当代社会生活经验和学科知识三个方面。三种取向有各自的合理之处,也都存在难以克服的缺陷。课程内容的组织要体现基础性、先进性和整体性原则。教育部《基础教育课程改革纲要(试行)》指出课程要使学生"具有适应终身学习的基础知识、基本技能和方法",就是说要从终身学习的需要来选择知识,帮助学生便捷地吸收人类文化资源的精华,最大限度地开发其潜能,以形成适应社会和自身发展所具备的基础知识和基本技能。研学旅行课程内容的确定应该满足学生智力、社会能力、身体和道德最大程度的发展。

（四）编制研学旅行课程手册

研学手册是学生研学旅行课程学习内容的直观呈现,一本完善的研学手册既能为学生开展研究性学习提供方向性的指导,也能为学生提供研学必要的基础性资料,还可以检验学生的学习效果,以便更好地达到研学旅行的教育目标。

研学手册相当于学生在研学旅行中的教科书。研学手册的内容要体现实用性、综合性和实践性,不仅要包含课程目标、课程内容、课程评价等"研学"内容,还需考虑"旅行"实际需求,需要针对本次研学旅行活动,提供研学旅行与生活等方面的基本信息,可以说研学手册是一本集教科书、旅行指南、行为规范、教学实践指南、教学检验及教学评价为一体的综合性手册。因此,研学手册的设计要区别于传统的教学教材,但又不能脱离学校教育体系。其在内容设计上既要符合学生学段的差异,也要考虑学生的知识接受程度;在美术图文设计上也要体现学龄差异,如低年龄学段的研学手册可以设计得更可爱,充满童趣,高年龄学段的研学手册应该设计得简单大气。

(五)做好教学安排

教学安排是课程设置的整体规划,它不仅规定了不同类型课程相互衔接的方式,也规定了不同课程在管理和学习方式上的要求及所占比例,同时对学校的教学、生产劳动、课外活动等也做出了全面安排。对于研学旅行课程,在行前课程准备阶段做好教学安排具有重要作用。研学旅行教学安排主要有行前课程准备阶段、行中课程实施阶段、行后课程总结及评价阶段的工作安排。行前课程准备包括对学生物品、学生行为准则和安全操作准则、相关联系方式、课程知识导入等的准备;行中课程实施的安排包括对课程主题和目标、课程内容、课程任务等的准备;行后课程总结及评价的安排包括对教学成果展示、课程评价等的准备。

二、行中课程实施

(一)明确课程学习任务

研学旅行虽说是在"游中玩、玩中学",但是究其本质还是教育行为,必须遵从教育规律。学生是研学的主体,遵循"以学生为本"是有效实施研学旅行活动的关键。

在研学旅行活动中,想要明确课程的学习任务,就需要明确课程的目标、课程的内容以及课程的活动方式。明确课程的目标包括以下两个方面。一是明确个人研学目标。作为参与研学旅行的个体,每一位学生要明确个人在本次活动中要完成的活动内容和需要达到的目标,做到有的放矢,有目的地参与每项活动。这样学生才能以研学者的身份参与活动,才能高效地实现个人期望和价值认同。二是明确团队研学目标。团队研学目标是团队成员共同制定的奋斗目标。明确课程的内容包括明确课程的主题和探究的问题。明确课程的活动方式包括明确活动的线路和流程。

（二）严格执行课程教学计划

1. 严格按照教学流程实施

研学旅行课程是基（营）地可持续发展的根本，是基（营）地开展研学旅行活动的指导纲要。研学旅行导师在课程实施中，应严格执行教学计划和课程方案，不能随意变更教学内容和教学方案，尽可能地规避环境因素、场地因素、天气因素等外界因素对课程的不利影响。研学旅行导师虽然在教学过程中可以因材施教，采用多种形式开展教学，但必须遵从教学计划，按流程实施，确保活动的完整性和教育目标的达成。

2. 认真开展研学旅行课程评价

研学旅行课程评价是研学旅行活动的重要部分，它有利于激发学生研学的兴趣，促进活动的高效开展，以及提升学生的综合素养，因此研学旅行导师不能觉得课程评价可有可无而擅自将其取消，也不能应付了之。在课程尾声，研学旅行导师应采用多维度、多元化的评价手段开展学生的自评、互评和师评工作，对学生在活动过程中的态度、纪律、成果以及交流等情况进行综合性的量化或定性评价，并将结果纳入学生的综合素质评价。

（三）组织实施研学旅行课程

不同于学校内的教学课程，研学旅行课程是一种真实场景中的教学，即实景教学。在这样的教学环境下，知识的获得不是以阅读和老师讲授为主，而是以观察、体验等直接的方式为主。教学环境开放、多元，不同的教学环境决定了不同的教学方式和学习方式。研学旅行课程的组织实施应坚持以人为本的原则，开展自主、合作、探究式学习。研学旅行导师应成为组织者和引导者，促进学生综合素质的全面提高。

1. 创设情境，营造"问题"氛围，引导学生自主探究

"学起于思，思源于疑"，意思是让学生对所学内容充满疑惑，产生强烈的求知欲望。研学过程中，研学旅行导师可根据学生的认知特点和心理特征，有意识地创设情境，营造"问题"氛围，培养学生质疑能力，让学生由好奇引发需要，因需要而思考，使学生不断地发现问题，自觉地在学中问、在问中学。

2. 唤起原知，搭设平台，让学生学会合作交流

研学旅行导师要相信学生的能力，让学生自主地发现规律和结论，学会倾听、思考、讨论、实践和表达。小组合作前，研学旅行导师要为学生留出独立思考的时间；合作过程中，研学旅行导师要给足学生讨论交流的时间，让不同程度学生的智慧都得到尽情地发挥；合作完成后，研学旅行导师要引导学生发言、补充、更正甚至辩论，这时学生的思维火花最易闪现。

3. 加强指导，促进自主探究与合作交流的形成和完善

自主探究和合作交流不应是"放羊式"的盲目自动行为，而是要由研学旅行导师加强组织、引导和帮助，发挥研学旅行导师的促进作用。在研学过程中，研学旅行导师应

鼓励和引导学生提出问题、探究问题和解决问题，把质疑、释疑作为教学中的重要组成部分，通过对学生质疑问题的指导，让学生带着问题去科学探索。

（四）完成课程教学内容

完成课程教学内容包括两大方面：一是完成研学作业，二是做好研学交流分享。其中，研学作业主要指的是研学手册以及研学成果的物化。研学旅行重视过程，但也不能忽视结果。不少基（营）地在集体研究的基础上精心设计的研学手册值得借鉴，一本好的研学手册既是基（营）地简介，又是研学指导和安全活动指导用书，还是研学成果的汇报册。研学旅行导师要充分利用研学手册指导学生开展研学，按照手册中的问题导引进行实践探究，活动结束后完成手册中提示的问题，从而实现研学课程的完整性。当然，研学旅行活动的成果不仅呈现为研学手册的文字，还可以通过影像资料、劳动作品（如手工制品）等实物呈现。这些物化的研学成果带来的教育效果有时候会超越文字的效果，获得意想不到的收获。

做好研学交流分享主要指的是做好研学成果以及研学感悟的分享。在学生完成实践活动之后，研学旅行导师应指导学生以小组为单位归纳研学成果，做好成果的展示汇报。研学旅行导师要引导学生从本组的研学方法、研学过程和研学成果几方面综合汇报，而不仅仅是描述研学的结果。通过交流与分享，让所有学生能在他人的汇报展示中取长补短。同时，在分享研学成果时也要注重研学过程的感悟分享，通过心灵碰撞与情感的交融，促进研学旅行活动的教育效果得到升华。

三、行后课程总结及评价

（一）完善研学成果

1. 文本类成果要完成文本撰写

对高中生而言，课题研究报告是研学旅行的主要成果，是每个同学必须完成的任务。研究报告的撰写必须满足规范性、科学性、创新性、逻辑性的要求。初中学生可以将研究报告作为主要成果，但要求相应降低，也可以将研究成果总结作为主要成果。

小学生可以以作文为主要成果，也鼓励其撰写其他文本类成果，如随笔、散文、游记等，并在成果展示时设置相应的展示类别。

2. 影像类成果要完成后期的编辑加工

整理研学旅行过程中拍摄的照片、视频资料，选出有代表性的照片和视频并进行编辑加工，准备交流展示。此外，为了配合主要成果的汇报交流，还应做出与主要成果配套的PPT。

3.制作类成果要完成标签说明

对在研学旅行过程中制作的手工艺品、采集的标本、采购及收集的具有代表性的纪念品等进行筛选,选出有代表性的成果,做出文字说明,制成标签,准备展示交流。

(二)分享研学成果

1.研学成果的内容

研学成果是学生在大自然和社会生活中,通过参与与课堂学习内容相关联的多层次、多角度、多主题的研学旅行实践活动,将观察、考察、调查、参观、制作、实验等过程的所感、所思、所想、所做、所悟进行反思交流、梳理归纳、整合提炼而形成的研究集成,也是对研学旅行实践活动边学边研、研学结合的表达和反馈。它真实地记录了学生在行走山川、欣赏自然风光和人文风情过程中的思想认识及情感变化,直观地反映出学生在面对乱砍滥伐、水土流失等生态环境问题以及社会现实状况时所表现出的深刻反思和热爱自然、保护环境、美化家园的积极行动,生动地呈现了学生经历深入讨论、深度思考、深化研究和反复验证、模拟尝试、调整修改的研学过程,有助于进一步磨炼学生吃苦耐劳、坚持不懈的意志品质和勇于挑战、敢于担当的探索精神,提高其发现问题、分析问题、解决问题的能力。

2.研学成果的展现形式

研学成果形式多样、丰富多彩,不同类型的研学成果对学生能力和核心素养的提升各有侧重。

(1)生动形象的漫画、照片等作品,可培养学生通过文学、美学的视角欣赏自然与人文环境的能力,提升学生发现美、欣赏美、体验美、表达美、创造美的能力,形成健康的审美观。

(2)制作或设计的模型、仪器、图示、展板、墙报等原创作品,可引导学生观察生活、理解生活、表现生活,帮助学生发现生活中的人口、资源、环境问题,强化想象力、观察力、创造力和综合思维能力,树立正确的科学观。

(3)声情并茂的演讲、辩论、诗歌朗诵、现场汇报等方式,可以抒发学生亲近自然、感受生活和融入社会的情感,锻炼学生的语言表达和现场展示的能力。

(4)观点鲜明、条理清晰的研究论文、调查报告、实践日志等书面成果,让学生经历提出问题、拟定假设、收集资料、比较分析、验证假设、得出结论等模拟研究过程,增强学生的研究意识和研究兴趣,提高学生科学探究及展示成果的能力。

3.研学成果的交流分享

成果的交流与分享包括两种情况:一是课题研究成果的汇报交流,二是其他学习成果的汇报交流。初中生和小学生可以不进行课题研究成果汇报交流,只举办学习成果汇报交流。

(三)开展研学评价

教育评价是指在一定教育价值观的指导下,依据确立的教育目标,通过一定的技术和方法,对所实施的各种教育活动、教育过程和教育结果进行科学判定的过程。比如考试,便是教育教学评价的重要方式,也是传统评价中评价学生的常用手段,它不仅是对学生阶段学习的重要检测,也是对老师教学表现的重要评价。相应地,研学旅行课程的评价也应该是采用一定的方法,多角度、多维度、多元化地对研学旅行活动行前、行中及行后的全过程进行综合评价。

第五节 研学旅行基(营)地教务管理

研学旅行基(营)地的教务管理是指对研学旅行活动在教学、课程、师资、学生管理等方面的组织、计划、实施和监控的过程。教务管理是确保研学旅行活动顺利开展并实现教育目标的重要保障。高效的教务管理是实现基(营)地高质量发展的关键。

一、研学旅行基(营)地教务管理概述

(一)教务管理的概念

研学旅行基(营)地教务管理是基(营)地根据活动方委托的教学目的,周密地制订活动规划,通过一定的途径和方法,充分发挥基(营)地的课程资源、人才优势、社会统筹能力来实现育人目标的组织过程。基(营)地教务管理与学校教务管理一脉相承,二者有着紧密的联系和高度的相似性,但是也有着很大的差异。不同类型的基(营)地之间由于教学课程以及教育资源不同,教务管理也有差异。

(二)教务管理的特点

1.教学方法更注重学生的实践性和探索性

基(营)地的教学属于综合实践活动课程的范畴,综合实践活动课程是我国新课程方案中规定的九年义务教育阶段和普通高中阶段开设的一门必修课,是以培养学生的综合素养为导向,通过探究、服务、制作、体验等方式设计的教学活动,而非在学科知识的逻辑序列中构建和实施课程。综合实践活动改变了学校教学接受性的学习方式和获取知识的单一认知,是一种经验性课程和实践性课程。杜威指出,传统的学校是"静听的学校",应开展有利于儿童生活的各种类型的活动,引导他们"从做中学",让他们通过主动的活动与探索取得知识与经验。

2. 教学目的更注重学生的生活性和社会性

基（营）地的教学是让学生走进自己的生活世界和社会实际，接触自然环境，以获得关于自我、社会、自然的真实体验，从而让学生学会学习、学会生活，建立活动与生活的有机联系，培养学生的创新精神和社会实践能力，以更好地适应现实生活的需要。因此，研学旅行课程要以学生的日常学习生活、社会生活，以及与大自然的接触为依据来设计活动主题，比如开设公共安全教育课、生活生存技能课、科学知识普及课、劳动技术教育课等。

3. 教学过程更注重知识的分享和生成

合作意识与能力的培养在研究性学习和综合实践活动中表现得尤其突出。研究性学习立足于个性化基础之上，兼顾群体合作与交往。学生在学习过程中，既要主动地参与活动过程，独立思考问题，又要与同学们互帮互助、并肩前进，积极主动地处理好各种人际关系，主动与同伴交流沟通、分享活动成果。综合实践活动的价值在于学生在活动过程中不断地形成良好的行为意识、情感、态度和价值观，并不断地构筑自我的整个精神世界，发展实践能力。学生参与综合实践活动的过程，就是自我生成的过程。总之，基（营）地课程的教学是一个由经验操作到实践体验，再由实践体验到形成知识，最后由知识延伸到学会应用的过程。

4. 教务管理注重风险管理与安全管理

研学旅行是"行走的课堂"。学生走出学校，走向社会、走向自然，安全设施和安全防范与校内有很大差异，发生意外的可能性大大增加，所以要加强风险预见。学生进入研学旅行基（营）地是到了一个全新的场所，他们探知欲很强，而基（营）地管理人员对每一个学生的个性又不熟悉，若管理缺位，发生意外的可能性会大大增加。安全管理必须关注到每一个学生、每一个环节、每一个方位，学生起床、吃饭、活动、睡觉等每一个环节的交接都需要紧密对接。意外事故往往发生在管理的交接处，因此要做到24小时管理。若基（营）地管理人手不充裕，每个环节最好做到学生集体行动，这本身也是学生学会集体生活的一个方面。

（三）教务管理的依据

1. 教学活动中易出现多种问题

由于基（营）地管理者和服务机构的认知偏差，在研学旅行中，一直存在"只旅不学"的现象，整个过程都是"旅游观光"或者"休闲玩耍"的状态。研学旅行要做到"学"与"旅"的深度融合，若过度强调学习，学生便会背着包袱去研学；如果只强调旅行、旅游，便会失去课程的本质意义。

自主实践是研学旅行课程的基本特征，它强调学生的实际经历和动手实践。基（营）地教师在活动过程中起着指导、组织、协助、评价等作用。教师适当的讲解和指导是必要的，但绝不能以基（营）地教师的传授和讲解为主，而忽视学生自主性的发挥，应把大量的时间留给学生自主思考、自我发现、自主实践、自我反思，这样才符合研学旅行课程的性质。研学旅行课程的目标不是刻意要求学生获得某项研究性结果,而是在于为学生提供亲身体验的机会,使其经历"研究"的过程。如果过于强调活动结论的获得和书面结果的呈现,就会误导学生花费大量的时间和精力去整理文字资料,而忽视了思辨、畅想、感悟的探索过程。

还有的基(营)地在教学活动中出现以书本为中心的误区,具体是指实施教学时,把学生局限于一些所谓的"教材",按部就班地"教"。这样,学生的学习方式依然是接受性学习和简单的模仿性学习,必然缺乏研究性学习、社会参与性学习、体验性学习等学习活动方式。这与研学旅行课程的性质是相背离的,也难以发挥课程的价值。

2. 现代教学管理的要求

研学旅行基(营)地教务管理不仅是保障研学旅行活动顺利开展的关键,更是国家相关部门对研学旅行基(营)地建设及适应现代教学管理的要求。

2004年2月,中共中央、国务院印发了《关于进一步加强和改进未成年人思想道德建设的若干意见》,要求要把未成年人思想道德建设与教育实践相结合,广泛开展形式多样的社会实践活动。

2016年11月,教育部等11部门联合印发了《关于推进中小学生研学旅行的意见》,要求通过研学旅行来帮助中小学生了解国情、热爱祖国、开阔眼界、增长知识,着力提高他们的社会责任感、创新精神和实践能力。

2017年9月,教育部发布了《中小学综合实践活动课程指导纲要》,指出综合实践活动是从学生的真实生活和发展需要出发,从生活情境中发现问题,转化为活动主题,通过探究、服务、制作、体验等方式,培养学生综合素质的跨学科实践性课程。

2020年3月,中共中央、国务院印发《关于全面加强新时代大中小学劳动教育的意见》,明确指出要把劳动教育纳入人才培养全过程,在中小学校每年设立劳动周,以集体劳动为主,同时指出充分利用现有综合实践基地等,大力拓展实践场所。

从以上教育思想发展和国家对综合实践活动课程的要求可以看出,基(营)地活动具有高度的开放性、实践性、探究性、生活性、社会性和综合性。学生在基(营)地的一切活动都可以纳入课程范畴,这些活动都是育人载体,不是单纯的学生管理。基(营)地的教务管理要涵盖和延伸到基(营)地管理的方方面面。

(四)教务管理的理念

1. 充分利用资源优势,发挥资源的教育属性

近年来,不少旅游景区挂牌研学教育基(营)地,但旅游的色彩都还很浓,教育属性的展现有所不足。旅游接待是一个提供服务、满足客人需求的过程,而基(营)地教育是一个主动施教、传授知识和灌输思想的过程(虽然注重学生的体验、制作、服务、探究等过程,但是它是在围绕一个特定课程目标前提下,由指导老师指导开展的教育活动),这就要求基(营)地要做好从旅游行业到教育行业的角色转换,要把旅游资源转化为教育资源,要在旅游服务的基础上增加教育功能。比起导游,研学旅行导师更应该

发挥其导师的职责,掌握灵活的教学方法,提高掌控课堂局面的能力。基(营)地一定要加强研学旅行导师的配备和培养。

2. 理解综合实践活动内涵,树立学生一切活动皆课程的理念

研学旅行的各类课程都有其鲜明的活动主题。在基(营)地管理中,对于学生的衣食住行,往往只做了行为要求和规范,没有将其作为课程内容来实施。综合实践活动的概念指出,要从学生的真实生活和发展需要出发,从生活情境中发现问题;研学旅行也强调通过集体旅行、集中食宿方式开展;《研学旅行服务规范》要求,应至少为每个研学旅行团队配置一名安全员,安全员在研学旅行过程中随团开展安全教育和防控工作。这些都提出了让学生学会生活、学会集体生活、学会适应社会的要求,要把学生进入基(营)地的一切行为都纳入课程范围,包括衣食住行。安全员不再只是学生行为的强化者,而且是学生行为的教育者,是有"温度"的系统管理者,要把学生的安全管理当作一门课程来落实。

3. 做好全方位安全预案,筑牢安全底线

基(营)地的教学是开放的,活动组织过程比较复杂,安全风险无处不在。基(营)地一定要建立健全预防交通事故、食物中毒、火灾、踩踏、中暑(感冒)、地质灾害、蚊虫叮咬、摔伤等的安全预案;做好教学设施的定期和不定期检查、教学环境的事故隐患排查;做好教务工作者行为规范管理、学生生活指导等,活动组织过程一定要做到全方位紧密对接。建立完善的人、财、物、事管理制度和落实岗位责任制,增强基(营)地领导、研学旅行导师、安全员等各个岗位工作人员的高度责任感。

(五) 教务管理的目标

目标既是管理的起点,也是管理的归宿,还是行动的指南。目标能够激发教职工的积极性、自主性和创造性,推动他们为实现目标而努力;能够使基(营)地管理的各个层次和各个部门明确方向,统一认识,自觉调节部门内外关系,从而使整个基(营)地具有向心力、凝聚力、战斗力;也能够用来衡量工作的绩效。确定教务管理目标应注意以下两个方面。

1. 教务管理目标的要求

基(营)地是育人场所,首先要落实国家的教育方针,"坚持教育为社会主义现代化建设服务、为人民服务,把立德树人作为教育的根本任务,培养德智体美全面发展的社会主义建设者和接班人"。其次,基(营)地课程要与各学科、各学段教学大纲相一致,要结合学科、学段要求,准确挖掘课程资源,把握好学科知识点和学生的认知规律;活动要按照《中小学综合实践活动课程指导纲要》的要求开展,在把握课程目标的基础上,创新活动方式,优化活动途径,彰显活动效果。此外,基(营)地课程还要符合教育学、心理学规律,在确保学生身心健康的基础上,实现最佳育人效果。

2. 教务管理目标的实现方式

第一,建立高效率的基(营)地教务管理组织系统。从静态看,应该使组织机构健

全、职责明确、权责对称。基(营)地的各管理部门既要明确上下层次的关系,又要清楚平行部门之间的关系,还要理顺本部门的内部关系,从而做到在相互联系中分工合作、各司其职。从动态看,基(营)地各管理部门在活动过程中应该运转有序,不仅要能按照常规完成日常性管理工作,还要能根据变化创造性地解决各种管理问题。这就需要各管理部门在实践中要不断探索、勇于革新、善于总结,同时管理部门之间也要相互联系、密切配合,发挥最佳的整体效能。

第二,采取科学的管理方法和手段。根据基(营)地中人、财、物等要素的特点,采取切实可行的方法。对人而言,师资队伍是关系到基(营)地发展和育人水平的决定性因素。要贯彻以人为本的理念,要充分发挥他们的自主性和创造性,积极创造条件,让他们在工作中有愉悦感、幸福感与成就感。对财和物而言,要保证"好钢用到刀刃上",发挥最大效益。

二、研学旅行基(营)地教务管理的内容

（一）教务管理的构成

1. 管理者

研学旅行基(营)地领导班子是基(营)地管理的主体,在基(营)地管理中处于主导地位。对学生而言,基(营)地的教职员工也是管理者,教职员工既要接受领导班子的管理,又要积极参与管理。只有调动全体人员的主观能动性,才能发挥基(营)地育人的最大效能。

2. 管理对象

研学旅行基(营)地教务管理的对象主要是围绕基(营)地教学计划运转的教务工作者、参加活动的学校和学生,以及教学计划实施过程中的一系列事务。基(营)地教务管理比较复杂,虽然基(营)地的活动接待流程和课程体系是相对固定的,但学生活动时间和空间会受外界因素干扰而变化,有很多不确定性。因此,有效掌控整体局面并适时做出调整尤为重要。

教务工作者的管理主要是建立机制,最大限度地调动他们的积极性,让他们主动参与基(营)地管理并开展教务工作。

参加活动的学校和学生的管理主要包括:活动前期与学校、学生及家长的沟通,主要工作是确定好活动方案、做好行前准备、公示收费标准、建立信息沟通渠道等;学生到基(营)地后的教学活动管理、食宿管理;建立基(营)地与学校及家长的交流与反馈渠道等。

教学计划实施过程中的一系列事务,主要包括服务学生的衣食住行系统、教务系统、安全保障系统和医疗系统等的安排。所有的人、事、物、时间、空间、信息等是一个有机的整体,要以人为本、规范行事、高效用物、掌控时间、利用空间、畅通信息,做到相

对分块、相互呼应、紧密结合、统筹运作。

3. 管理手段

要做好基(营)地教务管理,管理者必须要有一定的管理方法。基(营)地教务管理手段主要包括建立组织机构和制定规章制度。

基(营)地组织机构是根据一定的组织原理和工作需要建立起来的。一般基(营)地的组织机构会设置主任办公室、活动部、联络部、课程资源开发部、后勤保障部、发展规划部等部门,在办公室主任的统一领导下,分工协作,完成基(营)地的各项事务。同时成立职代会和基(营)地委员会,共同对基(营)地的重大事务进行决策。

基(营)地规章制度是基(营)地日常工作的基本规范,一般应建立领导制度、活动规范、研学旅行导师和安全管理员工作规范和制度,以及学生食宿管理制度、财务(产)管理制度、后勤保障制度、安全预案等。基(营)地教务管理涉及教育和旅游两个行业,虽然很多工作还处于探索之中,但每个基(营)地都应该有自己的一套管理办法,否则,管理就会显得杂乱无章,无规可循。

(二)教务组织的管理

基(营)地的管理是一项复杂的社会活动,需要多个部门联动运作,这对基(营)地的教务管理提出了很高的要求。建立高效的教务指挥系统,充分发挥各职能部门的作用,是基(营)地教务管理的基础,也是实现基(营)地有效运转的根本保证。

1. 活动部的建设

活动部是落实基(营)地活动计划的核心部门,是基(营)地活动管理的枢纽和调度室。一定要确立活动部的核心地位,由基(营)地业务能力强的主要领导分管活动部或兼任活动部主任。

活动部需要明确职责。活动部主要负责学生活动课程的实施,具体包括建立基(营)地与学校和家长之间的信息沟通渠道,做好课程计划、班级建设、课程落实,做好服务接待安排,完成学生评价,并协调好与基(营)地内交通、课程资源、食宿等相关工作负责人的沟通。

精心挑选和培养活动部主任。活动部主任是基(营)地领导管理活动的主要助手,是基(营)地活动管理的首席执行者,也是活动管理的领导者。校外活动虽然是按一定的课程方案进行的,但受外界因素干扰较多,这就要求活动部主任不仅要业务水平高,还要有很强的工作协调能力、事情发展的预见能力和应对突发事件的应变能力;能够围绕完成活动课程目标来协调基(营)地的内外关系,并根据活动现状及时调整活动方案。因此,基(营)地一定要注意活动部主任的挑选和培养。

活动部人员配置要明确。活动部要工作岗位健全、职责明晰,要配备精兵强将,每个人都要能够担当起一方面的工作,保证活动的任何一个环节都不能脱节。活动部一般设主任、副主任,以及课程计划、督导、联络、器材保管、医务、文员等岗位,根据基(营)地规模,每个岗位人员数量不等。

2.成立相关部门

开展活动是基(营)地的中心工作。活动前期,基(营)地要与学校做好活动内容、活动时间、活动人数等具体情况的对接,设立联络协调部。围绕活动计划,基(营)地要做好课程资源的开发,设立课程资源开发部。围绕学生的食宿生活还要设立后勤管理部。每个基(营)地的情况不一样,要根据需要来设置不同的部门。

部门设置要围绕落实活动课程这个核心来确定,各部门都要以活动部为核心来开展工作。例如,课程资源开发部要跟踪课程实施情况,及时调整课程内容;后勤管理部要根据活动开展情况来调整食堂开餐时间、用餐结构;联络协调部要围绕活动开展情况与学校沟通相关事项等。这些都需要向活动部汇报,由活动部居中协调、决策。一定要发挥好活动部的核心中枢作用,必要时基(营)地负责人要亲自任第一指挥,才能形成全局一盘棋的局面。

三、研学团队的管理

(一)研学团队的概念、构成和管理内容

1.研学团队的概念

研学团队不是一群人简单地排列组合,而是按照一定研学目的、研学计划和研学要求组织起来的,以学生群体为主开展研学旅行的集体。它包括学校领队、带队老师、学生、项目组长、研学旅行导师、安全员、随队医生、司机等。在研学团队的管理中,"管"是手段,"理"是指厘清和理顺角色、定位、关系,只有"理清",才能"管顺"。

研学团队的主要对象是中小学生,基于学生的管理是一门科学,更是一门艺术,在研学旅行过程中我们要在尊重学生身心发展规律的基础上,采用灵活的方法和措施激发其内在潜能,使其形成强大的向心力、凝聚力和创造力,从而实现优质的研学效果。研学团队的管理是否真正有效,是研学的参与者、管理方法、管理情境几个关键因素共同作用的结果,缺一不可。

2.研学团队的构成

研学团队主要由参与研学旅行的学生、辅助研学活动开展的学校老师、指导研学旅行的研学旅行导师组成。研学旅行中,学生是主体,学校老师是辅助,研学旅行导师是主导,在本质上更多倾向于学生探究学习和自主学习。

具体来说,在研学团队的管理中,学生是主体,是核心,研学旅行的所有过程都要以学生发展为出发点,尊重学生的主体地位。研学过程通常以任务为导向,研学旅行导师起着启发学生、引领团队的主导管理作用,把握研学过程并连接研学课程点,以及通过组织、指导、启发等调动学生主观能动性,参与研学并实现研学教育目标。研学旅行导师与学生是管理与互动的关系。

但由于研学旅行时长的局限性,研学旅行导师无法在短时间内对所有学生进行深入的了解,必须依靠学校老师的辅助作用。行前阶段,研学旅行导师与学校老师充分

沟通，可以掌握关键信息，如学生的整体情况、有无需要重点关注的学生、原有的班级激励机制等，从而让研学旅行中的团队管理工作更有科学性和延续性。在行中阶段和行后阶段，研学旅行导师与学校老师充分沟通协作，提升学校老师的参与度和积极性，会让研学团队管理更高效。此外，研学旅行导师之间也要做好积极配合和及时补位工作。

3. 研学团队的管理内容

研学团队是一个集体，是学生研学旅行过程中学习、生活和成长的重要载体，建设及培养有良好精神风貌的研学团队，是研学旅行导师的核心任务，也是研学成果的重要保证。研学团队的管理内容一般包括组织建设、规则管理、活动管理、日常生活管理。

研学旅行虽然强调学生的主动性，但同时研学旅行导师仍需要依据研学任务组织学生有序地开展各项活动。一是研学旅行导师要"速融"，快速融入学生之中，并建立起团队的组织架构。例如，做好研学团队的"第一课"，利用行前课的时间，与学生用游戏的方式共同确定团队的名称、口号、队旗、队标等，同时指导学生划分小组，选定小组长，从而完成初步的团队组织建设。二是制定师生共同遵守的规则，有效的规则秩序才有益于研学团队的管理和互动。例如，统一行动的要求，包括乘车有序、遵守纪律、互帮互助、合理分工等；研学过程的要求，包括学会观察、边听边想、控制音量、发言有序等。三是在具体活动中，要根据实际情况进行管理。例如，在学生研学过程中调控活动节奏，创设问题情境，督促和激励学生并适时指导，以及发现和捕捉可能发生的困难、问题、学生的需求等。四是日常生活管理，这是研学过程中学生学习、生活、休息的基本要求，要注重细节的把握和应急事件的处理。

（二）研学团队的管理情境

随着研学活动的开展，研学旅行导师和学生从陌生到熟悉，研学课程由浅入深，研学团队也随之有着管理情境的变化。结合学生研学实际，一般来说，研学团队会经历以下四个时期。

1. 组建期

研学旅行导师刚接手一个研学团队时，就是团队刚刚组建的时期，这个时期的学生与导师之间还比较陌生，学生们一般会表现得比较矜持，因为他们还不了解研学旅行导师的情况，他们在观察，不会轻举妄动。这个时期的管理关键词是"指挥"，以研学旅行导师为主导的管理模式在这个阶段最有效率，这一阶段也是研学旅行导师树立自己威信的最佳时期。

2. 磨合期

相对于组建期，在磨合期学生对研学旅行导师及环境都逐渐熟悉，并且会达到学生新鲜感和关注度变化的时间临界点，学生可能产生疲惫和消极心理。这个时期的管理关键词是"教练"，之前定好的规则和奖惩机制就要开始发挥作用，研学旅行导师不断用丰富的活动、启发式的提问、填写研学手册、多元评价等方式激发学生的兴趣,调动和保持学生参与研学的热情,这也是研学旅行导师进一步和学生融合的时期。在这个时期,还要发挥好小组或小队的作用,之前选出来的"小干部"们就要各司其职,研学旅行导师扮演好"教练"的角色,教他们做好自主管理。

3. 规范期

在规范期,研学旅行进入深入研究和探索阶段,学生的收获和体验步入正轨,团队的共同研学目标清晰明确,并能形成团队合力,这个时期的管理关键词是"伙伴",研学旅行导师真正成为学生们研学路上的好朋友,一起发现问题,解决问题,收获成长。这个阶段的管理需要研学旅行导师放手,多观察,适时介入指导即可,研学旅行导师"导"的作用逐渐减弱,学生的主观能动性在这个阶段得到更充分的发挥。

4. 收获期

在收获期,研学旅行告一段落,学生们意犹未尽,学生与学生之间、学生与研学旅行导师之间彼此信任,团队会齐心协力去获得各类成就。研学也进入评价阶段,是前一时期深化后的成果。这个时期的管理关键词是"总结",研学旅行导师也应当把自己当作研学团队的普通一员,和学生一起沟通,梳理研学过程中的点滴经历,记录并感知成长的快乐。同时,研学旅行导师还应该从研学过程中反思和总结,不断积累经验。值得强调的是,这个阶段也是研学团队精神容易放松的时期,容易麻痹大意,研学旅行导师更应该在这个阶段强调安全意识和规则意识,保证研学过程的完满。

总之,研学团队的管理不是靠理论学习就能做好的工作,研学旅行是面对有思想、有情感的中小学生的教育活动,要根据具体情况采取相应对策,随机应变,常变常新,这是智慧,也是艺术。研学旅行导师在这个过程中要不断提升综合素养和能力,通过实践积累经验,在研学过程中与学生一起成长。

(三)研学团队的工作实施路径

1. 了解学生基本情况是必备"第一课"

团队组建之初,研学旅行导师和学生都有一个互相了解的过程,在这个过程中,研学旅行导师面对的是数量较多的学生,学生面对的就是一个导师,研学旅行导师必须抓紧一切契机观察和了解学生,知晓学生的基本情况。因此,行前的准备工作给研学旅行导师提供了了解学生的机会,同时与学校老师的沟通也很必要。第一次见面课可以有效拉近研学旅行导师与学生之间的距离。

2. 制定团队规则是有效管理的"刻度表"

了解学生的基本情况只是研学团队管理的开始,在这个过程中,研学旅行导师要基于对学生的了解,与学生共同制定符合学生实际的规则,从而让团队管理迅速条理化、精细化。如果学生建立不起规则意识,就很容易失控,因此规则意识的建立很重要。

3. 活动过程的评价是活动管理的"催化剂"

规则建立起来之后，就要在研学团队中推行配套的奖惩机制，这也是树立和提高研学旅行导师威信的有效途径之一。无论是小学生还是中学生，都处于未成年阶段，他们的自觉性和自控力都有限，他们即便主观上认同制定的规则，也可能无法约束自己绝对严格地遵守，因此需要通过奖惩来激发或约束他们的言行，增加他们的动力和压力。这个机制既可针对个人，也可针对小组，二者结合也是不错的选择。

4. 搭建沟通桥梁是日常生活管理的"黏合胶"

没有规矩不成方圆，但是规矩不是万能的，在研学过程中，除了学习还有生活，研学的课程不是单一的，场景也不是固定的，这个过程中的衣食住行就如我们的日常生活一样，是必不可少的环节，但研学的场景不是在学校或者家庭这样的密闭、熟悉的空间，学生要在陌生空间、陌生环境中与同学长时间相处。无论是小学生还是中学生，他们的自理能力和社会交往能力都在发展之中，要做好学生的日常生活管理，研学旅行导师就需要"爱心""关心""细心"，在这几个"心"的配合下，搭建好与学生沟通的桥梁。学生与研学旅行导师之间有了信任，就会将日常生活的习惯、研学中遇到的问题、与同学相处的问题向研学旅行导师及时反馈。在这个过程中，研学旅行导师要注重学生的身心健康管理，特别是安全意识、卫生意识的养成，在沟通桥梁搭建好的前提下，学生的日常生活管理就会事半功倍。

（四）研学团队管理要点

1. 不要盲目工作，放任自流

研学旅行本身就是研究性学习，不是单纯的玩，一定要有明确的目标和方向。研学旅行导师要根据不同的研学团队特点，特别是学生的身心发展特点来进行有效管理。在研学旅行开展前，研学旅行导师要做好充分的准备工作，要调整自身状态，审视自己的准备工作是否充分、完备、可行；在研学旅行开展过程中要不断审视自己的管理效果，及时根据实际情况调整管理方法；在研学旅行开展后期要做好管理总结，不断提升自己的管理水平和能力。

2. 不能模糊规则，简单粗暴

研学旅行导师在团队管理中既要"晓之以理"又要"约之以法"，这个"法"就是要及时建立研学团队的规则意识，可以尝试问自己以下几个问题：你会在你带的研学团队中展示和使用什么样的规则；如何制定这些规则；你让学生参与规则制定吗；你会怎样把规则交给学生；有违反规则的情况，你会怎么做。

3. 不要空口说教，有始无终

在研学过程中，研学旅行导师若不能根据学生年龄特点和心理特征，寓教育于丰富多彩的活动中，而只是言之无物，空口说教，这样的研学活动，学生不易理解，也不会有好的研学效果。研学团队的管理工作都是在具体的事情或活动中进行的，一件事、一项活动，如果研学旅行导师布置完不落实、不督促，甚至想草草完成任务，势必会影响整个研学效果。

本章小结

（1）研学旅行基（营）地教育服务是基（营）地在研学旅行活动中，根据自身资源特性，在不同区域，结合学生学段特点，设计、开发不同主题的整体课程体系，提供满足不同学段学生研学旅行教育需求的各种服务。

（2）研学旅行基（营）地教育包含了诸多的思想与要求，为基（营）地开展研学旅行活动提供了理论指导。

（3）研学旅行基（营）地课程开发包括课程目标、课程内容、课程实施和课程评价四个环节。研学旅行基（营）地作为课程开发的主体，需要依托自身资源，利用自身基（营）地条件，发挥自身研学资源特色，开发出高质量的研学课程。

（4）研学旅行基（营）地课程应从行前、行中、行后三个阶段来安排和实施。

（5）研学旅行基（营）地教务管理是基（营）地根据活动方委托的教学目的，周密地制订活动规划，通过一定的途径和方法，充分发挥基（营）地的课程资源、人才优势、社会统筹能力来实现育人目标的组织过程。

 本章训练

简答题

1. 如何理解研学旅行基（营）地在劳动教育思想、德育思想、思政教育思想三个方面所体现的价值取向？请举例说明。

2. 简要描述研学旅行课程的主要特点与基本要求。

在线答题

第六章
研学旅行基(营)地内部管理

本章概要　研学旅行基(营)地是中小学研学旅行活动开展的重要载体,是实现研学实践教育目标的重要依托,也是完成研学旅行活动的重要保障。本章主要讨论研学旅行基(营)地的内部管理,说明了基(营)地组织架构的组成,分析了基(营)地的日常维护与运营,阐释了基(营)地的人力资源管理。

学习目标

知识目标

1. 了解研学旅行基(营)地的组织架构。
2. 熟悉研学旅行基(营)地的日常维护与运营。
3. 掌握研学旅行基(营)地的人力资源管理。

能力目标

1. 掌握研学旅行基(营)地各部门的工作职责。
2. 能够清晰地梳理人力资源管理的内容,为落实人力资源管理做好各项准备。

素养目标

1. 充分认识到开展研学旅行基(营)地内部管理的必要性。
2. 对研学旅行基(营)地内部管理形成正确的认识,具备从事研学旅行基(营)地内部管理的基本素质。

思维导图

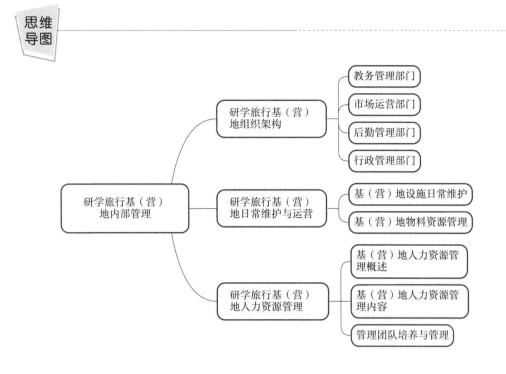

第一节　研学旅行基(营)地组织架构

完善的研学旅行基(营)地组织架构是研学旅行活动顺利开展的基础,基(营)地组织架构要构成合理,突出教育功能,确保研学旅行活动的顺利开展。

一、教务管理部门

教务管理部门是基(营)地管理教学工作的主要职能部门,在基(营)地内部管理中占有特别重要的地位。教务管理的基本任务:研究教学及其管理规律,改进教学管理工作,提高教学管理水平;建立稳定的教学秩序,保证教学工作正常运行,研究并组织实施教学改革;努力调动教师和学生教与学的积极性。教务管理的基本内容包括教学计划管理、教学运行管理、教学质量管理,以及专业、课程、教材、教室、学风、教学队伍、教学管理制度等教学基本建设的管理。

(一)教学计划管理

研学旅行基(营)地教务管理部门需要根据研学旅行的需求制订相应的教学计划并进行管理,根据有关政策、法规,结合基(营)地的实际情况,制定基(营)地教学规章制度和教学管理文件,并组织实施;负责全基(营)地教学计划编制的组织、管理工作及教学计划审定的组织工作,对各班级教学计划的执行负检查及指导责任;负责编制分学期的教学进程计划,对各教学环节提出总体协调意见,安排每学期课程及其他环节的教学任务、教室和其他教学场所。

(二)教学运行管理

研学旅行基(营)地教务管理部门还需要负责校历、课表等的编排和发布及运行中的调整控制,保证全基(营)地教学秩序的稳定;负责教学计划实施过程中师资的宏观调控与教学用房的运行调控;承担起全基(营)地的教学事务协调工作及教学中突发事件的处理或协调工作,保障基(营)地教学活动的顺利开展。

(三)教学质量管理

研学旅行基(营)地教务管理部门需要对全基(营)地教学质量负责,负责建立科学合理的教学评估、督导体系,形成分析、评价、反馈制度,营造良好的教学环境,达到最佳教学效果。在课程开发与课程实施结束后,要负责全基(营)地的教学教案检查、质量评价的方案制订及组织、教学工作指导和检查以及教学质量评估等工作。教务管理部门还要负责上级相关部门的教学检查、质量评估的组织工作,相关事务的对外联系,以及基(营)地内部的协调工作等;定期组织全基(营)地教学工作会议,总结、交流教学工作经验。

二、市场运营部门

研学旅行基(营)地的市场运营部门主要负责基(营)地市场营销、品牌推广以及面向市场对接等基本运营工作。研学旅行基(营)地市场运营部门的工作难点主要在于研学旅行市场的营销与推广,不仅要推广自身作为旅游目的地的观赏、休闲、娱乐内容,还需要推广有关基(营)地研学路线及研学课程的内容。

(一)市场运营部门的设立原则

研学旅行基(营)地市场运营部门的设计要符合市场环境的要求,遵循以下原则。

1.市场导向原则

研学旅行基(营)地市场运营部门的设计必须以满足市场的需求为出发点,确保基(营)地组织机构的整体运作围绕游客市场的需求来开展,实现"游客—基(营)地—游客"的不断循环上升的经营管理过程。

2.效率优先原则

研学旅行基(营)地市场运营部门的设立必须遵循效率优先的原则,确保基(营)

地在市场竞争中的反应速度,在组织与建设中要坚持管理层级上的扁平化和职责职能的系统化。

3. 优质服务原则

研学旅行基(营)地市场运营部门的组织设计必须保证服务的优质化。在组织设计中应增加服务环节,延长信息传递的长度等。

(二)市场运营部门的工作内容

研学旅行基(营)地市场运营部门的工作内容主要有如下几点:制定营销战略规划及年度营销业务计划;制定有效的产品战略,以确保市场份额及利润最大化;提供高效的游客/市场沟通;培育、管理、提升研学旅行基(营)地品牌和提高整体市场营销能力等。

1. 营销服务

市场竞争日益激烈,谁能最准确、最及时地把握住游客的需求信息,谁就是最大的赢家。详细的营销信息是营销人员开展营销环境和市场分析的基础,并且要在此基础之上选择营销机会和目标市场。因此,收集研学旅行基(营)地有关的营销信息尤为重要,基(营)地营销信息系统有助于降低营销风险,从而提高对营销因素的控制能力。市场运营部门需要建立包括内部报告系统、营销情报系统、营销调研系统、营销决策系统四个部分的营销信息系统,使之成为科学经营管理的基础。在建立的营销信息系统基础上开展市场调研活动,管理营销业务,并对营销人员进行培训,针对不同年龄段的学生群体进行有针对性的市场调研,由此来提高营销活动的效率和精准性。市场运营部门还需负责市场营销的内部协调,将市场调研得到的结果进行整理与汇报。

2. 品牌管理与推广

市场运营部门负责研学旅行基(营)地的公共关系、宣传推广,通过与相关媒体、机构和个人的合作,设计在不同平台的宣传内容以及选择不同的宣传方式。例如,借助短视频博主的视频内容实现在短视频平台的宣传,借助与报社的合作实现在传统媒体平台的推广。

同时市场运营部门要制订和实施研学旅行基(营)地品牌培育、管理和提升计划。通过对自身研学产品与课程的分析,制定适合自身的品牌推广战略以及选择最佳的推广路径,并完成品牌推广计划。

3. 市场推广

市场推广主要指执行游客与市场的沟通计划,实际地去与潜在消费者及市场合作伙伴沟通,从而了解市场对于研学旅行基(营)地产品及课程的态度与消费意愿;并且要主动向市场推广自身的产品以及设计好的研学线路,积极与同类产品进行市场竞争;还需要组织相应的促销活动,利用对价格的调控来刺激市场的反应。此外,还可以实行内部营销,向基(营)地的工作人员提供较为优惠的团建产品,在进行员工建设的同时完成产品的促销与宣传工作。同时,市场运营部门还需要完成对各线路及服务市场的定价工作,并根据实际情况动态调整价格。

4. 游客服务

市场运营部门需要协助研学旅行基(营)地的咨询热线,对游客提出的有关研学旅行活动及教学内容等相关事宜进行回答与告知;还需在社交媒体等互联网平台上开展相关的电子商务活动,与合作伙伴策划相关活动。市场运营部门还需处理游客的投诉、意见与建议。

5. 营销计划制订与实施

市场运营部门需要针对研学旅行基(营)地的优势与实际情况,制订相应的市场营销计划。一个完整的市场营销计划包括以下四个方面。

市场现状分析,具体分析市场容量大小、基(营)地的主要细分市场、不同游客的需求等,确定自身的营销渠道以及营销对象。

目标及其论证,制定营销计划的目标并论证其可行性,主要分析营销活动的影响因素,包括基(营)地自身的特色资源及周边环境状况、设施设备,基(营)地教学服务以及课程设置等。

确定市场营销策略,即不同研学线路与课程的组合以及营销资源的战略分配等。

行动方案,分析达成营销计划的目标需要付出多少人力物力成本,需要制定并完成几个阶段的目标,何时完成,谁负责执行等具体问题。

三、后勤管理部门

研学旅行基(营)地的后勤管理部门主要负责后勤管理制度建设、食堂宿舍管理、清洁绿化管理、安全保卫管理、车辆管理等。后勤管理部门直接作用于团体内部其他部门,对其他部门的正常运作具有至关重要的作用,对实现团体目标任务起间接作用。简言之,后勤管理部门是为其他各部门职能顺利实现提供物质服务的一个部门,它主要的配置人员包括后勤保障人员、安保人员以及考勤人员。

(一)后勤保障人员

研学旅行基(营)地的后勤保障人员主要有以下基本职责:
(1)全面统筹后勤事务工作开展(安保、保洁、食堂、宿舍等);
(2)负责后勤保障、财产、安全、卫生环境等工作;
(3)负责员工宿舍、食堂管理和规范,定期组织人员检查;
(4)协助基(营)地的接待工作,以及与相关部门进行沟通与联系;
(5)领导安排的其他工作。

(二)安保人员

《研学旅行基地(营地)设施与服务规范》中明确指出,应为每个研学旅行团队配置数量适宜的经专业机构认证的专兼职研学旅行指导师(学生与研学旅行指导师的比例不低于30∶1);应至少为每个研学旅行团队配置相应数量的安全员(学生与安全员的比例不低于30∶1),安全员在研学旅行过程中随团开展安全教育和防控工作;应保证所有上岗人员无犯罪记录且具备各类行业相关资格证书,精神状态和身体健康状态能够胜任各自负责的工作内容;服务人员应进行专业岗位培训,宜每年参加一次相关专业培训,熟练掌握本岗位业务知识和技能。研学旅行基(营)地安保人员的基本职责如下:

(1)保卫基(营)地人员、财产安全,维护基(营)地良好的工作秩序;

(2)执行基(营)地有关安全保卫的规章制度;

(3)负责基(营)地的防火、防盗工作,监督安全制度和措施的落实,保证安保设施正常完好;

(4)协同相关部门做好安全教育工作,组织师生开展安全防护技能培训;

(5)完成基(营)地和部门负责人交办的其他各项工作。

(三)考勤人员

研学旅行基(营)地的考勤人员主要有以下职责:

(1)负责对本部门员工做考勤记录,并进行汇总;

(2)对考勤记录做到真实、准确、清晰,不留空白,不随意涂改,每月不得延误上报考勤时间;

(3)严格督促、检查本部门员工的出勤情况,对违反考勤制度的不良现象,如迟到、早退等,按基(营)地有关规章制度处理;

(4)对日常的异常考勤(事假、病假、调休、年休等)进行处理和汇总;

(5)负责本部门考勤管理和整理,认真填写每月加班申请单。

四、行政管理部门

研学旅行基(营)地的行政管理部门是为学生的研学旅行活动保驾护航,维持整个基(营)地日常运作的基础部门,主要提供各类保障措施。其工作内容主要有:负责基(营)地内部、外部行政接待等工作;参与办公环境、办公设备、固定资产及日常物资管理工作;负责基(营)地宣传工作,如活动摄影、文字稿件撰写、公司网站和公众号运营等;负责基(营)地办工会的有关事宜,如各类先进的评选表彰、宣传、总结等;协助基(营)地领导批件及办公会议事项的办理工作;协助各部门做好年度工作会议的文字材料起草和会务工作,同时完成上级领导交办的其他工作。

第二节　研学旅行基(营)地日常维护与运营

研学旅行是在旅行中实现教育目标,是一种行走中的教育和学习方式。在研学旅行活动中,基(营)地日常维护与运营均影响活动能否顺利开展。

一、基(营)地设施日常维护

研学旅行基(营)地应建设能够满足研学实践所需的基础设施,至少包括以下方面。

(1)基本设施:配备与研学实践课程相适应的基本硬件条件,如必要的围界、能源、动力的供给设施等。

(2)游览设施:设置必要的游览步道、公共休息区,以及必要的导览、提示标识等。

(3)配套设施:与研学实践相关的接待、基(营)地区间交通、通信、监控、餐饮、住宿、安全、医疗、卫生等方面的设施,其配置能够满足不同类型、时长的研学实践课程需要。

(4)应急设施:配备适宜的应急装备、器材、逃生通道等。

基(营)地应对上述基础设施的维护做出安排,并定期检查,以控制潜在的安全、功能、性能等方面的风险。

二、基(营)地物料资源管理

研学旅行基(营)地在日常运营过程中,涉及物料的储存及管理,根据研学旅行基(营)地日常储存物料的特点,物料资源管理应达到以下要求。

(1)认真贯彻执行国家的经济政策和各项规章制度,遵守财经纪律,任何人不能以权谋私,假公济私,损害国家集体利益。

(2)加强计划管理,通过会计核算及时正确地反映计划执行情况。

(3)一切物料资源入库时,必须在规定时间内办理验收入库手续。入库前,必须检验数量、质量、规格、型号等,合格方可入库。入库的物资设备,说明书资料不齐全或质量、数量、规格等不符合要求时,不得入库,由采购人员负责与供货单位联系处理。

(4)仓库管理要做到"三清""两齐""四号定位"和"九不"。"三清",即规格清、材质清、数量清;"两齐",即库容整齐、摆放整齐;"四号定位",即按物资设备的库号、架号、格号、位号存放;"九不",即保证不锈、不潮、不冻、不腐、不霉、不变质、不坏、不漏、不爆。

(5) 定期编制仓库与物资设备库存情况报表,一切报表应符合规定,做到账物相符,并按国家规定的产品目录顺序排列好合账。报表要准确,并与财务相符。

(6) 物资发放须按计划执行,并且要有一定批准手续,不符合手续的不得发放,并保存好原始凭证。

(7) 物资要有专人领取和专人管理,严格执行物资领用制度,物资出入要有一定手续,建立台账,做到合理使用,杜绝浪费。

(8) 库存物资必须按国家规定合理损耗。低值易耗物、仓库报废物资必须每月或每季度一报。经财务、审计等部门查看、审核,报负责人审批后报废,由财务人员处理账务。如有损耗,查明原因,撰写报告,经负责人审批后做账务处理。

(9) 严格执行仓库岗位责任制,无关人员不准进入库内,库内禁止烟火。因工作玩忽职守造成物资损坏、仓库被盗的,视情节轻重给予严肃处理。

(10) 物资出入库必须点数、过秤,做到账、卡、物相符。物资不得出现损坏、变质、短缺等现象。

第三节　研学旅行基(营)地人力资源管理

为构建规范化、专业化、科学化的研学旅行基(营)地管理与服务体系,实现对中小学生研学旅行的优质服务,基(营)地要建立一支数量充足、结构合理、技艺高超、素质优良、相对稳定、专兼职结合、管理规范的人力资源队伍。

一、基(营)地人力资源管理概述

(一)人力资源的解释与定义

人力资源即人力,从企业管理角度看,人力资源是指能够推动企业发展,有利于企业实现其经营目标的员工及其能力的总和。人力资源是企业各种资源中最活跃、最有创造性的资源。概括起来说,人力资源的价值来源于两个方面。第一,人具有体力,体力是企业组织生产劳动的必备要素,是企业存在的必要条件,体力是人力的工具特性。第二,人具有脑力,脑力是企业发展的充分条件。脑力可以使人调用其他各种资源,优化资源结构,利用其他资源创造价值,脑力是人力的智力特性。正因为人力同时具备这两个方面的特性,它比资金资源更重要,因此说人力资源当之无愧是企业的第一资源。

研学旅行基(营)地人力资源是指能够投身于基(营)地服务,有利于基(营)地实现预期发展目标的劳动者,包括已经进入基(营)地的员工和尚未进入但具备进入能力的人员,主要有基(营)地的管理人员、活动策划人员、研学旅行导师、食宿管理员、安保人员、服务人员等。这些人员分别负责学生的研学旅行课程教学、生活管理和安全保障等工作,他们都属于基(营)地的人力资源。

(二)人力资源管理的定义

人力资源管理是指运用现代化的科学方法,对与一定物力相结合的人力进行合理的培训、组织和调配,同时对人的思想、心理和行为进行恰当的引导、控制和协调,使人力、物力经常保持最佳比例和有机结合,在此基础上充分发挥人的主观能动性,使人尽其才、事得其人、人事相宜,以实现组织目标。

研学旅行基(营)地人力资源管理是以推动基(营)地可持续发展为目标,通过人力资源的规划、招聘、培训、选拔、使用、评估、奖惩等一系列活动,向基(营)地提供合适人才并取得预期业绩的过程。研学旅行基(营)地应加强人力资源管理,设置健全的组织管理机构,配备研学旅行专业部门,配置项目管理人员、安全员、研学旅行导师、校外教育专家等,同时要开展安全教育和防控工作,为学生提供研学旅行教育服务和生活保障服务。

(三)人力资源管理的重要性

企业人力资源管理服务于企业经营管理的总目标,是为实现企业的总目标而选人、育人、用人和留人的过程。因此,人力资源管理的意义首先在于满足企业经营和发展的需要;同时,人力资源管理也是为了给每个员工安排合适的工作,挖掘每个员工的潜力,满足员工个人价值实现的需要。人力资源管理是企业需要与个人需要的合理结合。根据基(营)地经营特点,基(营)地人力资源管理的重要性体现在以下几个方面。

1. 人力资源管理是基(营)地提高研学旅行服务质量的需要

提高研学旅行服务质量是基(营)地人力资源管理的基本任务。通过人力资源的合理配置,满足基(营)地各项业务对人的需求,保障基(营)地研学活动的顺利开展,并在此基础上,通过科学、先进的人力资源管理,实现人力资源的协调、精干和高效,提高研学旅行服务质量。

2. 人力资源管理是基(营)地谋求发展的需要

研学旅行市场规模的不断扩大,给基(营)地业务发展提供了良好机遇,但研学旅行市场的竞争也日趋激烈,要在市场竞争中立于不败之地,并不断发展壮大,人才是关键。基(营)地市场竞争力的强弱,归根结底取决于员工队伍的综合素质。员工的独立工作能力、业务精通程度、工作态度和责任心,直接关系到基(营)地的管理水平与服务水平。只有通过人力资源管理,建立一支相对稳定、素质较高、运作有效的业务队伍,培养一批能干的经理人员,配备充分的优秀研学人才,基(营)地的竞争力才能不断提高。因此,加强人力资源管理是基(营)地长远发展的一项战略性工作。

3. 人力资源管理是基(营)地员工自我价值实现的需要

现代人力资源管理理论认为,企业目标的实现与员工自我价值的实现两者之间应当实现统一,这样才能充分调动员工的积极性和创造性。基(营)地聘用人员较多,队伍不稳定,人才流动性大,真正能够从事研学旅行教育工作、设计规划课程和线路、组织学生集体实践、开展研究性学习的教师比例不高,这些都会影响基(营)地目标的实现。要保障员工队伍的稳定,应着眼于员工自身价值的实现。只有通过人力资源管理,使每个人的知识和能力得到公正的评价、承认和运用,使每一个人都能得到自身的发展,才能维持员工对基(营)地的忠诚,在员工自身价值实现的过程中,实现基(营)地的发展目标。

(四)人力资源管理的要点

1. 因岗定编、因事择人

基(营)地人员编制数量的核定,应以本基(营)地经营岗位的实际需要为基础,反对因人设岗、浪费人力。坚持以岗位的实缺和工作需要为出发点选拔各类人员,否则会降低工作效率,造成冗员泛滥和机构臃肿。

2. 任人唯贤、用人不疑

贤者德才兼备,不可偏废其一。"德"体现为爱岗敬业的主人翁精神和尽职尽责、勤奋工作的品格;"才"是指有从事相应岗位工作的资质和具备良好的业务能力。将德才兼备的贤者放在相应的岗位上,是"得人""用贤"的基本方法。同时,本着"疑人不用、用人不疑"的原则,要充分信任,合理放权,让贤者有职有权,放手工作,满足其自信心和成就感,才能充分发挥员工工作的积极性、创造性。这就需要用人打破"任人唯亲"、偏听偏信的旧习。

3. 用人所长、结构优化

用人之要义在于知人善任。因天赋和后天成长各有不同,人与人之间有素质和能力的差异,相应的工作水平和工作质量也差别巨大。人力资源管理必须知人而后任。知其长短,才能"用人如器";不求其全,而求其长,用其可用之处。取众人之长,避个人之短,合理搭配,优化结构,才能形成合力。

4. 培养与使用互相兼顾

研学旅行是校内教育与校外教育相结合的一种教育形式,是"教育+旅游"的跨界融合。研学旅行基(营)地开发研学旅行课程和提高服务质量,都需要员工不断地学习、不断地思考,因此基(营)地要不断地对员工进行培训,在用人过程中不断培养人,提高员工的业务水平。

5. 公平竞争、按劳分配

研学旅行基(营)地是一个依靠多岗位组合的群体力量创造效益的经济组织,必须营造公平的用人环境,才能保证人尽其才。公平主要体现在考核标准、奖惩制度、职位升降等方面要一视同仁,充分贯彻按劳分配的薪酬原则,培养人人奋发、个个争先的价值观。

二、基(营)地人力资源管理内容

研学旅行基(营)地人力资源管理包括人力资源规划、招聘与甄选、员工培训、薪酬福利与绩效管理等模块。各大模块的工作各有侧重点,但相互之间是紧密联系的,共同构成一个有机的整体。各个环节的工作都必须到位,同时要根据不同的情况,不断地调整工作重点,才能保证人力资源管理良性运作,并支持基(营)地发展目标的最终实现。

(一)人力资源规划

研学旅行基(营)地人力资源规划是指基(营)地从战略规划和发展目标出发,根据基(营)地内外部环境的变化,预测基(营)地未来发展对人力资源的需求,以及为满足这种需求所提供人力资源的活动过程,包括工作分析、预测人力资源的需求与供给、制订人力资源工作计划。

1. 工作分析

工作分析也称岗位分析、职位分析、职务分析,是对研学旅行基(营)地各类工作岗位的目的、任务、职责、权限以及员工承担本岗位任务应具备的资格条件所进行的系统分析与研究。

工作分析的内容就是解决"工作是什么"和"什么样的人来做最适合"的问题。工作是什么,就是工作岗位的目的、任务、职责、权限和工作岗位的基本信息,其中的核心内容是工作任务,它包含7项信息(6W1H)——做什么(what)、为什么要做(why)、谁做(who)、为谁做(whom)、何时做(when)、在哪里做(where)、怎样做(how)。

工作分析是人力资源管理的基本工具,为人力资源管理各模块的工作提供参考基准。其具体的作用是:为确定组织的人力资源需求、制订人力资源计划提供依据;为组织结构设计提供基础,并确定各岗位之间的相互关系,以利于合理地安排晋升、调动与工作指派;使工作有标准可依,并有利于工作再设计和方法改进;使招聘活动有明确的目的,使培训和开发有明确的方向;使职务评价和报酬公平公正;为业绩评价提供客观标准,有利于管理人员执行监督职能以及员工进行自我控制;有利于对作业安全的重视与防范等。

2. 预测人力资源的需求与供给

人力资源盘点就是对现有的人力资源数量、质量、结构、流失状况等进行核查,以掌握目前拥有的人力资源状况,用以预测人力资源需求或挖掘潜在人才。其主要包含了预测人力资源的需求与供给两方面工作。

人力资源需求预测与人力资源盘点可同时进行,主要是根据研学旅行基(营)地的发展战略规划和内外部条件选择预测技术,然后对人力需求的结构、数量、质量进行预测。在预测人员需求时,应充分考虑一些因素对人员需求数量、质量及构成的影响,如市场需求、产品或服务升级以及管理革新对新技能人才的需求,计划内人事更替及人员流失,工作时间及生产率的变化,以及可用的人力成本、财务预算等。

人力资源供给预测主要是对两个方面进行预测,即外部人力资源供给预测和内部人力资源供给预测。外部人力资源供给预测主要是预测市场供求状况及人力成本,以便采取相应的对策。内部人力资源供给预测主要是预测继任候选人及其晋升能力状况,以确定内部的人力资源供给能力。

3. 制订人力资源工作计划

有了以上各项分析预测工作作为基础,就可以制订人力资源工作计划了。编制工作计划时,既要保证研学旅行基(营)地短期的需要,也要充分考虑研学旅行基(营)地的长期发展需求;既要能促进员工现有人力资源价值的实现,又要能为员工的长期发展提供机会。

（二）招聘与甄选

研学旅行基(营)地人力资源管理的终极目标就是将合适的人放在合适的位置上做正确的事。实现研学旅行基(营)地经营目标和社会责任的关键是人,因此要招聘合适的人选。

1. 招聘

招聘指组织为了发展的需要,根据人力资源规划和工作分析的要求,寻找、吸引那些有能力又有兴趣的人到本组织任职,并从中选出适宜人员予以录用的过程。招聘的目的就是以最低的投入招到最合适的人,实现组织最佳的人岗匹配。

招聘要遵循以下几个原则。

1）人岗匹配原则

招聘的目的不是选拔和录用最优秀的人员,而是要招聘到最适合在研学旅行基(营)地工作的人员。招聘工作人员在招聘之前,已经有了这个人的基本轮廓,并详细界定了他(她)的各种素质和能力。招聘要做的,就是找到对号入座的人,这一般有三种情况：

（1）能＞岗,优质人才流失快,组织与个人两败俱伤；

（2）能＜岗,组织业绩下降,会形成恶性循环；

（3）能＝岗,组织成熟、稳定,业绩上升,团队战斗力强。

2）主动发现人才原则

顶级管理大师都深知,搜寻天才比训练天才更重要。千军易得,一将难求。基(营)地要主动去发现人才,一旦发现优秀的人才就要想尽一切办法引进来。

3）着眼于战略和未来的原则

要重视应聘者的综合素质和潜在发展能力,应聘者的学习能力比他们已经获得的技能更为重要。同时,选人工作永远不要停止,要做好人力储备。

4）确保质量原则

招聘新人是为了加强组织的战斗力,而不是拖后腿。除了考察应聘者的知识和技能,招聘时还需要对其价值观、态度等进行考核。

2. 甄选

甄选是指挑选出最符合目标职位任职标准的应聘者的过程。其主要包括初步筛选、初步面试、笔试（知识、技能测试）、心理和能力测试、面试（或称诊断性面试）、背景调查、体检和录用。

1）初步筛选

初步筛选的目的是淘汰求职材料不实者和明显不合格者,主要通过简历筛选。

2）笔试

笔试是一种与面试相对应的测试,是考核应聘者学识水平的重要方法。这种方法可以有效测量应聘者的基本知识、专业知识、管理知识、综合分析能力和文字表达能力。笔试一般适用于应聘者人数多、需要考核的知识面广或需要重点考核文字能力的情况。一般来讲,规模较大的研学旅行基（营）地大批量用人,往往将笔试作为第一轮考核,即作为获取面试资格的途径。

3）面试

研学旅行基（营）地在招聘新职员时,通过面试做出的判断最直观。研学旅行基（营）地的面试官通常会注重应聘者"能做什么"和"将要做什么",但容易忽视应聘者"愿意做什么"。"能做什么"是应聘者的知识和技能决定的,而"愿意做什么"的影响因素包括动机、兴趣和其他个性特征。

面试的基本目的在于给面试官和应聘者双方进一步了解的机会,从而做出最佳决策。由于面试时间有限,一个精心准备的面试可以达到事半功倍的效果。

4）背景调查

在前三个步骤的基础上,要进行综合素质的考察,选定最优候选人,核实候选人的背景资料,淘汰资料不实者。

5）体检

拟录人员须在指定时间前往指定医院体检。未在通知时间内体检的人员取消应聘资格,可按该岗位考试总成绩排名等额依次递补。通过体检,淘汰身体状况不符合要求者。

6）录用

根据招聘岗位的性质在不同的决策层进行录用决策。对于体检合格的人员,可以发录用通知书。

（三）员工培训

1. 培训的必要性

有时研学旅行基（营）地很难直接招聘到符合基（营）地需求的成熟人才,替代方案就是招聘有潜力的员工,提供必要的培训,使他们能够更好地胜任工作。研学旅行基(营)地要避免让没有培训过的员工去从事教学和服务工作。新员工进入基(营)地后,人力资源部要做的第一件事就是对其进行入职教育培训。新员工通过入职教育培训可以进一步了解基(营)的建制沿革、发展现状、组织架构,了解岗位工作的要求和流程,以及工作制度与行为规范,从而能尽快融入团队,尽快适应工作岗位,更快地胜任本职工作。

2.培训的作用

培训有助于提高员工技能和改变员工态度,从而提高工作业绩;通过对员工潜能的开发,为研学旅行基(营)地后续发展提供人才储备;通过讲述基(营)地的战略愿景、文化和价值观,增强员工对基(营)地的归属感和荣誉感;通过提升团队整体素质水平,促进基(营)地整体竞争力的提升,从而增强基(营)地对外部环境的适应性。

3.培训的内容

首先要通过问卷法、座谈法、观察法、职位分解法、任务分析法、绩效分析法、错误分析法、前瞻性培训需求分析法等方法,对不同的培训对象进行调研,分析他们的真实需求,然后有针对性地进行培训。

例如,对基(营)地管理人员,培训重点包括管理知识、人际关系协调和工作协调能力、决策能力、领导能力等;对基(营)地老员工,培训重点是与工作相关的技能,如新技术、新流程等;对新入职员工的培训,侧重于基(营)地的价值观、行为规范、企业精神,以及工作岗位所需要的基本技能等。

4.培训的师资

基(营)地培训要选择适宜的培训老师。师资来源应该是专职培训人员、研学旅行基(营)地中高层领导、岗位专业技术负责人等。对培训老师的要求是专业、喜欢与人分享知识、有亲和力、认真、真诚、尊重学员、理解学员、有耐心。

5.培训的方法

基(营)地培训,可采用讲授法、演示法、研讨法、视听法、案例讨论法、角色扮演法、情景模拟法、管理游戏法、拓展训练等多种方法进行。

(四)薪酬福利与绩效管理

1.薪酬的定义

薪酬指员工因雇佣关系的存在而从研学旅行基(营)地那里获得的所有各种形式的货币收入,其中包括固定薪酬、浮动薪酬和津贴(补贴)。固定薪酬一般也称基本工资;浮动薪酬也叫激励工资,含奖金、股权分红等;另外还有津贴或者补贴。全面薪酬=固定薪酬(或称基本工资)+浮动薪酬(或称激励工资,含奖金、股权分红等)+津贴或补贴等。浮动薪酬及津贴(补贴)按照研学旅行基(营)地实际情况进行设计。

2.薪酬的功能

(1)回报。薪酬是对员工付出劳动的一种回报。

(2) 激励。激励就是价值体现,通过激励员工,实现团队、企业目标。

(3) 调节。薪酬可以起到行为导向的作用,通过薪酬调节员工的行为。

(4) 效益。通过调整薪酬,适当增加投入,获得更大的产出。

3. 薪酬标准的制定

薪酬标准的制定要坚持四项原则:以岗位为核心,以资质为基础,以市场为导向,以绩效为依据。

4. 福利

员工福利是报酬的间接组成部分,它是组织为满足劳动者的生活需要,在工资、奖金收入之外,向员工本人及其家属提供的货币、实物及一些服务形式。也就是说,福利的形式可以是货币或实物,也可以是服务机会与特殊权利。福利的主要目的是招募和吸引优秀的人才,为员工提供安全保障,增强团队凝聚力,降低员工流动率等。在现代研学旅行基(营)地中,福利在整个薪酬中的比重越来越大,对研学旅行基(营)地的人工成本产生了十分重要的影响。

5. 绩效考核的定义

绩效考核又称绩效考评、绩效评价、绩效评估等,是指将企业的战略目标分解成一整套可执行的绩效衡量标准与体系,并对照绩效标准,采用科学的考核方法,评定员工的工作目标完成情况以及员工的工作职责履行程度。

6. 绩效考核的内容

基(营)地绩效考核是按照一定的标准,采用科学的方法,检查和评定基(营)地员工对职位所规定的职责的履行程度,以确定其工作成绩的管理方法。其目的主要在于通过对员工进行全面综合的评估,判断他们是否称职,并以此作为基(营)地人力资源管理的基本依据,切实保证员工的报酬、晋升、调动、职业技能开发、激励、辞退等工作的科学性。同时,绩效考核也可以检查基(营)地的各项管理政策,如人员配置、员工培训等是否有失误。由于绩效考核的对象、目的和范围复杂多样,绩效考核的内容也比较复杂,各个基(营)地也基本按照自身情况进行调整。

三、管理团队培养与管理

研学旅行基(营)地的管理团队是其人力资源的重要部分,研学旅行基(营)地服务工作内容繁杂,涉及基(营)地的方方面面。加强研学旅行基(营)地管理团队建设是提高服务保障能力的重要前提,也是基(营)地自身发展的首要条件。只有以服务研学旅行一线为宗旨,将时刻为研学旅行一线服务作为己任,最大限度发挥研学旅行基(营)地的作用,才能充分实现研学旅行基(营)地的服务功能。

(一) 管理团队的人员配备

管理团队的人员配备是实现研学旅行基(营)地目标的重要保证,是实现"人适其事、人尽其才"的基本要求,是实施研学旅行基(营)地人力资源计划的重要途径,是激励人才的有效手段。管理团队的人员配备要保证位得其人,提高管理效率,更好地实现组织的目标,公平对待每位成员,保证人尽其才,提高他们对工作的满意度。不同的研学旅行基(营)地因其管理体系与管理模式的差异,对管理团队人员的数量与要求也略有不同,但总体要求是精干高效、战斗力强,职责明确,因事择人,量才使用,责任到岗、责任到人,同时做好后备管理人员的储备与培养。

(二)管理团队的业务培训

研学旅行基(营)地的规模越大,研学旅行的项目就越多,营业的区域就越广,对管理团队的素质要求就越高。目前,研学旅行行业发展明显加快,市场、资源、技术、人才、资本等方面的挑战十分严峻。因此,坚持不懈地搞好管理团队培训,全面提高管理团队的综合素质,是研学旅行基(营)地走向市场、参与行业竞争的重要保障。管理团队的业务培训是研学旅行基(营)地人力资源建设中的重要内容之一。培训形式可以多样,培训内容要精心选择。

1.管理团队培训需要建立与强化团队的文化氛围与价值观

作为基(营)地员工,管理人员要遵循基(营)地最基础的文化价值观,在团队内部,除遵守基(营)地文化,也要强化符合团队发展需要的价值观,营造一个好的风貌与氛围,并作为团队特色文化进行传承。

2.管理团队培训需要加强团队的流程沉淀与建设

一个团队就是一个系统,只有制定好规则,团队成员才可以自我发展。团队内部流程的沉淀与强化执行很关键。当一个团队的所有成员都可以按各自角色分工自我运转时,团队领导人就可以从团队中跳离出来,精力集中在外部事务上,协调外部资源来满足团队更大的发展。

3.管理团队培训需要强化有效沟通

平时多鼓励、多激励,少批评、少指责,用先进鞭策后进,以肯定的方式教授员工发现问题的方法、解决问题的途径,用人不疑并且全力支持。发生问题后,管理者一定要积极承担责任,这也是信任与鼓励的一种表现。有了业绩、有了成果,一定要与大家分享。要制定一套奖励制度,并且积极向上级争取好的福利待遇。

(三)管理团队的日常管理

1.绩效管理

研学旅行基(营)地管理团队的考核对象指的是总经理带领的高层管理者以及各部门中层管理者。对他们的考核除了遵循一般的管理者的考核思路,也有一定的特殊性。由于高中层管理者的策略从开始决策到产生效果的周期较长,一般建议安排年度考核,也可以是半年考核。对于管理团队的考核更应该强调目标责任结果。高中层管理者对研学旅行基(营)地的经营管理能直接产生影响,因此需要承担完成基(营)地经营目标的责任。

2. 表率管理

考核内容的软要素考核中,与研学旅行基(营)地基层管理者相比,对高中层管理者的考核更偏重于其对未来的洞察力、战略管理能力、大局观、领导能力、文化塑造能力、外部合作能力以及对员工的表率管理等。

本章小结

(1)研学旅行基(营)地内部管理的组织架构包含教务管理部门、市场运营部门、后勤管理部门、行政管理部门。

(2)研学旅行基(营)地为构建规范化、专业化、科学化的管理与服务体系,人力资源管理是关键。研学旅行基(营)地从人力资源规划、招聘与甄选、员工培训、薪酬福利与绩效管理等方面,来提升人力资源管理的质量。

本章训练

简答题

1. 简要描述研学旅行基(营)地日常维护的主要内容。
2. 在研学旅行基(营)地人力资源管理团队的业务培训中,有哪些内容是值得我们关注且应进一步完善的?

第七章 研学旅行基(营)地市场运营

本章概要

市场运营是对研学旅行基(营)地内部管理系统的计划、组织、实施和控制。高效的运营管理是实现研学旅行基(营)地高质量发展的关键。本章首先阐释了研学旅行基(营)地品牌的内涵,分析了研学旅行基(营)地品牌的塑造原则和过程以及推广路径,接着论述了研学旅行基(营)地市场营销的概念、特点以及程序与策略。

学习目标

知识目标

1. 了解研学旅行基(营)地品牌的内涵。
2. 熟悉研学旅行基(营)地品牌的塑造原则与塑造过程。
3. 掌握研学旅行基(营)地市场营销的程序与策略。

能力目标

1. 把握研学旅行基(营)地品牌建设过程。
2. 能合理把握研学旅行基(营)地市场营销。

素养目标

1. 形成对研学旅行基(营)地的品牌认同感,增强本土文化自信、地方认同感和家国情怀。
2. 整合市场营销资源,了解研学旅行基(营)营销过程,培养创新意识。

> 思维导图

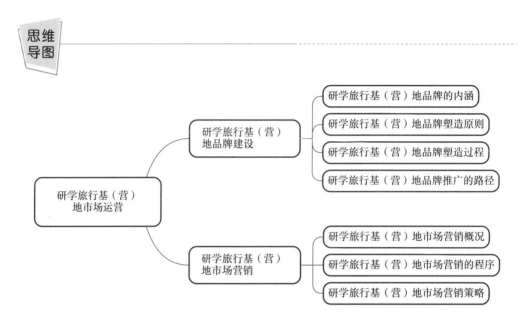

第一节 研学旅行基(营)地品牌建设

研学旅行基(营)地品牌是研学旅行行业关注的焦点之一。作为研学旅行的重要载体,研学旅行基(营)地如何在激烈的市场竞争中脱颖而出,进行有效的品牌推广,成为亟待解决的问题。

一、研学旅行基(营)地品牌的内涵

品牌首先是某种标志符号,其次是消费者使用某种产品的体验和感受。品牌实质是产品及其名称与消费者发生的各种关系的总和;它的价值建立在消费者对品牌的综合体验和感受评价之上,它不仅是名称,更是在满足市场需求过程中升华出来的一种隐性资产。研学旅行基(营)地品牌是用以识别某个或某些研学旅行销售者的产品或服务,并使之与竞争对手的产品或服务区别开来的商业名称及其标志,通常由文字、标记符号、图案、颜色或其组合构成。在研学旅行市场,研学旅行基(营)地品牌是基(营)地产品和服务的质量、价值以及满足学生集体效用的可靠程度的综合体现,属于服务品牌的范畴,其首要任务是通过强调与众不同的、对市场具有特殊价值的服务,来确定自身在研学旅行市场上的优势。

研学旅行品牌有旅游目的地品牌、旅游线路品牌、旅游企业品牌和景区(点)产品品牌等。品牌能突出研学旅行的特色,树立鲜明的旅游形象,扩大产品组合和显示综合竞争力,同时也便于学生集体识别产品和维护自身的利益。

研学旅行基(营)地品牌是基(营)地获得竞争力和保持市场优势的关键。按照菲利普·科特勒的观点,品牌的含义包括属性、利益、价值、文化、个性及用户六个层次。

(一)研学旅行基(营)地品牌的属性内涵

研学旅行基(营)地品牌的属性内涵是指基于研学旅行产品的开发与使用,学生在研学旅行中丰富知识、开阔视野、拓展能力、生成素质、培育情感态度和价值观;研学旅行是新时代国家推动基础教育育人模式的新探索,学在旅途,知行合一。基(营)地品牌是需要通过高质量的研学旅行产品、高质量的研学课程服务来体现和逐步形成的,因此基(营)地品牌的属性内涵要因地制宜,呈现地域特色,引导学生走出校园,在与日常生活不同的环境中了解社会、亲近自然、参与体验。

研学旅行基(营)地课程品牌是体现研学旅行基(营)地教育属性的核心,精心设计课程是提高研学旅行质量的根本保证。要以教育部门和学校为主导,联合基(营)地和研学服务机构,将研学旅行作为理想信念教育、爱国主义教育、革命传统教育、国情教育、综合实践教育的重要载体,根据学段特点和地域特色,加强研学旅行校本课程建设,开发具有特色的自然类、历史类、地理类、科技类、人文类、体验类等多种类型的活动课程,编写适合中小学生研学旅行活动的专题读本,逐步建立小学阶段以乡情县情市情为主、初中阶段以市情省情为主、高中阶段以省情国情为主的研学旅行活动地方课程体系。

(二)研学旅行基(营)地品牌的利益内涵

消费者在消费研学旅行项目和品牌的过程中,会收获使用价值和情感价值。研学旅行项目和品牌的使用价值和情感价值主要包括:有助于让广大中小学生在研学旅行中感受祖国大好河山,感受中华传统美德,感受光荣革命历史,感受改革开放伟大成就,感受地域特色文化;有助于推动素质教育全面实施,创新人才培养模式,引导学生主动适应社会,促进书本知识和生活经验的深度融合。研学旅行基(营)地品牌具有公益性属性,主要表现在研学旅行被纳入中小学教学体系。

(三)研学旅行基(营)地品牌的价值内涵

研学旅行基(营)地品牌的价值内涵是研学旅行项目创新和发展的核心,价值内涵体现在知识增长、价值体认、实践内化、责任担当、创意物化等维度。

知识增长,指获得相关知识,拓展学科视野。知识点可包括自然科学知识、人文地理知识、历史文化知识、社会规范知识等。

价值体认,指体认社会主义核心价值观。通过切身多空间多形式的感知、经历、体验等主题教育,树立社会主义核心价值观、正确的人生观和世界观,培养团队合作精

知识链接

云南澄江:打造研学基地做强特色品牌

神、劳动精神,形成家国情怀,培养对中国共产党的朴素感情,坚定不移听党话、跟党走,不断增强"四个自信"。

实践内化,指感受文化、促进问题解决、形成思维、提升能力、促进深度学习。让学生动手实践、出力流汗,深入探讨个人感兴趣的问题,综合运用所学知识,有效利用信息工具,增强解决实际问题的能力,养成勤俭、奋斗、创新、奉献的精神。

责任担当,指培养独立自主的精神和能力。养成独立自主、勇于挑战、敢于担当的积极态度;形成对学校、集体、社会负责任的态度和公德意识;具备法治观念,形成探究社会问题的意识;树立开放意识,尊重多元文化,积极了解人类文明进程和世界发展动态,形成全球意识和开放视野。

创意物化,指有创意地制作研学成果作品。结合研学旅行过程与经历,及时对自己的学习状态进行审视反思并优化调整,形成比较规范的研究报告或其他形式的研究成果;拍摄研学旅行过程中的照片、视频等,制作出有创意和学习意义的影像成果,体会劳动创造美好生活、劳动最光荣的劳动观念。

(四)研学旅行基(营)地品牌的文化内涵

研学旅行基(营)地品牌的文化内涵是研学旅行项目品牌区别于其他项目的核心要义。基(营)品牌的文化内涵较为丰富,主要体现在研学旅行的体验性和创造性等方面,让学生在大自然和社会中学习,将课堂与实际生活空间联系起来,培养学生的生活能力。研学旅行基(营)地品牌通过营造文化氛围,让学生感受到参与研学旅行的乐趣,让学生在轻松愉悦的文化氛围中充分激发自身的创造力和想象力,从而实现个人更全面的发展。

(五)研学旅行基(营)地品牌的个性内涵

学生具有不同的个性,对研学旅行的体验具有差异性,研学旅行基(营)品牌可以根据不同年龄段和客群的不同需求来制定相应的课程,并且提供个性化的服务。研学旅行基(营)地品牌的个性内涵体现在两个方面:一是组织实施研学旅行活动的主体多元,包括基(营)地、学校、旅游企业和社会文化机构等;二是活动类型多元,包括历史文化类、红色文化类、高科技体验类、强身健体类、技能培训体验类、自然探索体验类等。

(六)研学旅行基(营)地品牌的用户内涵

研学旅行基(营)地品牌的价值与参与者的关系密切,参与者对研学旅行项目的认可度可以说明基(营)地品牌的价值。研学旅行基(营)地组织者应建立并维护好与用户(参与者)的良好关系。研学旅行产品的教育属性和文化属性较强,因此课程设计是提高用户体验的重要内容。此外,还要建立多元的用户反馈和评价机制,设立多元的评价主体、评价内容和评价方式。

二、研学旅行基(营)地品牌塑造原则

研学旅行基(营)地品牌具有不同的特征,基(营)地应根据自身的特征和发展战略进行品牌选择与塑造,确定自己独特的品牌标识和品牌标志语,树立自己的品牌形象,以和其他品牌区分。研学旅行基(营)地品牌的传播需要品牌形象的打造。品牌塑造是一个长期的可持续发展的过程,在品牌塑造过程中也需要不断地维护品牌。随着我国研学旅行市场在旅游业中的不断增长,以及参与研学旅行的适龄儿童和青年人的增加,研学旅行基(营)地的品牌塑造需要对研学旅行课程、研学旅行服务等进行专业化的建设,因此在研学旅行基(营)地品牌塑造方面需要遵循以下原则。

(一)因地制宜原则

研学旅行产品是研学旅行基(营)地的重要内容,研学旅行产品需要根据不同地点的相应特点来进行品牌的塑造与提炼。通过深入挖掘和梳理不同研学旅行目的地的地方特色、文化内涵、建筑特色、传统习俗、城市风光、乡土资源、特色美食和特色产品等,设计研学旅行线路,将相关元素进行组合,形成研学旅行基(营)地品牌。

从经济学的角度来看,研学旅行基(营)地品牌塑造的目标之一就是为消费者提供满意的研学旅行产品。研学旅行基(营)地品牌塑造应遵循因地制宜原则,在研学旅行产品、研学旅行服务、研学旅行体验等方面设计品类与注入特色。

(二)创新性原则

创新是研学旅行基(营)地品牌可持续发展的重要推动力量,基(营)地品牌的创新包括品牌名称、品牌宣传语的创新,以及产品创新、营销方式创新。在大数据时代,研学旅行基(营)地要重视品牌的宣传和营销方式的创新,利用大数据助力品牌形象的定位与梳理。研学旅行基(营)地品牌的发展和其他旅行产品一样是有规律的,可以对原有品牌进行创新性延伸,达到品牌优化升级的效果;同时利用好网络渠道,通过移动终端推送信息,注重品牌质量的宣传,将优质信息推送至研学旅行市场,从而促进基(营)地高质量发展。研学旅行基(营)地品牌的建设需要不断优化自己的创新体系,利用不同线路的优势资源,创新课程设计与线路设计,更好地满足消费者的需求。

研学旅行基(营)地在品牌塑造过程中,还需要对品牌进行维护,品牌维护包含的内容较多,包括优化品牌、品牌力的提升、客群推广等,在这些方面都需要注入创新动力,建立品牌创新驱动机制,将整个品牌塑造和维护过程看成一个系统,进行优化提升。创新研学旅行基(营)地品牌塑造模式,要把握国内外研学旅行品牌发展的动态和走向,在品牌塑造过程中对行业管理、体制机制、资源开发、产品设计、开发模式等进行全面创新。

（三）独特性原则

相较于传统的旅行品牌，研学旅行基（营）地品牌具有特殊性。研学旅行课程是一门新课程，强调课程情境的真实性。课程情境包括课外、校外空间与资源，社会与大自然是研学旅行课程的主要情境，学习内容是研学旅行课程的主体。研学旅行课程以及研学旅行线路设计突破传统的学科课程的界限，融入多种学科成为一个研学产品。研学旅行市场的构成有其特殊性，主要是通过研学旅行基（营）地、研学服务机构（旅行社等）、教育机构进行课程研发、产品设计与推广，市场上的研学旅行产品质量参差不齐，同质化现象较为明显，因此要把教育性作为塑造研学旅行基（营）地品牌的本质特征，合理设计旅游与学习之间的比例分配，满足市场客群接受教育的需求。

（四）战略性原则

品牌战略是一个研学旅行基（营）地品牌长远发展的方向和目标，研学旅行的发展需要将文化和教育内涵纳入研学旅行线路，同时注重研学旅行研发体系的建立，逐步解决好研学旅行人才匮乏、研学旅行基（营）地课程研发质量不高、研学旅行管理机制不健全等问题。研学旅行基（营）地品牌塑造需要进行战略设计，从长远出发，树立科学发展观，加强品牌塑造各个环节的开发与合作。研学旅行基（营）地需要根据市场需要，配套系列产品，一个研学旅行基（营）地品牌的构建应该规范化、系统化、战略化，要对研学旅行项目进行战略化顶层设计和战略品牌识别，建立好基（营）地品牌与市场客群之间的关系，让市场认可这个品牌，让消费者信任该品牌并进行选择。在品牌战略设计方面，还应该推出相应的品牌标准，促进产业健康发展。要从"内容+构成"方面规范研学旅行产品，打造在国内外具有核心竞争力的研学旅行基（营）地品牌，要将服务接待、质量监控、质量把控等标准具体化，提高其可操作性与实用性，逐渐建立一套系统规范的研学旅行品牌体系。

（五）可持续性原则

在研学旅行基（营）地品牌塑造过程中，要坚持可持续发展原则贯穿始终。研学旅行基（营）地品牌塑造应该注重可持续性，培养市场客群的创造力与学习力，在研学旅行线路开发与设计、品牌经营和管理方面都要坚持可持续发展原则。研学旅行基（营）地应该设计好研学线路、做好研学产品的多元化有效供给，从基（营）地供给侧着力，培养出特色鲜明、高质量的研学旅行基（营）地品牌。

2010年以来，市场对研学旅行行业较为青睐，行业投融资力度加大，市场较为热门，但是研学旅行品牌集中度较低，市场规模还未形成，这一方面说明研学旅行的市场前景较好，另一方面也说明研学旅行品牌的打造需要遵循可持续性原则，研学旅行是旅游消费的升级，研学旅行品牌也需要在庞大的市场需求基础上进行系统化提升。

(六)协调一致原则

研学旅行基(营)地品牌的建立需要整合研学资源。在提倡旅游高质量发展的今天,研学旅行行业所提供的服务质量较难满足市场需求,在研学旅行基(营)地品牌塑造中,需要对研学资源进行全盘统筹。一方面,要有效提高产品设计资源的利用率和研学产品开发质量;另一方面,要整体提高研学旅行基(营)地品牌的市场竞争力。研学旅行基(营)地品牌塑造需要建立组织协调机制和行为约束机制,包括旅游政策协调机制和危机问题应急处理机制,以促进研学旅行基(营)地品牌协调发展。同时,也需要借助各方合作力量,建立品牌系统规则与相应责任。助力研学旅行基(营)地品牌与城市区域品牌发展,政府要在推进研学旅行行业标准化建设及维护研学市场稳定等方面发挥职能作用,促进研学旅行行业高质量发展。

三、研学旅行基(营)地品牌塑造过程

(一)品牌定位

将RMP模型引入研学旅行基(营)地品牌塑造,R(resources)表示研学旅行基(营)地资源分析,M(market)表示研学旅行基(营)地市场分析,P(product)表示研学旅行基(营)地产品分析。通过分析研学旅行基(营)地资源、市场、产品三大要素之间的互动关系,基于研学旅行基(营)地品牌定位模型,研究研学旅行基(营)地的品牌定位,为研学旅行基(营)地品牌塑造开发注入新动能。

1.研学旅行基(营)地资源分析

研学旅行基(营)地资源是包含研学旅行基(营)地、研学旅行线路、研学旅行导师、研学课程体系、配套服务要素等在内的综合服务体系。其中,研学课程体系是基础前提,研学旅行线路是相应载体,研学旅行导师、服务人员等人力因素是研学旅行项目价值实现的重要推动力。除此之外,研学旅行基(营)地基础保障体系也非常关键,包括各类研学景区、研学教育、研学住宿、研学交通等研学配套服务要素。

不同研学旅行基(营)地对资源的需求也不同,要根据研学旅行的线路主题来进行资源的分配与集合。研学旅行基(营)地要充分利用好教育机构、旅游企业、研学服务机构等的优势,结合基(营)地资源特点来梳理资源,并且选择和挖掘具有较强吸引力的资源来进行研学旅行基(营)地品牌定位。

2.研学旅行基(营)地市场分析

研学旅行市场针对的人群主要是3—16岁的青少年,随着适龄青少年人群数量的增长,研学旅行的市场较为广阔。研学旅行基(营)地依托自身的研学课程产品优势及其在教育与旅游服务领域内的深耕,直接面向大中小学校提供研学旅行产品与相应服务。研学旅行被纳入中小学教育教学计划之后,研学旅行发展较为迅猛,学校需求变

大。大中小学校是研学旅行项目的最大组织方,市场份额约占70%。各地学校积极响应政策,为提高学生的综合素质,组织相应的研学活动。

国内研学旅行市场从参与时间来看,消费者普遍接受的研学时间段是寒暑假,这是市场主流的时间偏好。对于研学旅行基(营)地来说,市场竞争较为激烈,学期时间内的研学模式目前较少,但是随着政策支持力度的逐渐加大,长远来看,研学旅行市场的前景较为可观。

3.研学旅行基(营)地产品分析

一般从竞争性、独特性、识别性三个方面对研学旅行基(营)地的产品进行提炼分析,研学旅行基(营)地的品牌属性产生于市场客群在研学过程中的相互影响与作用,研学参与者在研学过程中的学习体验,也会融入研学旅行产品的属性特征。文化是研学旅行产品的重要内容,当前部分研学旅行产品文化价值较低,使得参与者对研学旅行目的地的深入体验较少。同时,研学旅行产品应该与一般旅游产品区分开来,突出其教育性和创新性。在研学旅行基(营)地产品定位过程中,应该充分了解学生和家长的消费诉求,从市场客群的视角进行分析,通过供需双方对研学旅行产品的生产、体验、互动,确定好研学旅行基(营)地的产品定位,进而有效提升研学旅行基(营)地的品牌价值。

(二)品牌设计

研学旅行基(营)地品牌设计系统是一个复杂的综合体,包括研学旅行基(营)地品牌概念识别系统、研学旅行基(营)地品牌行为识别系统、研学旅行基(营)地品牌视觉识别系统。研学旅行基(营)地品牌概念识别系统是指研学旅行基(营)地的品牌理念和内涵,这是研学旅行基(营)地品牌设计的初心,主要涉及研学旅行教育理念、研学旅行线路设计思路、研学旅行服务理念。近几年,研学旅行市场发展迅速,研学客户群需求也在变化,对专业性的要求更高,为了保障研学旅行基(营)地品牌设计理念的实效性,在品牌设计之初就需要从宏观市场层面进行品牌理念设计。研学旅行基(营)地品牌行为识别系统是指在研学旅行基(营)地品牌建设过程中,为了品牌标准化而制定的针对研学产品供给方与需求方的行为准则。研学旅行基(营)地品牌视觉识别系统包括品牌标志和宣传口号,设计应该立足于研学旅行产品本身,保证品牌的完整性和统一性。

(三)品牌建设

研学旅行基(营)地品牌的建设包括研学人才队伍建设、研学旅行项目规章制度的制定、研学旅行项目的品牌文化塑造。研学人才队伍建设包括对研学旅行项目人员进行培训,使其将简洁、清晰、严谨的工作习惯运用到研学旅行基(营)地品牌塑造的细节中,还要对研学旅行项目人员进行营销培训。研学旅行项目规章制度的制定要能激发项目人员的积极性,让项目人员自发地关注研学旅行基(营)地品牌的建设。研学旅行项目的品牌文化塑造要挖掘本地特色文化,增加项目的文化内涵,从而提升参与者的体验感,这也是研学旅行基(营)地品牌综合实力的体现。

四、研学旅行基(营)地品牌推广的路径

基于对研学旅行基(营)地品牌的研究,目前研学旅行基(营)地品牌推广普遍存在如下问题:品牌力不强,品牌定位和品牌形象不清晰;研学旅行项目的满意度和专业性有待提高,许多小型的研学旅行机构开发能力和经费不足;研学旅行行业人才缺乏,基础保障设施需要优化。随着研学旅行消费的自发式增长,粗放型研学旅行消费出现升级,市场客群开始深入考察研学产品和服务的设计理念和细节,学校也较为重视研学课程的设计,研学课程质量和安全保障是研学旅行基(营)地品牌的立身之本,因此研学旅行基(营)地需要提高自身的品牌能力,塑造出令市场满意的品牌形象。根据以上分析,研学旅行基(营)地品牌推广需要从以下七个方面进行路径优化。

(一)精细化推广渠道管理

调整研学旅行基(营)地品牌传播方式,研学旅行基(营)地可以通过品牌会展进行有针对性的品牌推介,同时也可以利用新媒体的优势在多平台推广,如进行直播研学,让潜在客群能够近距离了解研学旅行。对于当地市场,应该积极开展市场考察与服务反馈工作,维护好已有市场,提高品牌黏性。区域教育品牌和旅游品牌成就了研学旅行基(营)地品牌,研学旅行基(营)地品牌影响力的持续扩大,也会提高教育类、旅游类产品的融合与创新力度,三者之间形成了一个良性的互动系统。新媒体超时空的互动营销增强了研学旅行市场与品牌的互动性,潜在客群可以随时随地了解研学旅行,获取研学旅行的最新资讯。

(二)优化品牌理念,提高品牌吸引力

研学旅行基(营)地品牌理念引领研学旅行未来发展的方向,针对青少年市场,优化研学旅行基(营)地品牌理念需要深入了解这个群体。目前,主流的研学旅行消费人群不仅包括"00后""10后"等学生群体,还包括"80后""90后"等成年人群体。年轻群体具有较好的购买力,且喜欢探索新事物,喜欢通过社交媒体与研学旅行基(营)地品牌互动。如何去影响年轻人的消费决策,如何在其心中树立品牌形象,这是值得研学旅行基(营)地思考的问题。

(三)规范品牌服务,培养市场忠诚

研学旅行服务规范是促进研学旅行基(营)地品牌高质量发展的重要动力,当前研学旅行基(营)地品牌服务存在服务品类不全面、售前服务和售后服务缺乏侧重点、服务质量控制体系薄弱等问题,因此研学旅行基(营)地需要制定服务规范,包括售前服

知识链接

"夏"一站,北海!

务、教育服务、交通服务、住宿服务、餐饮服务、课程讲解服务、医疗和救助服务、研学课程评价等方面的规范和制度，以提高研学旅行客群的体验感和满意度，进而培养研学旅行市场的忠诚客户。

同时，研学旅行基（营）地也需要制定各类突发事件的应急预案，包括应对地震、泥石流、研学设施设备故障等突发事件的应急预案，并进行定期演练。研学旅行基（营）地还需要建立完善的投诉处理制度，规范处理各项流程，及时回应市场反馈，并且提供相应的解决方案。

（四）升级产品链，开发高质量新产品

随着国家对于研学旅行的政策和标准规范不断丰富和完善，研学旅行的市场逐渐变大，产品需求也在增多，产品体验性在逐渐增强，逐渐步入"研学＋"的多元产品链时代。当前，研学旅行产品链还不够完善，市场上具有创新性的研学旅行产品有待增加。随着文化产业和旅游产业的融合发展，研学旅行产品内容、课程内容逐步细分，"研学＋"的多元产品链成为研学旅行发展的重要产品力和支撑力。研学产品链开发和升级的重点主要可以从以下几个方面来考虑。

1. 研学与康养的结合

面对老年人市场，充分挖掘老年人研学市场潜力。老年研学是"研学＋康养"的结合，这契合老龄化社会的新需求，满足"银发市场"在文娱、康养、休闲、社交、运动等方面的需求。

2. 研学与工业的结合

在传统和现代工业区开展研学旅行，是对以往工业旅游的一种创新性结合，这是新思路和新产品。工业研学旅行的教育价值很大，不仅可以激发学生的思考和对工业知识的探索，还可以培养学生的工业制造意识，激发其对工业技术的探索兴趣。在工业研学旅行产品的设计中，重要的是与工业企业进行对接，保障活动的有序性、学习性、安全性，同时也要丰富工业研学旅行产品的知识性、探索性，达到寓教于乐的效果。

3. 研学与红色旅游的结合

研学旅行开展红色教育是中小学生思想政治教育的创新路径，研学旅行红色教育需要注入时代内涵。根据不同地域进行课程设计，要善于利用不同地域的红色文化资源，优化创新红色教育形式，不断充实研学旅行红色教育的特色资源，利用线上和线下的研学平台进行互动，带领游客参观游览红色景观，把握市场特点和趋势，提供相应的研学品牌课程和相关服务标准。红色研学旅行课程要充分围绕红色主题，在内容上要把握红色旅游线路的体验感与互动性，将本地资源进行整合和优化。

4. 研学与高端科技的结合

随着人工智能的发展，高端科技对青少年的吸引力较强，科技领域内有丰富的数理化知识和设计美学等知识，研学与科技具有天然的适配性。研学课程可以融入高端科技，并且结合课本知识进行实地教学和展示。科技研学课程对于青少年智力的开

发、逻辑思维的培养具有重要的启发作用,同时能够培养青少年对科学的热爱以及对科研工作的向往与期待。农业与人们的生活息息相关,随着市场对农产品质量要求的提高,专业的、高质量的农场增多,农业开始朝着智慧化的方向发展,这也是当前农业领域较为热门的研究课题。智慧农业主要包括智慧农场、智慧生产、智慧包装、智慧运输等,将智慧农业与研学旅行结合,可以丰富青少年的农业知识,激发青少年对农业相关领域的研究兴趣。

5.研学与研学旅行基(营)地的结合

研学旅行基(营)地可以提高客群参与度,能够提高互动性和体验感。充分开发双向式互动研学旅行基(营)地产品,主要包括青少年素质教育培训基地、学习成长营地、高科技展览馆、农业研究院和示范基地、红色文化教育基地、民俗展览馆等开发的研学课程。通过研学旅行基(营)地课程,可以培养青少年的社会和情感互动能力,为其提供高质量的、有创意的生活体验。

（五）创新营销机制

研学旅行基(营)地品牌保障需要创新研学市场营销机制,值得注意的是研学旅行基(营)地品牌危机管理。在自媒体时代,研学旅行基(营)地品牌传播有以下特点:全民监督,新媒体使用者具有一定的话语权,事件传播迅速,影响力较大。研学旅行基(营)地品牌在利用自媒体进行传播的同时,也需要提高自身的危机意识,优化自身的服务,及时发现和解决尚处于萌芽期的问题。研学旅行基(营)地需要建立品牌传播危机预警反馈机制,在发现客户反映的问题后迅速做出科学的回应。在研学旅行基(营)地品牌出现传播危机之后,保障部门需要迅速反应,建立相关负责机制,调查事件原委,对相关信息进行实时发布,保证研学旅行相关信息的公开化和透明度,展现研学旅行基(营)地品牌的诚意,做好善后工作,让品牌危机变成机会,重新获得市场的认可。

（六）建立健全人才培养体系

鉴于研学旅行对专业性和创新性的要求较高,研学旅行基(营)地品牌的核心竞争力在于研学课程设计,研学课程的设计需要专业的研学人才。在研学旅行基(营)地品牌建设与发展的过程中,根据课程设计相关内容,可以将人才分为课程研发型人才、研学授课型人才、研学服务型人才、研学保障型人才、研学评价型人才。课程研发型人才主要负责研学课程的开发,主导课程设计,是研学课程的智库;研学授课型人才就是所谓的研学旅行导师,主要负责课程的讲解和引导,其与市场的互动较多,能够及时向研发团队反馈研学课程效果;研学服务型人才就是在研学旅行过程中提供各项相关研学服务的人才,如非遗手工师傅、园艺师等专业技术人才;研学保障型人才主要负责研学后勤的保障,保障游客安全出行,统筹协调好相关事宜;研学评价型人才主要负责定期或者不定期地对研学旅行基(营)地和研学产品体系进行评价与反馈,其作用在于不断完善研学旅行基(营)地品牌,提高研学产品质量。

(七)创新研学旅行产品发展模式

首先,研学旅行基(营)地品牌的发展要建立品牌思维,通过品牌来助力研学旅行的发展。研学旅行基(营)地品牌发展模式要根据品牌发展生命周期进行调整。在创始期,主要需要采取市场拓展模式,塑造品牌形象;在成长期,主要着力点在品牌的深化和提升上;在成熟期,需要对品牌进行创新和创意设计,丰富品牌内涵;在品牌转化期,要对品牌进行梳理和市场重新定位,实现品牌的转换升级。研学旅行基(营)地品牌发展模式的选择需要进行品牌的分类和市场分析,不断完善自身品牌和特色产品的打造与优化。其次,在研学旅行基(营)地品牌的可持续发展方面,要制定合理的规划,合理选择品牌发展模式,确立品牌价值体系,注意培植富有创意的研学品牌新类目;对于市场竞争力下降,以及不能满足市场需求的品牌,要进行提质升级和更新换代,以市场主打品牌为基础,实现研学旅行基(营)地品牌市场的发展和延伸。

第二节 研学旅行基(营)地市场营销

研学旅行已从学校教育拓展到家庭教育等不同的领域,不断满足人们对综合性、可体验性教育的需求。未来研学旅行基(营)地将会寻求更多的方式,打破传统的教育模式,创造出更多新的形式和应用,研学旅行的市场前景将越来越广阔和多元化。

一、研学旅行基(营)地市场营销概况

(一)研学旅行基(营)地市场营销的概念

研学旅行基(营)地市场营销是指在不污染和破坏旅游资源的前提下,经营企业为满足消费者观光游览、休闲度假、娱乐的需求和欲望,将研学旅行基(营)地与游客之间的潜在交换变为现实交换的一系列活动。也就是通过一定的手段了解顾客的潜在需求,并根据具体营销策略将潜在需求变为实际需求。

目前,我国的研学旅行尚处于初级发展阶段,各地都在进行运营模式的探索,市场化运作是我国旅游业发展的成功经验。在研学旅行项目的开发上,完善研学旅行基(营)地的市场运作包括精细的管理运行、有效的营销机制和出色的市场推广等。通过成熟的市场运作,可以将教育产业与旅游产业最大化地结合起来。研学旅行基(营)地在产品开发之初就可以定位于市场化运作,在产品的开发、营销、经营等方面坚持市场导向,以学生的需求为中心,创造出适合学生需求的、对学生具有吸引力的研学旅行产品。由于研学旅行具有公益性的特殊属性,单独依靠研学旅行基(营)地投资者的自有

资金恐难以为继。政府应通过服务、引导和协调,创造一个良好的研学旅行基(营)地运营环境,然后注入启动资金,使用多元化的融资机制,引入市场开发主体,让非公有资本,尤其是民营资本参与,保证基(营)地运营所需要的资金。

(二)研学旅行基(营)地市场营销的特点

鉴于旅游产品的特殊性,研学旅行基(营)地营销也有不同于一般营销的独特性。

1.营销对象与消费者不同一

研学旅行的实际体验与服务对象是中小学生或其他学生,然而在营销过程中决定学生参与研学旅行活动的往往不是作为直接体验者的学生,而是学校老师和家长。因此,研学旅行基(营)地一般面向学校老师和家长进行营销活动,同时在服务结束后的意见收集阶段也需同时收集学生与学校老师、家长的反馈信息。在市场调研活动中,需要收集的不仅是体验者学生的意见,还需了解家长与学校老师对研学旅行的态度。在宣传活动中,不仅要向学生介绍具体的流程与活动课程内容以促进学生产生参与意愿,还要向学校老师和家长介绍基(营)地对于保障研学旅行活动开展的工作安排,以获取他们的信任与认可,从而放心地让学生在基(营)地开展研学活动。

2.营销信息的选择性

研学旅行基(营)地营销不仅要考虑消费者的需求,而且要考虑旅游资源的保护,要将两者结合起来,使市场营销运行与环境保护得到协调统一的发展。例如,一些湿地公园研学旅行基地,通过市场调研了解到游客希望多增加一些水上活动,但如果满足了游客的想法,开发了水上活动的课程与产品,势必会对湿地生态与环境造成不良影响,因此并不是游客所有的需求都需要满足,应该结合实际情况,坚持绿色与可持续的理念,有选择性地收集与使用营销活动反馈的结果。

3.营销范围的区域性

研学旅行基(营)地的营销市场具有区域性。任何一个研学旅行基(营)地,其市场定位必须是区域性的。研学旅行产品所具有的感知形象是消费者选择研学目的地和进行研学活动决策的首要考虑因素,距离、时间、交通方式和旅行成本是次要因素。因此,那些具有强烈独特个性的研学旅行基(营)地,往往能吸引来自较远距离的消费者。同时鉴于研学旅行基(营)地服务对象的特殊性,以及从研学旅行活动的安全性出发,开展跨省(直辖市、自治区)的长途研学旅行活动难度较大,活动范围仍以省(直辖市、自治区)内各基(营)地为主。研学旅行基(营)地虽然会因类型不同而有不同的竞争程度,但要突出差别性营销策略,以形成自己独特的形象。

服务产品的无形性决定了消费者在开始研学旅行活动之前无法实验或使用研学产品,因此要通过一定的渠道让公众产生对研学产品的认识。这些渠道的核心是借助公众舆论和公众关系传播基(营)地的形象和信息。因此,研学旅行基(营)地的营销包括异地促销和本地促销两种形式。前者是指在旅游客源地和潜在游客集中区的宣传、招徕,通过在大众媒体上做广告,请旅行商散发宣传品,参加旅交会,实现潜在消费者的现实化;后者包括邀请目标市场地区旅行商和媒体记者踩线,以及通过提高服务质量吸引回头客,发挥游客的口碑效应。

二、研学旅行基(营)地市场营销的程序

(一)确定调研计划与目的

与其他市场不同的是,研学旅行市场是一个拥有明确服务对象的市场,与之利益直接相关的有学生、家长以及学校。针对这一群体对象的特性以及研学旅行的特性,研学旅行市场的调查除了有对市场的一般调查,还有针对服务品质提升的调查。

在调研活动前,需要评估现有的资料,明确待调查和解决的问题;针对调查问题,确立调查的内容和指标;制订调查计划。需要确定调查方法、调查对象、参考时段、抽样单位、抽样数目、调查地点,安排调查人员,并且设定调查框架,在了解样本的基础上设计调查工具,然后在试验性调查的基础上进一步完善调查工具。

(二)收集营销信息

这一阶段的主要任务是按照计划系统地收集各种营销信息,包括第一手资料和第二手资料。在这个阶段,可以通过发放问卷的方法实施调查,并对调查过程实施监督。

1. 第一手资料的收集

客源市场的调查中要注意两个问题:一是对调查对象做出准确定义,以便统一标准;二是调查方法的选择。对于调查对象,需要明确是对学校的调查,还是对学生家长的调查或对学生群体本身的调查,调查视角不同得出的调查结果也是不同的。例如,如果仅研究研学旅行课程的接受程度,在调查中应注意区分参与过研学旅行的学生和未参与过研学旅行的学生,以免对研学旅行客源市场的估计过高。

2. 第二手资料的收集

研学旅行活动是一种几乎涵盖全社会参与的大型旅游活动,在收集资料时,二手资料也是尤为重要的。二手资料包括有关部门的统计资料、各种法规和政策、国民经济发展规划等。统计资料可分为四种类型:普查资料、注册资料、报刊资料和商业资料。普查资料是由政府机构或有关组织通过普查活动所公布的信息,准确性高,具有一定的权威性;注册资料一般是由行业主管部门登记注册的资料,如相关考试资格证的资料等,具有一定的全面性,比较可靠;报刊资料往往是新闻单位经过采访和编辑而发布的信息,具有相对可靠性;商业资料是由各类市场调查机构依据商业操作的原则收集整理的资料,由于其资料往往代表自身的看法,在运用过程中必须加以注意。

(三)实施营销调查

1. 调查对象的选择

调查对象的选择主要运用抽样调查方法,同时针对不同的调查目的,往往会选择

不同的抽样调查方法,常用的抽样调查方法可见表7-1。

表7-1 常用的抽样调查方法

抽样调查方法			具体描述	调查目的
抽样调查	全体调查		全体调查样本	研学旅行接待规模调查
	随机抽样	简单随机抽样	从总体中随机指定部分样本	研学的目的、偏好、满意度调查
		分层随机抽样	总体被划分为相互排斥的亚层（如年龄），从每个亚层抽取不同的样本	对不同年龄层的研学特征的调查
		分群随机抽样	总体被划分为相互排斥的亚群（如地区），从每个亚群抽取不同的样本	不同客源地的抽样调查
	非随机抽样	简单判断抽样	调查人员在总体中选择能提供准确信息的样本	初步的探索性调查
		定额判断抽样	调查人员在每个类别中选择能提供准确信息的样本	初步的探索性分类调查

2.调查方法的选择

确定好调查对象后,根据不同的调查对象可选择不同的调查方法,常见的调查方法如表7-2所示。

表7-2 常见的调查方法

调查方法		特点	适用范围
观察法		有一定的主观推测性	学生的研学行为规律及隐含态度调查
询问法	面谈法	灵活、准确,成本高,易受调查人员影响	常用于小组专题访谈
	电话询问法	成本较高、灵活,回应率高,易产生误导,调查对象有时较反感,不愿意配合	用于长途、补样本或大范围较简单问题调查及快速收集信息
	现场问卷法	明确、客观,受问卷设计质量影响	常用于数量多且简单的问题调查
	互联网问卷法	真实、客观、成本低,返回率低,周期长,不够灵活	用于问题多、不便面谈,或需长时间考虑的问题调查
实验法		科学、客观,难以控制实验条件	小规模实验,用以验证因果关系

以上每种市场调查方法的优劣并不是绝对的,对其评价需要综合考虑研究目的、环境、经费和时间要求等。一般来说,在选择调查方法时要考虑以下几个方面的因素。

(1) 每种方法的适用范围。
(2) 对所研究的问题是否有较强的针对性。
(3) 在满足研究要求的条件下是否能节省费用和时间且易于操作和控制。
(4) 在费用一定的情况下其精度是否最高。

（四）进行市场细分

由于参与研学旅行的学生数量多、需求千差万别、发展趋势多变，任何一个研学旅行经营主体，无论它有多大，资源多丰富，产品种类多齐全，资金实力多雄厚，都不可能提供满足整个研学旅行市场需求的研学旅行产品。但研学旅行市场营销又要求最大限度地满足学生及学校的需求，这就要在对整体研学旅行市场细分的基础上，按照自身的资源优势确定目标市场，进行市场定位，针对目标市场的消费需求和行为特点，制定市场营销策略。

研学旅行市场细分是按照研学旅行产品体验者的需要、态度、行为特征等不同因素，把整个市场划分为若干具有不同消费特点的学生及学校群体的过程。研学旅行市场细分不是基于旅游产品的分类，而是从学生及学校的角度进行划分的。学生及学校需求的差异性是研学旅行市场细分的基础。研学旅行市场细分就是对市场先分后合的过程，即依据市场消费的异质性特点进行划分，它要求同一市场中的消费者有大致相同的旅游消费倾向（同质性），市场规模可以衡量且具有稳定性；对经营主体而言，则要求可以进入而取得效益。这样才有利于发现新的市场机会，制定营销策略和市场竞争策略。

研学旅行整体市场之所以可以细分，是由于学生及学校的需求存在差异性。引起学生及学校需求差异的因素很多，一般是组合运用有关因素来细分市场，而不是根据单一因素来细分。具体细分见表7-3。

表7-3 研学旅行市场细分

市场细分标准	细分依据	细分市场举例
地理环境因素	学生所属地区、气候、城市规模等	寒带市场、热带市场、温带市场
人口统计因素	学生年龄、学生性别、父母职业、父母文化程度、家庭收入等	一线城市的学生、普通城镇学生、乡村学生
心理因素	生活方式、性格、兴趣等	地质研学、文化研学、红色研学
购买行为因素	需求动机、数量、偏好程度、行为特征等	观光市场、体验市场、实践探究市场；私立学校市场、公立学校市场

（五）对不同市场实施营销计划

基（营）地市场营销计划是对主要营销活动方案所做的详细说明。它规定了各种营销活动的任务、策略、目标和具体指标以及措施，实施和控制市场营销计划可以使基

(营)地的市场营销活动按既定计划进行,避免营销活动的盲目性。

营销计划的制订要解决的是营销活动做什么以及为什么做的问题,而营销计划的实施要解决的是何时、何地以及怎样做的问题。营销计划的实施是一项系统化的工程,是将计划转化为行动的过程。

三、研学旅行基(营)地市场营销策略

(一)无差异市场营销策略

无差异市场营销策略也叫整体市场策略,是将整个研学旅行市场视为一个目标市场,用同一种市场营销组合策略开拓研学旅行市场。无差异市场营销策略只考虑研学旅行市场在需求上的共同性,而不关心市场在旅游消费需求上的差异性。它虽然可以降低营销成本,但随着研学旅行市场竞争的加剧,以及学生及学校需求的多样性变化趋势,这种营销策略也存在弊端。大众化的研学旅行观光产品,如观光型景区产品,可以采用无差异市场营销策略。国家和省(直辖市、自治区)级研学旅行目的地产品由于区域内产品的多样性,也可采用无差异市场营销策略。

(二)差异性市场营销策略

差异性市场营销策略是将整体市场划分为若干细分市场,针对每个细分市场制定不同的营销组合方案,以满足每个细分市场的具体需要。差异性营销策略的优点是能使学生及学校的需求更好地得到满足,以此促进产品销售。由于在多个细分市场上经营,一定程度上可以减少经营风险;如果在几个细分市场上获得成功,有助于提高旅游产品的形象及市场占有率。其不足之处在于,由于产品品种多,以及针对不同的细分市场发展独立的营销计划,市场调查、促销和渠道管理等方面的营销成本会增加,营销主体的资源配置不能有效集中。研学旅行线路产品因为其组合的主题性原则,要采用差异性市场营销策略,景区产品也可根据其主题功能定位而采取此策略。

(三)集中性市场营销策略

集中性市场营销策略是指集中力量进入一个或少数几个细分市场,实行专业化生产和销售。实行这一策略,营销主体追求的不是在一个大市场角逐,而是力求在一个或几个子市场占有较大份额。这一策略特别适合于资源力量有限的中小旅游企业。由于受资源特色、财力、技术等方面因素的制约,一些中小旅游企业在整体研学旅行市场上可能无力与大企业抗衡,但如果集中资源优势在大企业尚未顾及或尚未建立绝对优势的某个或某几个细分市场进行竞争,成功的可能性更大。这一策略的局限性表现在:一是旅游市场区域相对较小,发展受到限制;二是有较大的经营风险,一旦目标市

场突然发生变化,如学生及学校兴趣发生转移或有强大竞争对手进入,或新的更有吸引力的替代品出现,都可能使企业因没有回旋余地而陷入困境。

本章小结

（1）研学旅行基(营)地品牌是研学旅行基(营)地产品和服务的质量、价值以及满足学生集体效用的可靠程度的综合体现。

（2）研学旅行基(营)地品牌塑造应遵循因地制宜、创新性、独特性、战略性、可持续性、协调一致六项原则。

（3）研学旅行基(营)地品牌推广可以从七个方面进行路径优化：精细化推广渠道管理；优化品牌理念，提高品牌吸引力；规范品牌服务，培养市场忠诚；升级产品链，开发高质量新产品；创新营销机制；建立健全人才培养体系；创新研学旅行产品发展模式。

（4）研学旅行基(营)地市场营销是指通过一定的手段了解顾客的潜在需求,并根据具体营销策略将潜在需求变为实际需求。

（5）研学旅行基(营)地市场营销的程序通常分为确定调研计划与目的、收集营销信息、实施营销调查、进行市场细分、对不同市场实施营销计划。

（6）研学旅行基(营)地市场营销的策略应当从无差异市场营销策略、差异性市场营销策略、集中性市场营销策略三个方面提升基(营)的优势与竞争力。

本章训练

简答题
1. 研学旅行基(营)地的品牌推广路径,除了书中提到的七项,还有哪些?
2. 策划一个完善的研学旅行基(营)地市场营销方案,应该从哪些方面出发?

第八章
研学旅行基（营）地接待管理

本章概要

研学旅行作为基（营）地的主要活动，活动的顺利接待一直是研学旅行基（营）地相关部门关心的共同问题与前置问题。本章主要探讨研学旅行基（营）地的接待管理，梳理了研学旅行基（营）地接待前期管理、接待过程管理和接待质量管理三个方面的要点及注意事项。

学习目标

知识目标

1. 了解研学旅行基（营）地接待前期管理。
2. 熟悉研学旅行基（营）地接待过程管理。
3. 掌握研学旅行基（营）地接待质量管理。

能力目标

1. 能对研学旅行基（营）地接待工作进行科学管理。
2. 具备做好研学旅行基（营）地接待管理工作的基本素养。

素养目标

1. 树立科学的管理理念，提升综合素质。
2. 能熟练地设计、组织、实施研学旅行基（营）地接待管理。

> **思维导图**

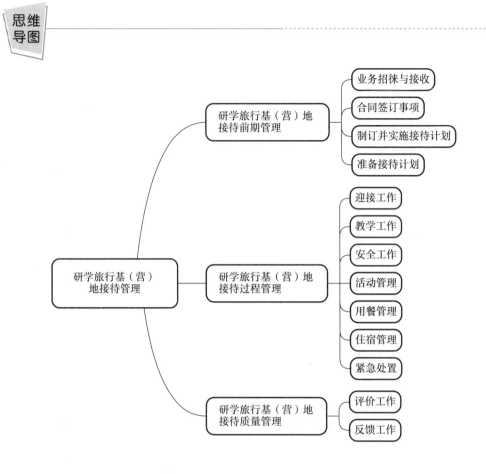

第一节 研学旅行基(营)地接待前期管理

研学旅行活动作为综合实践教育的有效途径,是研学旅行基(营)地的常态性工作。研学旅行基(营)地要把研学旅行纳入工作计划,将研学旅行与国家课程相结合、与地方课程相结合、与国际交流相结合、与班团活动相结合、与其他综合实践相结合。一次完整的研学旅行活动管理包括接待前的管理、接待中的管理和接待后的管理,三个环节紧密相连,一环扣一环,任何一个环节出现问题,都将影响研学旅行活动的质量。三个环节中,接待前的管理工作是重中之重。

一、业务招徕与接收

研学旅行基(营)地接收业务一般有两种方式:一种是基(营)地主动到中小学投标接收业务,另一种是直接接收旅行社等服务承办机构的接待任务。

（一）接收任务

接到研学旅行承办方的任务后,应首先了解接待人数、接待时间,同时进行内部核对,确定可接待的日期和人数,确定无误后回复承办方,进而落实其他细节工作。

（二）落实需求

接到承办方的任务后,应告知可以接待的日期和规模,进行大致交流并初步确定;初步确定后,基(营)地内部应开展协调会议,确定服务人员,落实细节;内部协调会后,应积极主动与承办方取得联系,详细了解学校或承办方的要求。

（三）合理报价

根据承办方所提出的具体要求,落实费用。在报价时可以采用整体报价或分项报价,也可以两种报价方式相结合。整体报价比较适用于费用较低、包含项目和提供服务较少的基(营)地,而分项报价适用于成本费用较高、包含项目和服务内容较多的基(营)地。具体采用哪种报价方式,基(营)地可根据自身情况确定。

二、合同签订事项

基(营)地投标或接单成功,与学校或承办方就研学旅行的接待内容达成共识后,须尽快与其签订合同,以便尽早开展各项准备工作。合同的签订要注意以下几个方面。

（一）收款方式和时间

学生抵达基(营)地前要全额收款,不得以任何理由将团款部分或全部作为质量或履约的押金。收款时间宜在出发前7个工作日完成。例如,某研学服务机构在承办某学校的研学活动过程中,由于管理不善,业务人员对所收学生研学旅行费用部分款项未能按时上交给服务机构入账。当研学旅行团队抵达基地后,业务人员只支付部分款项,并约定还应该支付的近10万余元在离开基地时支付,理由是作为履约"押金"。研学旅行活动结束后,该业务人员以服务质量有问题为由,迟迟不支付余款。基地与研学服务机构沟通,才得知业务人员将所收研学团款部分私自留用,目前无法偿还给服务机构。经协调后,余款最后由服务机构支付。

（二）违约责任

由于研学活动受诸多因素影响,要明确违约责任,以免给基(营)地或承办方造成经济损失。例如,某研学旅行基地通过任务接单的方式,接受了某学校的研学计划订单,订单明确了参加的时间、人员数量、年级、研学活动的有关细节以及费用。双方都按计划做好了研学活动的相关准备工作。按照预定计划,基地对餐厅和住宿都做好了接待准备。出发当天早上,突降大雨,学校通知基地,取消当天的研学活动。基地准备的食材浪费极大,就此向学校主张支付违约金。由于事前没有就违约进行约定,基地的主张异常艰难。最后学校只对基地的损失做了少量的赔偿,不对所有的损失负责。

(三)生效时间

合同的生效时间一般是抵达前7个工作日,否则对收款造成不利。例如,某基地在接待某研学服务机构的一日研学活动时,在签约合同中约定"在合同生效后三天内付清研学活动费用",而合同的生效时间注明为研学团队抵达基地当日的日期。在学生抵达前,由于基地接待量大,资金出现紧缺,基地要求研学服务机构提前付款,研学服务机构不予理睬,回应"按合同办理"。这一回应令基地方感到有些不安,认为服务机构不通人情,故在研学团队抵达当日,提出"要求付款,否则不予接待",双方产生矛盾,经过2个多小时的交涉,才允许学生进入基地参加研学活动。

三、制订并实施接待计划

(一)完善接待方案

1. 审核接待方案

(1)审核课程。首先,审核研学目标,看提供的研学活动方案的目标与学校提出的研学目标是否一致。其次,审核研学内容,看提供的研学课程内容是否适合参加本次研学学生的身心发展和能力,是否适合学生的年龄特征。再次,审核组织机构,看组织机构的科学性、人员配备的合理性、后勤保障的有效性是否达到要求。最后,审核评价内容,看是否建立了学生的活动评价内容,评价是否具有科学性,是否能反映本次研学学生的实际成长状况。

(2)审核线路规划。审核基(营)地线路规划的合理性、研学目标与课程的契合度、线路轨迹的科学性等。

(3)审核后勤保障。审核本次研学活动制定的安全保障措施和应急预案是否考虑全面,应急预案和处置方法是否得当,交通安排是否合理和安全;住宿酒店是否能满足本次研学活动的住宿要求和安全管理需求,能否在夜间实现闭门管理或楼层封闭管理;学生用餐方案中,餐厅是否能满足一次就餐,是否需要翻台组织两次用餐,是否在一个餐厅用餐等。

2. 完善接待流程

完善的接待流程是研学旅行活动顺畅开展的重要保障。在研学旅行活动开始前,一定要反复研究接待流程,必要时还可以进行演练。接待流程要考虑好每个环节所需要的时间,尽量考虑到各种因素的影响,确保设定的流程能够顺利完成。

（二）修订研学旅行课程

研学旅行基（营）地与学校或服务机构签订合同后，还需要对研学旅行课程进行修订和完善。在结合基（营）地的接待人数、接待流程、环境、交通、停车场、教学主题等基础上，对教育目标、教育情景、教学体验、教学活动互动等进行整体优化。结合具体教学场地设计，完善相应的课程目标、知识点讲解、拓展阅读、练习、评价反馈等。

1. 修订要求

研学旅行课程要融入办学理念、办学特色、培养目标、教育内容等，依据学校特色、可利用的社区资源，对活动课程进行统筹考虑。课程开发要面向学生的个体生活和社会生活，引导学生从日常学习生活、社会生活或与大自然的接触中提出具有教育意义的活动主题，使学生获得关于自我、社会、自然的真实体验，建立学习与生活的有机联系。避免仅从学科知识体系出发，要依据学生发展状况，结合学生的年龄段特征、阶段性发展要求设计课程。

2. 修订步骤

（1）分头备课。基（营）地与学校或服务机构分别组织相关人员围绕主题备课，包括内容设计、研学流程、人员分工、安全预案等。

（2）对接备课。基（营）地与学校或服务机构课程研发团队对接各自的课程设计方案，进行深度沟通，取长补短。

（3）现场备课。邀请学校或服务机构来现场，按照联合开发的教案，模拟全流程的研学体验，完善课程教案。

（三）编写研学手册

通过三轮备课推动研学课程设计，最后将所设计的课程编写成研学手册。研学手册是研学课程设计的成果，是研学旅行活动的需要，也是研学旅行活动的指南。

1. 确定背景

背景包括研学的主题、目的地、研学对象等，分析研学手册应该采纳的风格、展示的内容和呈现的方式。

2. 列出大纲

研学手册是需要提前发给学生学习的，所以研学手册除了包含实施阶段的课程和研学后的测评等内容，还应该包括研学前的内容，具体如行程地图、详细攻略、活动意义和目标、日程安排、相关准备、安全注意事项等。

3. 编写内容

完成以上两个步骤后，要根据已知的细节和研学教学方案，完成研学手册的编写工作。其主要内容有以下几点。

（1）封面与封底。包括研学主题、研学线路、学生信息栏等，还可增加学校或研学服务机构等相关内容。

(2)研前板块。包括研前评价、研学须知、研前小任务、安全注意事项、研学必备物品清单、研学计划时间表。

(3)研中实施。包括研学教学的内容、研学任务和研学记录,这是研学活动学习的重点,可以引导学生完成研学课程。

(4)研后测评。包括研学感想和研学评价两大板块。研学感想的形式多样,可以采用研学小日记、大作文、绘画、填空、问答等形式开展;研学评价包含学生自评、同学互评和老师评价三个方面,评价学生在研学活动过程中的表现。

四、准备接待计划

（一）接待工作培训

1.培训对象

参加研学活动的所有工作人员,包括导游、研学旅行导师、研学旅行安全员、后勤保障工作人员等。

2.培训目的

重视本次研学活动的培训,要求各部门负责人明确责任,明确岗位分工、岗位职责及须达到的服务标准;传达研学活动的背景、内容、时间、地点、服务要求等,让参与研学活动的工作人员明白本次活动的宗旨;明确工作完成的时间节点,确保圆满完成研学旅行的各项任务;明确研学旅行工作各环节的主要负责人。

3.培训形式

鉴于基(营)地内的工作人员在入职前均已进行了入职培训,因此每次开展活动时,只需要进行讲解培训即可。讲解培训的形式可以是单独培训,根据工作职责在相应的地点进行,如餐饮组在餐厅培训,检票组在园区出入口培训;也可以是集中培训,将所有人员集中在培训室进行培训。

培训分为两部分:一部分是在培训室举行全员理论知识培训,另一部分是组织一线工作人员进行路演培训。各工作组负责人要进行实地路演培训,其余人员组织模拟路演培训。

4.培训内容

培训内容包括本次研学活动的背景、实施方案、应急预案、研学课程、服务流程、人员分工、岗位职责、安全管理细则等,重点梳理活动的流程。参加研学活动服务的所有工作人员对研学服务流程进行梳理,分析整个研学活动的行车线路图和地理分布图,熟悉每个教学场景的位置及周围设施,重点掌握卫生间的分布情况,强化团队意识,尽快进入接待状态。

5.效果评估

没有评估的培训容易变成走形式,无法达成预先设定的培训目标。培训工作要做好,一定要考核评估,否则参训人员没有学习压力,容易得过且过。要分阶段开展培训效果评估,不能等到培训最后才进行。分阶段评估培训效果,可以确保人员合格上岗,不合格者还可以进行补充培训。对培训效果的评估要全面,可以从实际需要出发对不同环节赋予不同的权重。评估的方式可灵活多变,前期可多采用反应评估,了解参训人员对培训的满意度;后期可多采用学习评估,通过笔试、现场操作、模拟演示等方式了解参训人员对知识、技能的掌握程度;必要时还可采用行为评估,即了解培训结束后参训人员在工作中的行为状况等。

（二）检查落实

1. 物料落实

制作研学旅行导师物品清单,研学旅行导师在接待前要准备好工作证、入园凭证(门票或手环等)、讲解器、对讲机、音响设备等。

还需要制作学生物品清单,学生所需物品一般包含研学手册、研学旅行小红帽、学生奖状、矿泉水、课程教具(包括学生体验用的一次性材料)等。

2. 确认工作

接待前,应与学校或研学服务机构多次确认,落实接待事宜,确保接待服务的有序推进。

第一次确认时应该已完成方案制作。确认所需接待的对象、研学主题、时长(一日或多日)和日期,用餐方式、数量和菜单等,并请学校或研学服务机构确认接待及课程方案。

第二次确认是在签订合同后。确定具体的接待人数和到达离开时间、人员配置方案、用餐方式和时间、车辆数量和停放位置等相关信息。

第三次确认是在接待当日。学生出行前,基(营)地应主动联系学校或研学服务机构,若当日接待人数有变化,要及时做出调整,准备变化情况说明书,请学校或研学服务机构负责人签字。

为加强安全管理,提高安全防范意识,明确责任,要与学校或研学服务机构签订安全责任书,在接待前要重点关注以下工作并确认。

(1) 是否已与学校或研学服务机构签订合同和安全责任书。

(2) 确认师生的意外保险是否已经购买,责任险是否已经购买。

(3) 各类研学资料是否已经完成;接待前告知通知是否已经发放;教育培训工作是否已经完成。

3. 信息公开

为搞好接待工作,需要将当次接待研学的有关信息公开,便于基(营)地人员全员知晓。

公示研学接待的对象和人数,便于基(营)地所有工作人员了解相关接待情况,提高工作效率。

公示基(营)地的课程信息,包括课程资料、课程安排、师资力量等,便于在研学服务过程中严格按照既定的课程进行各项准备工作,按照课程日程实施教学指导,了解相关人员所在的教学指导点位。

发布研学旅行出行清单,提前将基(营)地相关住宿信息告知学校或研学服务机构,以便做好相关准备工作。研学旅行出行清单内容包括生活用品、学习资料、相关网站信息、注意事项等。

公示研学用餐菜单、菜品采购途径及负责人,有利于餐厅工作人员了解应该提供的菜品,避免遗漏;同时也有利于用餐人员对餐厅的监督。

公示基(营)地分布图及应急避难线路,有利于在出现险情或紧急情况时,参加研学旅行的人员能及时避险。

公示应急投诉电话,便于及时解决在服务中出现的问题。

第二节　研学旅行基(营)地接待过程管理

为了维护研学活动的秩序,保证研学活动的顺利开展,基(营)地接待过程管理是关键。接待过程管理是对学生群体的管理,管理者更多的是引导者和指导者角色。管理者要观察每个学生的变化,给予他们准确、及时的建议,关注学生的身心发展。因此,研学活动实行过程管理非常必要,研学活动的最终效果与管理工作是直接相连的。

一、迎接工作

(一)迎接要求

接待当天,接待项目总指挥要时刻与学校或研学服务机构保持联系,随时了解车辆运行情况,做好迎接准备。一部分安保人员在停车场指挥车辆停放,另一部分安保人员在外引导车辆驶入。研学旅行导师戴上讲解器在停车场等候学生,组织学生排好队,有序前往检票口。

提前半小时对所有研学旅行导师和安全人员点名,核实人员到位情况,将信息汇总给总指挥;核对车辆是否按既定时间到达指定区域,对车辆发放标识;按车号指定专门的工作人员,做好迎接学生的准备,并整理所需要的物料。

(二)迎接防范

在学生到达基(营)地时,要结合基(营)地停车场的现状和当天的接待情况,提前做好停车位置的安排,避免车辆到达基(营)地时无法停车。

学生到达时由于人员数量多且集中,检票可能花费较多时间,可以采用开通指定通道的模式,按班级依次进入。如需确认学生身份,可以提前确定好统一标志,并将参加研学旅行的学生名单交班主任签字确认。基地接待组负责人随时保持与接待项目总指挥的联系。

二、教学工作

(一)教学要求

1. 有针对性地提供教学服务

研学旅行导师应根据研学教育计划、不同年龄段学生特点、不同研学课程特点,有针对性地提供教学服务。教学应以课程化的研学旅行促进寓学于游、寓教于行,宜在研学旅行过程中及时组织学生开展各类有趣的研学活动。研学旅行导师全面指导学生的研学活动,引导学生发现问题,协助学生分析问题,完成研学各单元的任务。

2. 严格执行研学课程计划

研学旅行导师在研学旅行过程中应严格执行确定的课程计划,临时要变化的,需要请示,得到许可后方可执行。研学旅行导师要做好课程实施工作,把控教学进度,引导学生完成研学任务,并及时答疑解惑。

(二)教学过程管理

1. 教学环境

不同于在学校教室内教学的课程,研学旅行课程采用的是一种真实场景中的教学,是实景教学。在这样的教学环境下,知识的习得不是以阅读和教师讲授等间接方式为主,而是以观察、体验等直接的习得方式为主,以阅读、讲授等间接方式为辅,教学环境开放、多元。不同的教学环境决定了不同的教学方式和学习方式。

2. 教学团队

(1)教师的团队化。与学校学科课程的教学不同,研学旅行课程的教学不是由一名教师完成,而是由一个团队合作完成。研学教学团队由学校带队教师、研学服务机构或基(营)地的研学旅行导师、景区或基(营)地讲解员以及安全员等人员组成,他们分工协作,共同完成教学任务。

(2)教师的跨界化。研学教学团队主要来自教育界和旅游界两个专业领域,如何把双方各自的专业优势有机结合,是决定跨界合作教学效果的重要影响因素。来自旅游界的研学旅行导师在教学中要注意突出教学指导的教育性;来自学校的带队教师在教学工作中要发挥自己的教育专长,引导学生深入思考,落实关于核心素养培育的教学目标,体现研学旅行不同于观光旅游的特征,这正是研学教学团队专业性的表现。

(三) 学习管理

1. 学习方式

研学旅行课程是实践中的课程,是行走中的课程,是情境化的课程。这就决定了研学旅行中学生的学习是一种自主实践学习,是一种自主探究学习,是一种以亲身体验为主的学习。

2. 学习任务

研学旅行的主要学习任务是培养科学探究的能力,培养应该具备的核心素养,形成正确的态度和价值观;知识的习得则是次要的学习任务。

3. 学习素养

在研学旅行过程中,学生要学会带着任务和问题去领会与体验:领会研学旅行导师或景区讲解员讲解的学习资源,学会在学习中思考、在思考中学习,交流与咨询应在讲解完成或阶段性任务完成时进行。另外,研学旅行还要培养学生在不同类型的学习情境中应具有的素养,比如在博物馆和纪念馆中应保持安静,特别是在教师集体解说时,保持安静是一种基本的素养。

4. 学习成果

研学旅行课程的学习成果不以考试为评价手段,不以分数为呈现形式。

(四) 防范措施

全程开展安全巡查工作。学生在上、下交通工具时要及时清点人数,防止出现学生滞留或走失现象。遭遇恶劣天气时,应认真研判安全风险,及时调整研学旅行线路。每隔半小时,提醒学生喝水、补充能量。

研学旅行导师需向学生讲解研学活动的有关情况,对学生进行安全教育,结合教学课程和基(营)地的情况强调安全事项。教学活动过程中要注意防止事故发生,要做到时刻提醒,注意物体打击、设备伤害、机械伤害、触电(包括雷击)伤害、落水、灼烫、火灾、高处坠落等安全隐患。

三、安全工作

研学旅行基(营)地应与学校或研学服务机构相互协调,组建安全巡查小组,负责研学教学工作的安全巡查。巡查小组的工作应分批分组进行,错开时间和线路,这样可以发挥最大的巡查作用。研学旅行基(营)地要始终把安全放在第一位,设置安全观察引导点,方便提供问询和指导服务,让学生了解研学旅行的各种要求和规则,特别是要让学生了解安全方面的要求。

（一）安全管理要求

1. 果断处置

遇到突发事件一定要冷静，采取果断措施，有关人员要立即到位。发生学生伤害事故时，先不要考虑受伤害学生和肇事者之间的纠葛，应当及时救助受伤害的学生。在紧急救助过程中，如果未及时将受伤学生送往医院，或者因胡乱处理浪费时间导致延误治疗，或者简单处理后认为伤情已稳妥而不再关心，结果造成伤情恶化，基（营）地将承担过失责任。

2. 及时报告

突发事件发生时，活动负责人要及时向工作人员传达明确信息，发布明确指令，稳定情绪，维护秩序，防止引发更大的混乱，并根据事态情况逐级上报。

一旦发生突发事件，必须在规定时间内报告，按照规定的报告程序向上级和有关部门报告；在处理过程中，还应将事件初步性质、发生的可能原因，以及事件处理变化情况报告上级。

3. 化解矛盾

突发事件发生后，应急领导小组要考虑可能引发继发性伤害问题，不要激化矛盾，防止事态扩大和演化。增强工作透明度是化解矛盾的有效方法，必须以积极的心态处理突发事件，不管是对基（营）地工作人员、受伤害学生及其家属，还是对新闻媒体、文化和旅游部门、教育行政主管部门，都必须坚持实事求是，不逃避责任，不隐瞒事实真相，坦诚公布相关信息，把事实真相向公众公布。要加强与各方的协调沟通，促成问题迅速解决，以防事态恶化。

4. 现场控制

严格执行安全管理措施和研学活动流程。上下同心协力，积极预防事故的发生。一旦发生事故，立即封锁事故现场，按照应急预案流程，保护现场、组织抢救、疏导人员，以最快方式处理好紧急事件。视情况拒绝新闻媒体进入活动现场范围采访、拍照，尽量制止民众随意参观、拍照，以免危及人身安全。

（二）安全管理措施

1. 组织机构

建立安全管理组织机构；规定安全员的岗位职责；按车配备工作人员，保证每车1名导游、1名安全员、1名学校教师；随队配备相应工作人员及医护人员，并按行程成立交通安全组、食品安全组、后勤组、应急小组等。

2. 制度保障

针对研学旅行服务内容，分别制定安全管理制度，构建完善有效的安全应急机制；根据各项安全管理制度的要求，明确安全管理责任人员及其工作职责；全程做好安全应急防范措施，确保学生安全。

3. 风险预测

应对研学旅行基(营)地、服务供应方和旅行线路进行风险预测评估,风险预测评估内容应包括研学旅行活动场所、餐饮、住宿、交通以及应急突发事件处置方案的可操作性等。

4. 风险转移

主动提高服务机构责任险保额,为参加研学旅行的师生购买人身意外伤害保险。

四、活动管理

(一)活动管理的要求

1. 基(营)地教学所用物品和资料的到场

研学活动中的各类物品和资料由研学旅行导师按原定的各班和小组,依据所开展的研学活动主题要求,到后勤保障部门通知的地点和时间统一领取;不需要各班或小组领取的物品,由后勤保障人员提前分配到研学教学单元的指定位置。

对物品和资料按照研学活动的目标和主题、课程内容进行分类标识,派专人管理,以消除研学活动中的人为安全隐患。

2. 安全巡查工作

提前巡查各个点位是否存在安全隐患,及时处理。研学活动开始后,安全员巡查各个教学点的教学情况和安全情况,以及用餐时的情况。安全员要密切关注交通、车辆等,发现安全隐患要及时采取防范措施。每一次活动结束或休息结束,安全员要按名单清点人数。出现学生掉队情况,要立即报告指挥部。

3. 摄影摄像管理工作

基(营)地的摄影摄像工作人员要注意观察,记录研学活动的全过程,为研学评价和总结做好影像记录,应保证每个学生都有个人抓拍照。

(二)注意事项及其防范措施

1. 学生之间发生冲突

学生之间发生冲突时,安全员应立即制止,并询问原因,及时开导学生,教导学生互尊互爱。如有学生受伤,应及时报告应急小组,由应急小组将受伤学生带到医务室或送医院就诊。

2. 天气炎热中暑

带队教师出行前提醒学生带上水杯,及时补充水分。天气炎热时应尽量减少室外活动;如有室外活动,应尽量在树荫下进行,避免学生剧烈运动。

3. 班级之间相互影响

在室内研学过程中,如两个班级在一起,声音嘈杂,相互影响时,可先在室外进行前期讲授,然后进入场馆内参观,参观完后再进行补充教学及答疑。

4. 学生上卫生间的情况

研学过程中,研学旅行导师负责教学活动,由两名安全员负责学生的安全,并与指挥部保持联系,通报情况。当低年级学生需要上卫生间时,应由其中一名安全员统一带去,并统一带回,其他学生则在原地休息。初中及以上的高年级学生如厕,安全员则应告知其准确的位置及集合时间,集合时清点人数。

5. 研学过程中使用危险工具

在互动体验课程中,应该根据学生的实际情况安排体验内容,例如低年级的手工课程中需要使用小刀或剪刀等危险工具时,应注意安全,或由安全员、研学旅行导师帮忙完成。

6. 活动中学生掉队

研学活动中,安全员负责学生安全及特殊情况处理。其中一名安全员应始终在队尾,进行扫尾工作。当有学生掉队时,安全员应立即报告安全巡查组,并立即找回学生。若安全员找不到学生,应及时报告上级,并及时告知安保部门,学校、研学服务机构、基(营)地三方要派出人员分道分区域寻找,同时通知监控部门通过视频监控或无人机侦察寻找。

7. 学生进入安全隐患地带

研学活动中,管理失控现象时有发生,研学旅行导师应充分发挥好组织引导作用,强调纪律。安全员应发挥监督能力。在有安全隐患的地区应设置提醒标识。对于危险区域要加强管理,或尽可能避开这些区域。确认学生进入安全隐患地带后,安全员要立即寻求帮助,迅速组织人员寻找。人员集中后,对学生私自进入危险区域的行为予以批评,防止类似事件再次发生,将事件及时通报给其他各班级,做好防控。

8. 活动中涉及的秋千和沙粒安全风险

学生对荡秋千和玩沙特别感兴趣,而这两项活动不适合集体参加,宜三五人小组参加。在研学活动中要严加控制和防范,合理安排好教学点位及线路,尽量避开秋千、沙地等场地。

9. 活动中涉及动植物

在自然教育研学活动中,部分植物对人体有伤害,要注意提前掌握和进行安全教育。没有研学旅行导师指导,学生不要触摸植物,或用其他方式摇曳植物。学生对动物的危害可能缺乏认知,在观察动物时,要有专人指导、分小组进行,防止动物伤人。

10. 学生财物丢失

每次变更教学点位时,研学旅行导师、安全员应提醒学生带齐东西后再出发。行走时,安全员应注意观察,及时拾取学生遗落的物品。安全巡查时,安全员应将途中发现的物品统一汇总,待教学结束后归还给学生。

五、用餐管理

（一）管理要求

1. 安排专人管理

安排专人对餐厅进行管理，一般1人看管6桌为宜，主要观察学生的整体用餐环境，用餐的形式、餐品、数量等。安全员对食品随机进行外观查验和开展必要检验，发现安全隐患及所提供的食品不符合规定时，要及时向服务机构或餐厅提出。

2. 确定就餐方式

研学活动期间，由于用餐人员多，就餐时间集中，学生年龄较小，就餐安全隐患较大。基（营）地要结合餐厅的场地面积以及服务能力，选择自助餐、桌餐或盒饭等不同的用餐方式。若采用桌餐，要确定每桌的人数，提前分好小组，提前制定就餐座次表，组织学生有序进餐，提高用餐效率；若采用自助餐方式，宜将食物分成小分量由学生自行领取，不宜采用大锅食品由学生自己取食的方式；若采用盒饭方式，需要注意配送的时间，若过早送达，饭菜易凉，因此发放速度要快，同时要注意观察分量，询问学生是否需要添加饭菜。

3. 做好食品公示

采用拍照和签字方式确认食品样品。要在食谱上及食品盛取区、展示区公示食品的主要原料及其来源，食品经营许可证、餐饮服务食品安全等级标识、日常监督检查结果记录表等应设置在就餐区的醒目位置。

4. 做好饭间巡查

饭间巡查主要做好以下几点：一是餐厅服务人员是否能够满足当前的用餐需求；二是学生用餐是否有序；三是食品数量和质量是否符合原计划和规定要求。如果出现异常情况，应及时处理。

（二）注意事项及其处置方法

1. 学生食物过敏

应全面了解学生，确定需要特殊用餐的学生和食物过敏学生名单，对他们应单独安排用餐。应避免提供易引起过敏的食物和带有较多骨头或刺的食物。

2. 分批用餐

尽量安排学生分批用餐。用餐前，餐饮组提前安排好用餐顺序及座位，并将安排表发给各班负责人。高年级学生用餐迅速，可以先安排高年级学生用餐。

3. 研学旅行导师、安全员与学生同时用餐

用餐时，研学旅行导师、安全员应与学生同时用餐，负责管理用餐安全，维持用餐秩序。

4. 餐厅传菜

由于学生有好动的特点，服务员在传菜过程中容易与学生发生碰撞，进而发生烫伤或其他安全事故,因此餐饮组要与餐厅协调沟通,提前五分钟将菜上齐。若学生到达餐厅时饭菜确实没有准备好,应等学生坐好再上菜品,并时刻提醒学生注意用餐安全事项。

六、住宿管理

(一)管理要求

学生的住宿安全管理工作要分工协调,确定好检查房间的负责人,安排好查房时间,统计房间数量,处理出现的问题。

1. 入住

(1) 确定登记入住方式,是集体登记、分发房卡,还是逐个登记、依次入住。

(2) 落实预订的房间数量。酒店必须在研学团队到达前做好房间内务准备工作。安排男女学生分区(片)住宿,女生片区管理员应为女性。

(3) 制作好房间人员入住表格。所有房间钥匙应由校方或研学服务机构统一领取,并做出相应入住人员的姓名标示。

(4) 引领学生有序入住,杜绝在过道上奔跑。

2. 检查

(1) 用品安全检查。再次到各房间排查酒店用品的安全隐患。

(2) 用电安全检查。排查电源插座是否存在安全隐患。

(3) 用水安全检查。检查用水的冷热标识是否正确、标识是否明显,以免烫伤学生。

(4) 消防通道检查。检查消防通道是否打开、消防引导标识是否清楚,带领学生找到消防通道。

(二)注意事项及其处置方法

1. 首次查房

学生入住后及时进行首次查房,帮助学生熟悉房间设施,解决相关问题。在有玻璃门的地方,应主动在玻璃上做好标记。重点查看卫生间的用水设施以及衣帽间的设施是否安全、牢固、良好,用电设施是否有裸露等不安全因素。

2. 住宿时跌落的情况

在安排两日以上研学课程时,如果安排的是上下铺宿舍,尽量把低年级学生安排在下铺,高年级学生安排在上铺。

3. 夜间出现用电安全隐患的情况

住宿期间,为了避免学生不安全用电,可以采用定时断电、定时通电的方式,只保留声控夜灯。

4. 住宿期间学生私自外出的情况

研学期间应进行封闭式管理，查寝完毕后，及时关闭宿舍大门。如果无法关闭，则应安排工作人员密切关注监控，发现学生外出现象时应立即报告相关负责人并及时制止。加强夜间安全管理，加强夜间巡逻，提醒学生不得外出，统一关灯休息。在学生休息和就寝期间，要随时关注住宿学生活动情况，做好晚间值班安排，确保学生不离开酒店，预防意外事故发生。午休和晚觉时，协助学校教师到各寝室清点核对住宿人数。如发现有外出未归或者其他异常情况应及时处理，迅速向学校领导、研学服务机构联系。

七、紧急处置

规范安全应急报告工作，确保应急报告渠道畅通、突发事故得到妥善处理。所发生的事件若在研学旅行导师和安全员能够处理的范围之内，各研学旅行导师和安全员要及时联系跟班教师，组织班级学生做好各种应急工作，采取应急措施，同时报告研学活动负责人。事件处理完毕后应报告学生家长，做好安抚工作。如果不能处理，需要相关部门处理的，要保护好现场，及时拨打110报警电话、120急救电话向有关部门求救，同时报告研学活动负责人。需要家长到现场的，应立即联系家长，并做好安抚工作。突发事件处理完成后，要及时向学校领导以及学生家长汇报处理情况。以下列出研学旅行过程中可能出现的紧急情况及其处置方法。

（一）突发疾病

1. 一般疾病的处理方法

（1）一般疾病有感冒、发烧、水土不服、晕车、腹泻等，带领学生及早就医，劝其注意休息，不要强行游览。

（2）关心患病学生，必要时通知餐厅提供送餐服务。

（3）如需就医，可优先请随团医生处理。

（4）外出就医必须由安全员或带队教师全程陪护，并保存好就诊资料。

（5）严禁非专业医疗人员自行给患者使用处方药。

2. 重病的处理方法

（1）在征得患者家属或带队教师同意后，或根据随团医生建议，立即将患者送往就近医院治疗。

（2）及时将情况通知各团队负责人。

（3）患者就医由安全员或带队教师全程陪护，并保存好就诊资料。

（二）拥挤踩伤

1. 预防措施

学生进出场时，安排专人指引，组织学生有序行进。研学旅行导师及安全员要发

知识链接

黄山市出台管理办法规范研学旅行市场

挥好组织领导作用,有序开展各项活动,提前对学生进行防踩踏、逃生技巧等安全教育。

2. 应急处置

队伍前方的研学旅行导师负责观察前方团队。当前方团队发生拥挤时,应告知本班学生放慢节奏,避免加剧拥挤,避免踩踏事件发生。当本班发生拥挤时,研学旅行导师应迅速将团队带往宽敞处;安全员维持秩序,要求队伍末端的学生停止前进,待摔倒人员站立并前行后再缓慢前行。万一有拥挤人群向团队方向涌来,立即带领学生撤离或避让至安全区域,要求学生绝不可脱离队伍,不可逆着人流前进。

在电梯口、演出场馆或户外舞台等高风险点,与所有工作人员配合,要求学生排队有序进出,并在队伍前、中、后段布置工作人员分段防控,避免拥挤。

(三)停电

1. 预防措施

活动前做好场地电力、照明的排查工作,有条件的应配置应急电源。

2. 应急处置

停电后应使学生保持安静,不要乱动,通知相关人员尽快打开应急照明设备。电梯出现停电事故时,应确定电梯位置及有无被困人员。一旦发生紧急事故,应立即报告指挥部。指挥部接到事故电话,立即通知救护组赶赴现场组织人员进行救护,引导组织人员疏散,通知后勤保障组为应急小组提供后勤保障。

(四)食物中毒

1. 预防措施

前期采购时要选择正规的供应商,全面考察供应商资质和销售环境,严格把关。

2. 应急处置

发现学生食物中毒后,研学旅行导师和安全员要立即采取措施救助学生并向应急小组报告,可用筷子或手指刺激中毒者咽部帮助催吐,尽快排出毒物,同时制止在场所有人员就餐。应急小组接到报告后,立即启动应急处置预案,组织、指挥相关人员奔赴事发现场救助食物中毒人员,研学旅行导师和安全员讲清楚事故的发生和学生中毒情况,听从指挥,相关负责人及时向当地卫生防疫部门和学校领导汇报处理情况。应急车辆随时待命,一旦有危重人员立即送往医院。

(五)车辆故障

1. 预防措施

活动前学校或研学服务机构要督促车辆承运公司检查车况,提示承运司机做好相应准备,车况不良必须更换,否则不得发车。

2. 应急处置

如中途发生车辆故障,处置方案如下:

研学旅行导师和安全员及时把故障情况通知车辆承运公司,故障影响安全的,一律停驶,由车辆承运公司紧急调车改乘。故障影响行驶,短时内无法修复的,处理同前。

车辆火灾处置方案如下:

途中车辆失火,应立即要求司机停车并开门组织学生下车,车厢前部学生从前门下车,车厢后部学生从后部应急门下车;如火势较大应及时破窗逃生。下车后远离事故车辆,研学旅行导师应做好学生的组织及安抚工作,包括清点学生人数、上报领导、报警等。

如有学生受伤,应立即组织抢救。研学旅行导师和安全员不应组织学生灭火或自行参与灭火,应以学生安全为重。车辆换乘时,要维持好学生秩序并反复清点学生人数,严禁学生下车随意走动,以防止交通事故发生。

(六)极端情况

1. 自然灾害

对自然灾害的预防,要结合基(营)地周边环境,分析本基(营)地可能发生的自然灾害类型,根据不同的自然灾害类型制定相应的预防和整治措施。对各个场所进行稳固性检查,发现隐患要及时处理,防患于未然。

一旦发生险情,立即停止研学活动。切断电源,转移现场人员,清点人数,确保研学现场无滞留人员。

2. 火灾

对学生进行安全教育,禁止携带易燃易爆物品参加研学活动。考察基(营)地时,尽量排除潜在的危险。研学过程中,严禁吸烟,活动场内禁止放易燃物品。

一旦发生火灾,立即启动灭火设施,并拨打火警电话,告知火灾发生的地点、位置、楼层,以及是否有人被困。组织现场人员就近疏散,把人员有序地疏导到安全地带。能自己动手灭火的,迅速开展灭火工作,打开消火栓,展开水带、水枪,等待救援人员的到来。车辆、司机现场待命,一旦有伤员立即送往医院。

(七)学生走失

在学生管理方面,要求学生穿着统一服装或佩戴统一胸牌,以降低走失风险。允许学生在研学旅行活动中携带手机(不宜太贵重),师生互留电话号码以便联系。

在上下车、集合时做好清点人数工作,如发生学生走失,应立即组织就地寻找,并及时寻求景区或相关部门的协助,如广播找人等。不宜组织学生去寻找走失学生,应由带队教师、研学旅行导师或其他工作人员负责寻找,并及时向上级报告寻找情况。

第三节 研学旅行基(营)地接待质量管理

质量管理是为保证和提高研学活动的质量所进行的一系列管理活动。作为一种全新的教育方式,研学旅行在学生中越来越受欢迎。研学旅行基(营)地评估与反馈工作应该全面覆盖基(营)地的各方面能力,并且要与研学活动的目标相匹配。

一、评价工作

评价包括服务质量评价,以及学校与研学服务机构、学生与家长满意度调查等。评价的方式包括但不限于电话回访、线上回访、线下回访等。应对收集的信息进行及时有效的处理,对满意度等指标进行统计分析,以便持续改进。

(一)研学旅行基(营)地接待评价

1. 总体实施能力

通过观察、核实、交谈等方式了解本次研学活动过程中管理人员和工作人员的工作表现和活动实施的进程把控,并给予评价。可将实施能力分为强、较强、一般、较弱、弱五个等级进行评价考核。

2. 组织管理

对本次活动建立的组织体系的科学性、高效性、分工合理性、职责明确程度、制度健全程度进行评价,对参加研学服务的每个工作人员的责任履行情况和效果进行评价。

3. 线路设计

线路设计的评价关注的是可操作性、科学性、安全性和与学校研学活动主题的契合度。评价应注重基(营)地的研学点位配置是否能满足研学的时间安排,是否有很强的可操作性;注重线路的科学性,减少学生在基(营)地流动过程中的相互交会或线路重复;注重安全性,看所有的流动线路是否有安全保障;注重研学线路的递进关系,评估其是否与学校研学活动主题高度契合。

4. 安全管理

评价安全保障体系是否完善。评价研学活动中的教学安全、道路安全、设施设备安全、水域安全;评价保障人员的配备情况、工作人员对突发事件的处理能力和响应速度;评价在整个研学活动中,安全管理所体现出来的最终效果。对是否发生安全事故、发生安全事故的次数、发生安全事故的原因、发生安全事故后的处置能力、安全管理的改进情况进行评价。

5. 餐饮服务

对餐厅就餐环境的安全性和卫生情况、所采用的就餐方式的合理性、用餐现场的组织能力以及学生对食品的满意度进行评价。

6. 住宿安排

对住宿地的安全性和卫生情况、办理入住的效率、住宿管理的科学性进行评价。

7. 基础设施

评价基(营)地的硬件设施是否完善,是否配有专门的医务室,并配有专业的医护人员;评价卫生间的数量配备是否满足活动的要求,休息区的座椅是否满足要求,场地内的用水是否方便;评价是否有大型的室外场所,是否有在恶劣天气时可以满足教学活动的大型室内场所或分小组、分班级活动的场所;评价基(营)地内道路的通过性、安全性及道路指引标识等。

8. 研学手册

对研学手册内容的全面性、视觉效果和排版设计,以及手册的费用经济性进行评价。

(二)研学旅行基(营)地课程评价

1. 对课程设计的评价

课程设计是研学旅行的核心,也是实施研学旅行活动的前提。要开展高质量的研学旅行活动,提供高质量的研学课程服务,必须重视研学旅行的课程设计。课程评价的重点在于判断课程设计的合理性、系统性和科学性。

2. 对课程实施的评价

通过对课程实施的评价,判断课程是否具有合理性和规范性。

3. 对学习效果的评价

在对课程进行评价时,通过对学生学习效果的分析评价,判断学习效果与预期目标的吻合程度,也就是目标的达成度。如果吻合度较差,课程目标的达成度就较差。

4. 对课程保障的评价

课程保障是课程能否顺利实施的关键,在研学旅行基(营)地课程评价中,对课程保障的评价也至关重要。课程保障主要有组织保障、制度保障、资源保障等。具体课程保障措施主要有成立课程领导小组、建立课程管理制度、建立资源库、加强教师队伍专业培训、管理制度创新等。

(三)研学旅行基(营)地研学旅行导师评价

1. 导师整体素质与职业道德

评价基(营)地研学旅行导师在指导研学活动过程中是否具有教师的基本素养和职业道德。

2. 导师对研学课程熟悉程度

评价基(营)地研学旅行导师是否了解本次研学活动的育人目标,是否熟悉研学活动的全部流程。

3. 研学活动的指导能力

评价基(营)地研学旅行导师对活动主题的建议、对活动形式的引导、对活动过程的组织和管理。

4. 学生的参与度

通过考察学生的参与度,评价基(营)地研学旅行导师对研学课程实施的组织能力和对活动的指导能力。

5. 研学过程及效果

评价基(营)地研学旅行导师在研学过程中对学生个人的指导、对小组的指导、对班级的指导能力,以及研学目标是否得以实现。

二、反馈工作

(一)建立投诉及处理机制

应建立健全研后服务制度,做到专人负责,妥善处理,及时改进;建立投诉信息档案和回访制度,并采用多种方式收集、分析研学参与者的意见和建议。此外,要对研学活动中出现的问题做好善后工作。

(二)总结与提高

研学活动结束后,各工作组负责人整理相关资料,进行研后总结,得出本次研学活动的总体评价;撰写研学活动报告,可将报告提交给校方。活动结束后,应对本次研学活动的准备和课程实施情况进行全面的总结,对研学过程中的每一个环节进行对应总结;对现有岗位进行岗位分析,提取该岗位的核心技能及关键技能;对在岗员工的知识和技能进行测评,找出改进点,以提高服务水平。

(三)资料整理与收集工作

研学活动结束后,将本次研学活动涉及的所有往来文件、活动的课程文件、活动的教学评价和反馈等,进行归类整理存档。资料主要包括合同签订前的所有资质材料,包括车辆、餐厅、基(营)地情况等材料;活动前的资料,如行车路线、研学方案、车辆分配表等;活动中的影像资料;活动后的总结、评价记录等。最后对所有研学旅行资料进行编号,存档管理。

本章小结

　　(1) 研学旅行基(营)地应注重这三方面的管理：接待前期管理、接待过程管理、接待质量管理。

　　(2) 对研学旅行基(营)地接待过程的管理包含迎接工作、教学工作、安全工作、活动管理、用餐管理、住宿管理、紧急处置这七个部分。

　　(3) 研学旅行基(营)地接待质量管理主要体现在评价与反馈两个方面。

简答题

1. 除了书中提到的七个接待过程管理内容，还可以从哪些渠道筹备研学旅行基(营)地接待管理？

2. 管理者应如何制定有效的研学旅行基(营)地接待管理方案？

参考文献
References

[1] 钟生慧.研学旅行设计:理论依据与实践策略[D].杭州:杭州师范大学,2019.

[2] 叶娅丽,边喜英,李岑虎.研学旅行基地运营与管理[M].北京:旅游教育出版社,2023.

[3] 许梅.基于学生感知体验的研学旅行课程评价体系的构建[J].中国多媒体与网络教学学报,2020(1).

[4] 陈大六,徐文琦.研学旅行理论与实务[M].武汉:华中科技大学出版社,2020.

[5] 吴垚.基于目标情景模式的中小学研学旅行课程开发研究[D].成都:四川师范大学,2020.

[6] 朱丽男,石媚山.研学旅行基础[M].北京:清华大学出版社,2023.

[7] 周维国,段玉山,郭锋涛,等.研学旅行课程标准(四)——课程实施、课程评价[J].地理教学,2019(8).

[8] 赖玮,张宗亮,甘萍.研学旅行策划与管理[M].北京:清华大学出版社,2023.

[9] 刘继玲.研学旅行中体验式学习评价标准开发与应用[J].中小学教师培训,2018(9).

[10] 胡光明,徐志伟.研学旅行运营实务[M].北京:人民邮电出版社,2022.

[11] 梅继开,曹金平.研学旅行导师实务[M].武汉:华中科技大学出版社,2021.

[12] 叶娅丽,边喜英.研学旅行基(营)地服务与管理[M].北京:旅游教育出版社,2020.

[13] 薛兵旺,杨崇君,官振强.研学旅行实用教程[M].武汉:华中科技大学出版社,2020.

[14] 薛兵旺,杨崇君.研学旅行概论[M].2版.北京:旅游教育出版社,2021.

[15] 王煜琴,赵恩兰.研学旅行执业实务[M].北京:旅游教育出版社,2020.

[16] 任鸣.研学旅行安全管理[M].北京:旅游教育出版社,2020.

[17] 李先跃.研学旅行发展与服务体系研究[M].武汉:华中科技大学出版社,2020.

[18] 邓德智,伍欣.研学旅行指导师实务[M].北京:旅游教育出版社,2020.

[19] 石媚山.研学旅行市场营销[M].北京:旅游教育出版社,2020.

教学支持说明

为了改善教学效果,提高教材的使用效率,满足高校授课教师的教学需求,本套教材备有与纸质教材配套的教学课件(PPT电子教案)和拓展资源(案例库、习题库、视频等)。

为保证本教学课件及相关教学资料仅为教材使用者所得,我们将向使用本套教材的高校授课教师赠送教学课件或者相关教学资料,烦请授课教师通过电话或加入研学旅行专家俱乐部QQ群(群号:487307447)等方式与我们联系,获取"电子资源申请表"文档并认真准确填写后发给我们。

地址:湖北省武汉市东湖新技术开发区华工科技园华工园六路

邮编:430223

电话:027-81321911

研学旅行专家俱乐部QQ群二维码:

教学课件资源申请表

填表时间：_____年___月___日

1. 以下内容请教师按实际情况写，★为必填项。
2. 根据个人情况如实填写，相关内容可以酌情调整提交。

★姓名		★性别	□男 □女	出生年月		★职务	
						★职称	□教授 □副教授 □讲师 □助教
★学校				★院/系			
★教研室				★专业			
★办公电话			家庭电话			★移动电话	
★E-mail（请填写清晰）						★QQ号/微信号	
★联系地址						★邮编	
★现在主授课程情况		学生人数		教材所属出版社		教材满意度	
课程一						□满意 □一般 □不满意	
课程二						□满意 □一般 □不满意	
课程三						□满意 □一般 □不满意	
其他						□满意 □一般 □不满意	
教 材 出 版 信 息							
方向一			□准备写 □写作中 □已成稿 □已出版待修订 □有讲义				
方向二			□准备写 □写作中 □已成稿 □已出版待修订 □有讲义				
方向三			□准备写 □写作中 □已成稿 □已出版待修订 □有讲义				

请教师认真填写表格下列内容，提供索取课件配套教材的相关信息，我社根据每位教师填表信息的完整性、授课情况与索取课件的相关性，以及教材使用的情况赠送教材的配套课件及相关教学资源。

ISBN（书号）	书名	作者	索取课件简要说明	学生人数（如选作教材）
			□教学 □参考	
			□教学 □参考	

★您对与课件配套的纸质教材的意见和建议，希望提供哪些配套教学资源：